本书由
教育部人文社会科学重点研究基地——山西大学科学技术哲学研究中心基金
山西省“1331工程”重点学科建设计划
资助出版

认知哲学译丛

魏屹东/主编

方法论哲学导论

〔英〕凯利·E. 豪威尔/著

宋尚玮/译

魏屹东/审校

科学出版社

北京

图字：01–2015–5619 号

图书在版编目（CIP）数据

方法论哲学导论/（英）凯利·E. 豪威尔（Kerry E. Howell）著；宋尚玮译. —北京：科学出版社，2019.4

（认知哲学译丛/魏屹东主编）

书名原文：An Introduction to the Philosophy of Methodology

ISBN 978-7-03-060868-0

Ⅰ. ①方… Ⅱ. ①凯… ②宋… Ⅲ. ①方法论-哲学理论 Ⅳ. ①B0

中国版本图书馆 CIP 数据核字（2019）第 049052 号

丛书策划：郭勇斌

责任编辑：樊 飞 刘 溪 张 楠 / 责任校对：孙婷婷

责任印制：吴兆东 / 封面设计：黄华斌

科学出版社 出版

北京东黄城根北街 16 号

邮政编码：100717

http://www.sciencep.com

北京厚诚则铭印刷科技有限公司印刷

科学出版社发行 各地新华书店经销

*

2019 年 4 月第 一 版 开本：720×1000 1/16

2025 年 8 月第六次印刷 印张：15 3/4

字数：320 000

定价：148. 00 元

（如有印装质量问题，我社负责调换）

作 者 简 介

凯利·E. 豪威尔（Kerry E. Howell）是普利茅斯大学商学院（Plymouth University Business School）教授、研究室主任，负责研究室的管理领导工作。他在研究哲学、方法论、方法与管理等相关领域提出了极具思想深度的理论，诺瓦科学出版社（Nova Science Press）、帕尔格雷夫·麦克米伦出版社（Palgrave Macmillan Press）以及世哲出版公司（Sage Publications）都出版过他的著作。豪威尔教授的论文经常被专业学术期刊引用，他还为多家机构主持过研究项目。目前，豪威尔教授是公共行政委员会（Public Administration Committee）[①]及商学院研究指导委员会联盟（Association of Business Schools Research Steering Committee）的成员，并且是多个编委会的委员。他为申请研究型学位的学生讲授方法论和研究方法，并且已经成功地指导了多位博士生。他是普利茅斯大学商学院的权威专家，负责博士生的专业课程和专业硕士学位（方法论研究）的授予工作。豪威尔教授发展了商业管理（business and management）的普利茅斯商学院（Plymouth Business School，PBS）研究策略和科研评估报送体系[research assessment exercise（RAE）submission]。在过去的五年里，他一直在论证和强化 PBS 研究策略，该策略传达和体现了一种日渐成熟的学术文化与学术环境。豪威尔教授还致力于保护创新知识的发展与传播，严格遵循方法论进路，严谨地使用研究方法，为上述工作的出色完成提供了有力的保障。

① 译者注：英国公共行政委员会是英国下议院内设的委员会。

丛 书 序

与传统哲学相比，认知哲学（philosophy of cognition）是一个全新的哲学研究领域，它的兴起与认知科学的迅速发展密切相关。认知科学是20世纪70年代中期兴起的一门前沿性、交叉性和综合性学科。它是在心理科学、计算机科学、神经科学、语言学、文化人类学、哲学以及社会科学的交界面上涌现出来的，旨在研究人类认知和智力本质及规律，具体包括知觉、注意、记忆、动作、语言、推理、思维、意识乃至情感动机在内的各个层次的认知和智力活动。十几年以来，这一领域的研究异常活跃，成果异常丰富，自产生之日起就向世人展示了强大的生命力，也为认知哲学的兴起提供了新的研究领域和契机。

认知科学的迅速发展使得科学哲学发生了"认知转向"，它试图从认知心理学和人工智能角度出发研究科学的发展，使得心灵哲学从形而上学的思辨演变为具体科学或认识论的研究，使得分析哲学从纯粹的语言和逻辑分析转向认知语言和认知逻辑的结构分析、符号操作及模型推理，极大促进了心理学哲学中实证主义和物理主义的流行。各种实证主义和物理主义理论的背后都能找到认知科学的支持。例如，认知心理学支持行为主义，人工智能支持功能主义，神经科学支持心脑同一论和取消论。心灵哲学的重大问题，如心身问题、感受性、附随性、意识现象、思想语言和心理表征、意向性与心理内容的研究，无一例外都受到来自认知科学的巨大影响与挑战。这些研究取向已经蕴涵认知哲学的端倪，因为众多认知科学家、哲学家、心理学家、语言学家和人工智能专家的论著论及认知的哲学内容。

尽管迄今国内外的相关文献极少单独出现认知哲学这个概念，精确的界定和深入系统的研究也极少，但研究趋向已经非常明显。鉴于此，这里有必要对认知哲学的几个问题做出澄清。这些问题是：什么是认知？什么是认知哲学？认知哲学与相关学科是什么关系？认知哲学研究哪些问题？

第一个问题需要从词源学谈起。认知这个词最初来自拉丁文"*cognoscere*"，意思是"与……相识""对……了解"。它由*co+gnoscere*构成，意思是"开始知道"。从信息论的观点看，"认知"本质上是通过提供缺失的信息获得新信息和新知识的过程，那些缺失的信息对于减少不确定性是必需的。

然而，认知在不同学科中意义相近，但不尽相同。

在心理学中，认知是指个体的心理功能的信息加工观点，即它被用于指个体的心理过程，与"心智有内在心理状态"观点相关。有的心理学家认为，认知是思维的显现或结果，它是以问题解决为导向的思维过程，直接与思维、问题解决相关。在认知心理学中，认知被看做心灵的表征和过程，它不仅包括思维，而且包括语言运用、符号操作和行为控制。

在认知科学中，认知是在更一般意义上使用的，目的是确定独立于执行认知任务的主体（人、动物或机器）的认知过程的主要特征。或者说，认知是指信息的规范提取、知识的获得与改进、环境的建构与模型的改进。从熵的观点看来，认知就是减少不确定性的能力，它通过改进环境的模型，通过提取新信息、产生新信息和改进知识并反映自身的活动和能力，来支持主体对环境的适应性。逻辑、心理学、哲学、语言学、人工智能、脑科学是研究认知的重要手段。《MIT 认知科学百科全书》将认知与老化（aging）并列，旨在说明认知是老化过程中的现象。在这个意义上，认知被分为两类：动态认知和具化认知。前者指包括各种推理（归纳、演绎、因果等）、记忆、空间表现的测度能力，在评估时被用于反映处理的效果；后者指对词的意义、信息和知识的测度的评价能力，它倾向于反映过去执行过程中积累的结果。这两种认知能力在老化过程中表现不同。这是认知发展意义上的定义。

在哲学中，认知与认识论密切相关。认识论把认知看做产生新信息和改进知识的能力来研究。其核心论题是：在环境中信息发现如何影响知识的发展。在科学哲学中就是科学发现问题。科学发现过程就是一个复杂的认知过程，它旨在阐明未知事物，具体表现在三方面：①揭示以前存在但未被发现的客体或事件；②发现已知事物的新性质；③发现与创造理想客体。尼古拉斯·布宁和余纪元编著的《西方哲学英汉对照辞典》（2001 年）对认知的解释是：认知源于拉丁文“*cognition*”，意指知道或形成某物的观念，通常译作“知识”，也作为“*scientia*”（知识）。笛卡儿将认知与知识区分开来，认为认知是过程，知识是认知的结果。斯宾诺莎将认知分为三个等级：第一等的认知是由第二手的意见、想象和从变幻不定的经验中得来的认知构成，这种认知承认虚假；第二等的认知是理性，它寻找现象的根本理由或原因，发现必然真理；第三等即最高等的认知，是直觉认识，它是从有关属性本质的恰当观念发展而来的，达到对事物本质的恰当认识。按照一般的哲学用法，认知包括通往知识的那些状态和过程，与感觉、感情、意志相区别。

在人工智能研究中，认知与发展智能系统相关。具有认知能力的智能系统就是认知系统。它理解认知的方式主要有认知主义、涌现和混合三种。认知主义试图创造一个包括学习、问题解决和决策等认知问题的统一理论，涉及心理学、认知科学、脑科学、语言学等学科。涌现方式是一个非常不同的认知观，主张认知是一个自组织过程。其中，认知系统在真实时间中不断地重新建构自己，通过多系统-环境相互作用的自我控制保持其操作的同一性。这是系统科学的研究进路。混合方式是将认知主义和涌现相结合。这些方式提出了认知过程模拟的不同观点，研究认知过程的工具主要是计算建模，计算模型提供了详细的、基于加工的表征、机制和过程的理解，并通过计算机算法和程序表征认知，从而揭示认知的本质和功能。

概言之，这些对认知的不同理解体现在三方面：①提取新信息及其关系；②对所提取信息的可能来源实验、系统观察和对实验、观察结果的理论化；③通过对初始数据的分析、假设提出、假设检验以及对假设的接受或拒绝来实现认知。从哲学角度对这三方面进行反思，将是认知哲学的重大任务。

针对认知的研究，根据我的梳理主要有11个方面：

（1）认知的科学研究，包括认知科学、认知神经科学、动物认知、感知控制论、认知协同学等，文献相当丰富。其中，与哲学最密切的是认知科学。

（2）认知的技术研究，包括计算机科学、人工智能、认知工程学（运用涉及技术、组织和学习环境研究工作场所中的认知）、机器人技术，文献相当丰富。其中，模拟人类大脑功能的人工智能与哲学最密切。

（3）认知的心理学研究，包括认知心理学、认知理论、认知发展、行为科学、认知性格学（研究动物在其自然环境中的心理体验）等，文献异常丰富，与哲学密切的是认知心理学和认知理论。

（4）认知的语言学研究，包括认知语言学、认知语用学、认知语义学、认知词典学、认知隐喻学等，这些研究领域与语言哲学密切相关。

（5）认知的逻辑学研究，主要是认知逻辑、认知推理和认知模型。

（6）认知的人类学研究，包括文化人类学、认知人类学和认知考古学（研究过去社会中人们的思想和符号行为）。

（7）认知的宗教学研究，典型的是宗教认知科学（cognitive science of religion），它寻求解释人们心灵如何借助日常认知能力的途径习得、产生和传播宗教文化基因。

（8）认知的历史研究，包括认知历史思想、认知科学的历史。一般的认知科学导论性著作都涉及历史，但不系统。

（9）认知的生态学研究，主要是认知生态学和认知进化的研究。

（10）认知的社会学研究，主要是社会表征、社会认知和社会认识论的研究。

（11）认知的哲学研究，包括认知科学哲学、人工智能哲学、心灵哲学、心理学哲学、现象学、存在主义、语境论、科学哲学等。

以上各个方面虽然蕴涵认知哲学的内容，但还不是认知哲学本身。这就涉及第二个问题。

第二个问题需要从哲学立场谈起。

在我看来，认知哲学是一门旨在对认知这种极其复杂现象进行多学科、多视角、多维度整合研究的新兴哲学研究领域，其研究对象包括认知科学（认知心理学、计算机科学、脑科学）、人工智能、心灵哲学、认知逻辑、认知语言学、认知现象学、认知神经心理学、进化心理学、认知动力学、认知生态学等涉及认知现象的各个学科中的哲学问题，它涵盖和融合了自然科学和人文科学的不同分支学科。说它具有整合性，名副其实。对认知现象进行哲学探讨，将是当代哲学研究者的重任。科学哲学、科学社会学与科学知识社会学的“认知转向”充分说明了这一点。

尽管认知哲学具有交叉性、融合性、整合性、综合性，但它既不是认知科学，也不是认知科学哲学、心理学哲学、心灵哲学和人工智能哲学的简单叠加，它是在梳理、分析和整合各种以认知为研究对象的学科的基础上，立足于哲学反思、审视和探究认知的各种哲学问题的研究领域。它不是直接与认知现象发生联系，而是通过研究认知现象的各个学科与之发生联系，也即它以认知本身为研究对象，如同科学哲学是以科学为对象而不是以自然为对象，因此它是一种“元研究”。在这种意义上，认知哲学既要吸收各个相关学科的优点，又要克服它们的缺点，既要分析与整合，也要解构与建构。一句话，认知哲学是一个具有自己的研究对象和方法、基于综合创新的原始性创新研究领域。

认知哲学的核心主张是：本体论上，主张认知是物理现象和精神现象的统一体，二者通过中介如语言、文化等相互作用产生客观知识；认识论上，主张认知是积极、持续、变化的客观实在，语境是事件或行动整合的基底，理解是人际认知互动；方法论上，主张对研究对象进行层次分析、语境分析、行为分析、任务分析、逻辑分析、概念分析和文化网络分析，通过纲领计划、启示法和洞见提高研究的创造性；价值论上，主张认知是负载意义和判断的，负载文化和价值的。

认知哲学研究的目的：一是在哲学层次建立一个整合性范式，揭示认知现象的本质及运作机制；二是把哲学探究与认知科学研究相结合，使得认知研究将抽象概括与具体操作衔接，一方面避免陷入纯粹思辨的窠臼,另一方面避免陷入琐碎细节的陷阱；三是澄清先前理论中的错误，为以后的研究提供经验、教训；四是提炼认知研究的思想和方法，为认知科学提供科学的、可行的认识论和方法论。

认知哲学的研究意义在于：①提出认知哲学的概念并给出定义及研究的范围，在认知哲学框架下，整合不同学科、不同认知科学家的观点，试图建立统一的研究范式。②运用认知历史分析、语境分析等方法挖掘著名认知科学家的认知思想及哲学意蕴，并进行客观、合理的评析，澄清存在的问题。③从认知科学及其哲学的核心主题——认知发展、认知模型和认知表征三个相互关联和渗透的方面，深入研究信念形成、概念获得、知识产生、心理表征、模型表征、心身问题、智能机的意识化等重要问题，得出合理可靠的结论。④选取的认知科学家具有典型性和代表性，对这些人物的思想和方法的研究将会对认知科学、人工智能、心灵哲学、科学哲学等学科的研究者具有重要的启示与借鉴作用。⑤认知哲学研究是对迄今为止认知研究领域内的主要研究成果的梳理与概括，在一定程度上总结并整合了其中的主要思想与方法。

第三个问题是，认知哲学与相关学科或领域究竟是什么关系？

我通过“超循环结构”来给予说明。所谓“超循环结构”，就是小循环环环相套，构成一个大循环。认知科学哲学、心理学哲学、心灵哲学、人工智能哲学、认知语言学是小循环，它们环环相套，构成认知哲学这个大循环。也就是说，这些相关学科相互交叉、重叠，形成了整合性的认知哲学。同时，认知哲学这个大循环有自己独特的研究域，它不包括其他小循环的内容，如认知的本原、认知的预设、认知的分类、认知的形而上学问题等。

第四个问题是，认知哲学研究哪些问题？如果说认知就是研究人们如何思维，那么认知哲学就是研究人们思维过程中产生的各种哲学问题，具体要研究10个基本问题：

（1）什么是认知，其预设是什么？认知的本原是什么？认知的分类有哪些？认知的认识论和方法论是什么？认知的统一基底是什么？是否有无生命的认知？

（2）认知科学产生之前，哲学家是如何看待认知现象和思维的？他们的看法是合理的吗？认知科学的基本理论与当代心灵哲学范式是冲突，还是融合？能否建立一个囊括不同学科的统一的认知理论？

（3）认知是纯粹心理表征，还是心智与外部世界相互作用的结果？无身的认知能否实现？或者说，离身的认知是否可能？

（4）认知表征是如何形成的？其本质是什么？是否有无表征的认知？

（5）意识是如何产生的？其本质和形成机制是什么？它是实在的还是非实在的？是否有无意识的表征？

（6）人工智能机器是否能够像人一样思维？判断的标准是什么？如何在计算理论层次、脑的知识表征层次和计算机层次上联合实现？

（7）认知概念如思维、注意、记忆、意象的形成的机制和本质是什么？其哲学预设是什么？它们之间是否存在相互作用？心身之间、心脑之间、心物之间、心语之间、心世之间是否存在相互作用？它们相互作用的机制是什么？

（8）语言的形成与认知能力的发展是什么关系？是否有无语言的认知？

（9）知识获得与智能发展是什么关系？知识是否能够促进智能的发展？

（10）人机交互的界面是什么？脑机交互实现的机制是什么？仿生脑能否实现？

以上问题形成了认知哲学的问题域，也就是它的研究对象和研究范围。

“认知哲学译丛”所选的著作，内容基本涵盖了认知哲学的以上10个基本问题。这是一个庞大的翻译工程，希望“认知哲学译丛”的出版能够为认知哲学的发展提供一个坚实的学科基础，希望它的逐步面世能够为我国认知哲学的研究提供知识源和思想库。

“认知哲学译丛”从2008年开始策划至今，我们为之付出了不懈的努力和艰辛。在它即将付梓之际，作为“认知哲学译丛”的组织者和实施者，我有许多肺腑之言，溢于言表。一要感谢每本书的原作者，在翻译过程中，他们中的不少人提供了许多帮助；二要感谢每位译者，在翻译过程中，他们对遇到的核心概念和一些难以理解的句子都要反复讨论和斟酌，他们的认真负责和严谨的态度令我感动；三要感谢科学出版社编辑郭勇斌，他作为总策划者，为“认知哲学译丛”的编辑和出版付出了大量心血；四要感谢每本译著的责任编辑，正是他们的无私工作，才使得每本书最大限度地减少了翻译中的错误；五要特别感谢山西大学科学技术哲学研究中心、哲学社会学学院的大力支持，没有它们作后盾，实施和完成“认知哲学译丛”是不可想象的。

魏屹东

2013 年 5 月 30 日

序　言

本书涵盖了许多不同的领域，汇集了大量的哲学观点，它们都与作为方法论之基础的研究范式（paradigm of inquiry）有关，而这些方法论反过来又可以辨识经验数据收集过程中合理的具体方法。本书的主要目的是澄清这些哲学观点间的异同之处，并阐明方法论和方法之间的区别。通常人们在需要表达方法论的时候使用的术语表示的却是方法，或者表示的是方法论，但作者实际上想用它表达方法。在本书中，方法论被定义为一种研究策略，该策略概括了个人从事研究工作的路径；而方法则描述了经验数据收集的方式或模式。在澄清哲学与研究范式之间的区别时，情况有些不太明朗；理性论与经验主义之间存在区别，现象学与实证主义之间同样存在区别。本书认为，现象学与实证主义是理性论与经验主义争论的延续，这些争论产生了包括后实证主义（post-positivism）、批判理论（critical theory）、建构论（constructivism）及参与论（participatory）在内的多种研究范式。另外三种哲学立场——黑格尔式承认（Hegelian recognition）、实用主义（pragmatism）和符号互动（symbolic interaction）也是现有方法论进路的基础，它们都对“自我”/“他者”的划分提出了一些见解，并通过自我与社会的主体立场和客体立场之间的关系对方法论进路产生影响。

研究范式明确包含以下内容：本体论（什么是实在）和认识论（研究者与研究对象之间的关系）如何决定经验数据收集的方法论进路及后续的经验数据收集工作。本体论立场决定着认识论，认识论则对最适合研究项目、论点或论文的方法论或方法进行战略性评估。

本书的主要目标是为严谨的学术研究工作提供帮助，即使本书的主要读者是从事研究的学生，其对更有经验的研究人员来说也是非常有价值的，他们使用多种方法论进路，并希望在跨学科研究中对基础性问题有更好的理解。本书参考了大量的方法论文献，通过对这些文献进行综合分析，我们尝试将一些复杂的观点简单化。虽然我们也注意到，有些时候应当对涉及的某种观点如现象学，进行深入研究。不过，本书的基本原则是对哲学立场如何影响方法论和理论提出见解，而不是对哲学观点之间的细微差别进行深入讨论，我们给出的是对哲学问题的宽泛理解。实际上，对任何一位现象学家思想的深入研究都足以形成多部专著，这远远超出了本书的范围。无论读者承担哪个层次的工作，我们都希望本书对其产生影响，并为参与研究工作的人们提供有用的工具。

目　　录

第 1 章 绪论：存在的问题

引 言

本书旨在为学术论文、学位论文、研究项目以及更高级的跨学科研究计划提供必要的合理支撑。本书汇集了各种文献材料，这些材料对哲学观点、研究范式、本体论、认识论、方法论以及经验数据收集方法进行了综合的评估、理解和运用。实际上，我们对理解哲学、理论（theory）、真理（truth）、知识（knowledge）和实在（reality）时遇到的困难进行了辨析，这些困难对研究者及更广泛的跨学科研究项目来说是危险区域。相较于其他类似的文献，本书的视角是原创性的，因为虽然每个单独领域都有独立的著作，但从总体上看，鲜有著作涵盖哲学问题之间的关系，以及这些问题通过方法论进路对研究者、参与者和经验数据收集过程产生的影响。比如，实在的本质是什么、理论在追求知识的过程中起什么作用，对这些问题的认识都在研究工作的方法论和方法的使用方面起指导作用。方法论会影响方法，也会在一定程度上影响我们关于知识的看法，以及后续的研究成果。如果研究者认为知识和实在是个体外部的存在，那么他需要以经验的、超然的方式进行经验数据收集工作，通常这种观点追求的是客观无偏见的立场。然而，如果研究者认为实在和心灵有关，那么他就不可能采用上述立场，而是要在研究过程中发挥主观倾向的作用。接下来，本书将探讨这些问题，我们将从“实在”的概念开始进行分析。人们早在古代就辨析、讨论甚至争论过关于实在的问题，这些问题又通过启蒙运动以及大卫·休谟（David Hume，1711—1776）、伊曼纽尔·康德（Immanuel Kant，1724—1804）、格奥尔格·威廉·弗里德里希·黑格尔（Georg Wilhelm Friedrich Hegel，1770—1831）和亚瑟·叔本华（Arthur Schopenhaur，1788—1860）等人的思想得到了进一步的发展。

第 1 章对理论和实践进行了解释，并分析了各种知识观、真理观和实在观之间的关系。知识、真理和实在或者包含抽象的概念体系，或者基于并通过实践情境和经验数据得到发展。实际上，这些领域是人类对主客体关系和立场所做出的反思。本章还介绍了与知识、实在和真理观有关的问题，以及这些问题如何通过 2
不同的本体论立场（关于实在或真理的概念体系）和认识论立场（观察者与被观察者之间的关系）反映出来。康德认为，知识可以通过批判性思维获得，批判性思维既包括对后天接受的原理和体系的运用，也包括对先天性思维、偏见和传统的应用。要获得无偏见立场或客观性，个体必须考虑其他人的想法。客观性不是某个更高的立足点，而是理解社会、理解自我与他者的主体性本质这样一种现实的情况。对象需要被从不同角度进行观察，这样我们的视野才会更开阔。通过思考别人的思想，自己的思想也会得到丰富。我们可以借助想象进行换位思考，对他人可能会提出的论断进行比较和对比（Kant，1952）。

定义栏

实在、真理、知识和理论

实在：与知识有关，可以完全与心灵分离，也可以是心灵的建构。实在的实证主义立场与实在的现象学概念不同；前者认为实在完全独立于人，后者则认为实在与人之间具有内在关联性。

真理："真理"是个很难明晰的概念，它可以被解释为基于证据对实在进行的反思，证据则由对实在的理解决定，这是本体论和认识论立场。真理提供了在某个既定的时间点上对实在的理解；和理论相同，真理也不是永恒的，当真理和/或理论改变时，实在的本质也随之改变。

知识：为什么实在、真理，以及反映它们的理论是它们所是的那个样子，对这个问题的解释和理解汇集在一起就构成了知识；知识既包括对来自经验数据的事实进行的解释，也包括对现象的抽象理解。

理论：对于由经验数据推断产生的理解，理论可以为其提供解释的方式，也可以为其赋予意义。一方面，理论可以通过永恒定律的形式被表达出来；另一方面，理论也可以通过社会或构建的形式呈现。理论是反映实在、真理和知识的手段。

"客观清晰的外部实在存在并可以被人完全理解"是一种立场，对世界的唯我论解释——"现象由主体的内心决定"则是另一种立场，两种立场间的差别关系着对上述四个概念的理解。

本体论与认识论：外部实在是否存在？

经验科学关注经验现象及事件的本质和规律，对于经验科学和实证主义来说，
3 实在的外部世界是存在的。相反，康德在《纯粹理性批判》中指出："一切对我们可能的经验的对象，都无非是现象，即一些单纯的表象……在我们的思维之外没有任何以自身为根据的实存。"[①]（Kant，1992：519）先验唯心主义提出了一种一

① 译文引自康德：《纯粹理性批判》，邓晓芒译，北京：人民出版社，2004 年，第 404 页。

般的意识方法，该方法不可能知觉到对象的真正存在。我们只能通过知觉能力接触实在，因而，我们不可能确定我们的所见是否就是准确的，内心构建了对现象的理解。因此，被知觉或被经验的现象只是表象，思维最初可能认为它可以描述外部实在，但它能提供的只是自我可见的行为方式。不过，客观实在的观念已经深入人心，这样一个概念很难被清除。只能说，客观实在的观念不应被当作一种信条，追求客观实在也不是我们的唯一目标，尤其是在什么都不可能实现的情况下。实际上，一旦考虑到这一点，我们就会根据其他理解方式或进路重新调整自己的思路，进而加大对知识和真理的追求力度。后天知识——通过对现象的直接认识得到的理解（经验的理解）与先天知识——通过命题得到的理解（非经验的理解）之间存在差别。通常情况下，后天知识依赖于感觉经验的支持，而先天知识则依赖于智力过程或纯粹的理性。从根本上讲，康德在自在之物与现象的表象之间进行了区分。我们利用先在（pre-existing）范畴认识世界，这些先在范畴显然是由内心所创造的，我们无法认识自在之物本身。也就是说，一旦实体或对象被范畴化，并被我们用来理解既定现象的方法所编辑，我们就只能对它们呈现给我们的样子进行解释。

康德（Kant，1992）主张，事件或事情的要素最初都是“脑中的现象”，并由“主观条件”（Schopenhaur，1966：3）构成。一旦有人理解了“世界是我的表象”，它就应当被所有人当作一个自明之理。然而，这并非一个所有人都能理解的命题，它成为或者说变成了对理念和实在（唯心主义和实在论）之间关系的一种评价：“头脑中的世界（理念的）与头脑之外的世界（实在的）。”叔本华主张，理解“仅限于意识事件；换言之，哲学本质上是唯心主义的”（Schopenhaur，1966：5），因为它否认“世界本质上不是表象”的观点，所以实在论不过是幻觉而已。关于真理的知识“更不易获得，因为事实上……不是每个人都有足够的能力回过头去反思自己意识中的第一要素”（Schopenhaur，1966：5）。这是因为客体的观念，也就是意识，在主体中尚未发展成熟。

问题栏 4

知识

苏格拉底将美德看作知识，具备美德就是既要认识自己又要明白该做什么。我们会认为既然美德是知识，而知识是可以传授的，因此美德也是可以传授的。不过，苏格拉底一方面主张没有人是美德专家，另一方面又认为美德的确可以传授。那如果不存在传授美德的专家呢？实际上，他试图以下面的方式解决这个问题：他提出“灵魂……已经掌握了一切存在物。因此，如果它能回忆起美德的知识或任何它曾经拥有的其他东西，我们都不必感到惊讶”（Plato，1976：129-130）。当我们掌握了一个基本原理之后，只要我们坚持这个原理，其他的事情就都能解决。灵魂回忆起了人出生时遗忘的东西，“因为探索和学习其实只是回忆”（Plato，1976：130）。知识早就存在，我们只需回忆起它。

请就对知识的这种理解以及从基本原理开始学习的看法发表一下你的意见。知识或我们所探寻的东西在研究过程开始之前就存在吗？

就算出发点是主体自我，那么客观世界在没有意识（没有理念或主体）的情况下也存在吗？实际上，当我们想象一个没有认知主体的客观世界时，我们真正所做的与我们想做的正好相反。“我们开始意识到，自己此刻正在想象的东西真的与自己想要去想象的东西相反，也就是说，我们真正想象到的不过是一个感知客观世界的认知主体的智力过程。”（Schopenhaur，1966：5）真正的世界只是心的现象，外部世界存在的假设不过是个悖论。当我们开展研究工作时，我们利用一些前概念（pre-conception）来探索世界，这些前概念涉及心与外部实在之间的关系。这会影响方法论进路、研究纲领（research programme）和经验数据收集方法的选择。如果我们认为实在是外部实体，那么很可能我们的研究要追求客观性，通过数据、实验和/或统计分析证实或证伪某些假设，或者证明某些假设是无效的。如果我们认为世界与心有内在的关联性，那么解释学方法才是合适的方法。

康德认为，时间和空间本身都源于主体的直观或知觉，因而它们不是自在之物。随后，时空中的存在物也不是客观的自在之物，只是主观的存在物及客观世界的表象。通过我们的“内心，我们把对象表象为在我们之外……空间不是什么从外部经验中抽引出来的经验性的概念……空间是一个必然的……表象”[①]（Kant，1992：67-68）。而且，时间也是“为一切直观奠定基础的一个必然的表象”[②]（Kant，1992：74）。一切事物都包含内心的反思，内心持续与时间和空间产生相互作用。
5 在我们生活的那个时代，我们是谁以及我们在哪将决定我们的思想和对事物的理解，与此同时，事物也会影响我们的时空观念。

在许多文献中，人们误以为唯心主义是否认经验实在和外部世界的存在的。然而，唯心主义超越了实在论，它悬置了外部世界，但同时又认为主体以两种方式成为客体和经验实在的条件：首先，“因为一个客观存在只在面对主体时才是可想象的，所以主体是客观存在物质化或成为一般客体的条件”；其次，“因为客体的存在，或者说客体被表象的模式和方式（空间、时间、因果性）源于主体，并在主体中得到预处理，所以主体是客观存在形式化的条件”（Schopenhaur，1966：8）。实际上，这是贝克莱的唯心主义概念（一般客体）与康德概念（客观存在的

① 译文引自康德：《纯粹理性批判》，邓晓芒译，北京：人民出版社，2004 年，第 27～28 页。
② 译文引自康德：《纯粹理性批判》，邓晓芒译，北京：人民出版社，2004 年，第 34 页。

特殊模式和方式）的结合。

> **反思栏**
>
> **乔治·贝克莱**
>
> 在《人类知识原理》（1710）中，乔治·贝克莱（1685—1753）主张，外部世界只不过是观念的集合。这是一个惊人的论断，许多人对此感到愤怒并拒绝接受该观点。然而，贝克莱是位严谨的哲学家，他认为是上帝在我们心中创造了感觉和观念。他还进一步指出，如果自己的观点被完全理解，他就会被看作一位捍卫真理的哲学家，而不是“暴徒”或“粗人”。
>
> 请思考贝克莱的立场，以及它对主客体之间关系的启示。

从根本上讲，作为客观实在的基础，时间和空间概念本身也是基于主体的存在者。康德解决了这个问题，不过他没有使用“脑”或“心”的概念。实际上，康德的主体立场是建立在“知识能力”（faculty of knowledge）的基础上的（Kant，1992）。智慧创造了事物的秩序“并只因事物而存在，但……事物也只因它（智慧）而存在”（Kant，1992：9）。

实在论认为，世界独立于主体而存在。然而，让我们去除主体只留下客体，然后再让主体重新回到世界。在主体看来，世界分毫不差地重复出现了一次（就像存在之物的镜中影像）。“于是，对于第一个世界而言，第二个世界是后加上的，它虽与第一个世界完全分离，却又与它完全一样。现在，这种知觉的主观世界是在主体的认知空间里被构建出来的，正如客观世界存在于无限的空间中一样。”（Kant，1992：9）

问题变成了这样：外部世界与我们的主观解释的对应程度如何？这又回到了那个问题上：主观世界和客观世界，哪个才是本原？约翰·洛克（John Locke，1632—1704）和大卫·休谟假定客观或外部世界是本原，因为他们主张理解由经验产生或形成，理解是后天的。康德和叔本华则认为，世界在本原上是先天的、 6
主观的，因为“在知觉中，唯一确实能以经验的形式出现的事物就是感官中的感觉现象”（Schopenhaur，1966：11）。没人会怀疑“知识都从经验开始……然而……很可能，甚至我们的经验知识，也是由我们通过印象所接受的东西和我们固有的知识能力……从自己本身中拿出来的东西的一个复合物”[1]（Kant，1992：41-42）。

实在论认为，客体不依赖于主体而存在。然而，我们很难清晰地构想出这样一个客体对象。通过知识和表象，我们不可能从内部理解事物，因为一切关于事物的知识都来自外部。只有当我们能够进入事物内部“以便其内部可以直接

---

① 译文引自康德：《纯粹理性批判》，邓晓芒译，北京：人民出版社，2004 年，第 1 页。

被我们认识”（Schopenhaur，1966：12）时，我们才能从内部理解它。尽管如此，关于世界的知识依然“只是表象，因为我们没有超越它的办法”（Schopenhaur，1966：12）。

唯心主义与唯物主义

唯心主义与唯物主义之间也存在分歧，我们可以通过对“物质是否存在”这个问题进行评判来考察这种分歧。物质是实在的还是理念的？物质是表象还是独立于心灵？如果物质独立存在，那它就是自在之物；如果它是表象，那它就只能是理念。洛克断言，物质毫无疑问是存在的，而贝克莱则否认这种看法。

唯心主义指出：“认识者（knower）由物质构成，而物质仅仅只是表象；但这只是一个方面，因为坚持唯物主义哲学的那些主体没有把他们自己考虑进来。”（Schopenhaur，1966：13）而且，所有的物质都以表象的方式存在，这句话再正确不过了，物质就是个虚假的谎言。世界并不仅仅只是表象，客体以主体为前提条件。事实上，“没有客体的意识根本不是意识。思维主体拥有适用于对象的概念：一个知觉主体使对象具有了与它的结构相对应的性质”（Schopenhaur，1966：15）。

反思栏

主体与客体

主体：世界是我的表象，只有我是存在的。

客体：没有我，什么都不存在。你只是很偶然地成了我的一部分。

主体：你和你的形式都以我为前提条件，没有我，你和你的形式都不存在。你被我表象，我是你的经验所在的地方，我是你的经验的基础。

7 客体：你是短暂的，只能持续一段时间，相反，我年复一年地存在着。我是永恒的。

主体：永恒的时间和空间只是我内心具有的表象，你正是在这个前提条件下证明你自己的。通过这种方式，你才能得以首先存在。如果我是短暂的，那么你也是短暂的。只有个体才是短暂的，他是我的承载者，和其他事物一样，他也是我的表象。

客体：即使我同意你的存在已经超越了个体转瞬即逝的时间，但你的存在依然取决于我的存在。只有当你拥有客体时你才是主体。我是将一切联系在一起的客体，没有我就不会有融贯性。

主体：正如我离不开个体一样，你也离不开形式。从未有人以抽象或抽离的方式看待你我。“归根到底，能够知觉自身并被自身知觉的是实体，但它是自在的存在（being-in itself），既不包括知觉，也不包括被知觉，因为在我们这里，

它们是分离的。”（Schopenhaur，1966：13）

主客体：我们是整体的必要组成部分。我们都是另一方存在的必要条件。只因误解我们才把彼此当作对立的敌人。

每一方都以表象或现象来概括这个世界。抛开这一点，我们就只剩下纯粹的形而上学的（自在之物）。请思考主客体之间的这些对话。

总之，表象和客观世界构成了两个极端。一个是独立于客观世界的认识主体，另一个是独立于主体的外部世界。事实上，它们原本就是同一个事物，我们只是从不同角度去观察它们（Schopenhaur，1966：15-16）。康德（Kant，1997）在解释自我存在性的意识时也提到了相似的观点。前者从他“在外部感官世界中所占据的位置开始，并把我身处其中的联结扩展到世界之上的世界、星系组成的星系这样的恢宏无涯”[①]。而后者则“从我的不可见的自我、我的人格开始并把我呈现在这样一个世界中，这个世界具有真实的无限性，但只有对于知性才可以察觉到，并且我认识到我与这个世界（但由此同时也就与所有那些）可见不是像在前者那里处于只是偶然的联结中，而是处于普遍必然的联结中”[②]（Kant，1997：133）。当我们从事研究工作时，我们将自我引入要讨论的问题中；自我决定了对问题的知觉，同样的困难[③]又决定了自我会提出什么样的问题。该过程是交互式重复的过程，它要求研究者在制定研究策略或纲领时必须认识到主客观两方面的倾向。

认同世界中的他者

当我们想要认同世界上存在的他者时，就会涉及主客体之间的差别。我们知道自己存在，因此也知道他者存在；在社会科学研究中，如果我们不是在分析他者，那么我们究竟是在研究什么？通过经验数据收集过程，我们承认世界上有他者存在。“即便本人对其他者来说是客体，因而是他们的表象，但我确信，即使没人在他的内心中表象我，我也应该存在。”（Kant，1997：6）我们可以用下面的方式理解这一点：他者（“我”是他的客体）不是绝对的主体，他原本只是一个认知存在者。“因此如果他也不存在”，或他存在而“我”不存在，那么“这绝不是对客体只存在于其表象中的主体的取消”（Kant，1997：6）。因为他者只是间接地被“我”认识（表 1.1）。

① 译文引自康德：《纯粹理性批判》，邓晓芒译，北京：人民出版社，2004 年，第 220 页。

② 译文引自康德：《纯粹理性批判》，邓晓芒译，北京：人民出版社，2004 年，第 220 页。

③ 译者注：指自我的知觉。

8 **表 1.1 主体和客体**

主体	客体
被人类表象，以人为条件	先于人而存在，是永恒的
永恒和实在都只是主体的表象	主体依赖于客体而存在
依赖于被表象的个体而存在	依赖于被表象的形式而存在
主体依赖于客体而存在	客体依赖于主体而存在

> 我只能在大脑的知觉中认识我的身体。这种知觉由感觉引起，依据这些感觉信息，知觉理解实现了它的功能……由此可知，身体作为一个延伸物及行动物（acting thing），其存在总是预设了一个与它不同的认识者的存在，因为它本质上就是一个在领悟和表象中存在的事物，所以它也是因他者而存在的①（Kant，1997：6）。

黑格尔（Hegel，1977）提出，对这个问题②的处理始于朴素心灵（naïve minds）对外部实在产生的涌现理解（emergent comprehension）。心灵通过主观和客观的自我意识认识自己。仅有主观自我意识不足以实现自我意识，因为它不能使人们充分意识到他们在世界中是怎样的存在。人们还需要一个附加的客观立场。自我需要对其自身的意识有客观认识，以便提出对其实在性的理解。只有他人才能通过将意识反映为对外部存在物的感觉来提供这种理解。

该语境下的客观真理在相互承认中产生，也就是对世界中“他者”的承认。他者定义了自我，自我又根据他者提出的定义再次定义自我。社会定义了自我，自我也定义了社会。“野人离群索居；社会人则生活在与他者的交往中……也就是说，社会人从他者的判断中感知到了自己的存在。”（Rousseau，引自 Pippin，1997：93）客体“自我”已经意识到了卢梭描述的这种状况，并提出了可能的应对方法（Pippin，1997）。黑格尔主张，这种转变并非易事，因为“他者”的存在最初被
9 视为是对生命的威胁和对“自我”的否定。遇到他者之前，主体已经在这个世界上存在了。主体只是将他者看成一个事物，并证明自己是可以控制其他事物的存在者。因为主体不会将自己看成客体，所以他就把其他人当作要控制的对象。在研究活动中，他者最初只是某个需要以外在方式进行分析和评估的对象，而实证主义立场一开始就存在。当然，经过对他者和社会的承认，群体形式流行开来，研究活动转向了更偏向建构论的本体论和认识论立场。人们对研究活动的理解，

① 译者注：关于本节中的三段康德的引文，作者标记的出处为康德的《实践理性批判》（1997 年），实际出处均为叔本华的《作为意志和表象的世界》第二卷（1966 年），经审校者核实，这里原书作者的标注有误。

② 译者注：即主客体之间的关系问题。

以及人们对他者在知识产生过程中起何种作用的看法已经发生了改变，我们实际上可以通过承认来确定发生了哪些改变。

征服“他者”导致了冲突和奴役的出现，进而减少了形成完全的自我意识的机会（早期人类学和人种学研究反映了上述情形）。人们最初所理解的“承认”就是驯服“他者”或使“他者”数量减少，寻求承认的过程充满了生与死的较量。通过这些较量，社会生活和政治联盟得以形成。但“他者”的死并不能解决“承认”问题。人们必须获得胜利，并且必须在“他者”死亡之前完成“承认”。实际情况就是出现了奴隶主-奴隶关系，这种关系成为“承认”、自我意识和社会生活的基础。黑格尔的意思并不是说所有的关系都是奴役关系，而是说奴役关系成了政治、经济和社会生活的辩证基础。对“承认”的追求是一个长期过程，其中包含着社会生活的持续性特征。在黑格尔看来，奴隶主-奴隶关系并不是社会结构的早期形式。“社会关系的发展……不是……简单地从一种形式走向另一种形式，而是自我包含的，每个更早的阶段都包含着比早期形式更高级的形式，奴隶主-奴隶关系是各种政治、经济、社会及两性关系的源头。”（Hampsher-Monk，1992：426）

最初，奴隶主看似好像已经到达了“人类存在的巅峰，成了对自己的实际存在和自己的身份完全满意的那个人”（Kojeve，1980：46）。实际上，奴隶主看似通过自己的胜利确保获得了“承认”，然而要真正拥有自我意识，还需要对对手进行承认。奴隶主只是通过把世界上“他者”的地位降为他物的方式获得了胜利。因为奴隶主只生活在“物”的世界，他是不可能形成意识的。“他的意识与他生活在无意识对象世界时相比毫无发展。”（Kojeve，1980：47）承认只能从拥有平等地位的人（另一个人）那里产生。

另外，奴隶已经意识到了世界上有其他独立的心灵存在。尽管是在被迫的情况下认识到奴隶主或“他者”的，但奴隶从主体“自我”概念中发展出了对“自我”的客体意识。通过将“自我”以主观方式所拥有的意识和“他者”以客观方式所拥有的意识相结合，奴隶能够拥有对“自我”主体性的客观认识。奴役关系的积极作用是使人们对自我的无效性（futility of ego）有了理解，它澄清了意识，也明确了劳动的重要性。

对于奴隶主而言，现实世界是由消费品决定的，然而通过劳作，“奴隶们…… 10
提高了他们的自我意识，并在为奴隶主改造自然的过程中改善了他们与那个最初难以征服的自然的关系”（Hampsher-Monk，1992：427）。正如上文所指出的，这种转变着实不易，因为个人首先会将他者看作“自我”的威胁（Hampsher-Monk，1992：427）。不过，黑格尔一直强调，除非将“自我”与“他者”联系起来，否则人类无法形成完整的“自我”概念。因为缺少“承认”，所以奴隶主对自身存在性的意识是不完整的，而只有完整的意识才能创造历史、构筑真理。如果通过获得完整认识“历史必将完结，绝对知识必将成为可能”（Kojeve，1980：47），那也只有奴隶能做到这一点。这就是为什么黑格尔认为真理已经在奴隶主-奴隶的分裂中被揭示了出来;“在奴隶主那里诞生的人类的理想将会被发现,并被昭示出来,而且它只能在奴隶身上,由奴隶将其变为现实”(Kojeve,1980:47)。自我和他者产生内在联系,劳动和学习通向真理与解放。真正的自我和对自我的理解是通过对自我、他者以及我们生活的世界进行批判性思考与判断才形成的。自我和他者有确定的性质,社会科学使这一切变得清晰,我们只能通过从社会群体角度进行分析和评判才能完全理解我们自己。

批判性思维和判断

批判性思维实现的前提是将群体概念和对他者的判断连同个人的立场或观点一起引入待解决的问题中。因而,尽管批判性思维由个人独立完成,但思想者本人却不是孤立的,因为卓越的研究和思想,以及认识的发展都在群体中形成。当人们对遥远又陌生的事物尚不了解时,他们只能借助现有的熟悉事物进行判断(Vico,1999:76)。人们使用理论抽象和概括来理解未曾经历过的事情。人们借助常识或“人类共有的直觉判断”(Vico,1999:80)来对事件进行评价。埃德蒙德·胡塞尔(1859—1938)在其早期作品中指出,日常生活包含“各种琐碎之事,要揭示主体性,我们必须将它们清除掉”(Giddens,1977:25)。不过,马丁·海德格尔(1889—1976)和舒尔茨认为,社会共性(commonality)或日常生活不应被清除或悬置,而应当成为研究社会问题的学生不能忽略的领域。这就是我们生活的世界,其中“包含各种各样的事物,它们的存在都是理所当然的,并且通常不能在我们的常识维度中得到反映”(Bauman,1978:175)。尽管我们已经理解了日常思维,但研究却是对未曾经验的思想进行概括,实践经验与更为抽象的理论框架之间存在关联。对于社会科学而言,理论和实践(praxis)之间的关系是我们创造知识、深入理解知识的基础。

11 **反思栏**

批判性思维

批判性思维并不意味着过度的共情(empathy),虽然人们可以通过共情理解别人内心的想法。在康德看来,启蒙就是要进行独立思考,要使自己远离偏见。这意味着要从通常被认为是狭隘的立场中抽离出来,转而采取一种更为普遍的立场。不是概念的普遍性(generality),而是一种普遍的公正的视角。然而,只对各种事件采取旁观态度并不能告诉我们该如何行动,也不能使我们通过采取普遍性立场来合理运用智慧处理具体的政策和政治问题。

那么,普遍性立场只是简单的旁观者立场吗?

一个人必须具有平静的心灵才能实现真正的认知。康德（Kant，1992）主张，身体限制了思维，进而也限制了心灵，哲学家也是生活在社会环境下的人，他们并不具有上帝视角。他认为每个人都可以通过反思产生好的想法。“那种涉及全人类的知识应当超越常识理解，并且只应由哲学家为我们揭示出来，这真的就是人们所需要的吗？”（Kant，1992：651-652）在社会科学领域内，哲学/理论立场与经验/实践立场之间应当存在某种关系；在知识产生和形成的过程中，理性与经验是共存的。

康德（Kant，1952）表示：“（我）对知识极度渴望，如果没有进展就会深感不安，而取得任何进步都会感到满足……即使我认为我所做之事可能不会在改善人权方面有什么价值”（引自 Adredt，1982：27-28）。对于康德而言，启蒙运动意味着摆脱偏见、摆脱权威，启蒙是通过批判性思维和批判本身实现思想的纯化的，它是新的思维方式。它要求人们变得更加成熟，相信“自己无须他者的指导也能对事情进行理解”（Kant，1995a：54）。人们必须具有那种自信——相信自己对事件的理解，人们也必须认识到知识不是神圣的，知识可以被抛弃。

启蒙运动之前的人们缺少坚定信念的勇气，即便如此，还是有一些人勇于坚持自己对事情的理解和解释，这是他者无法做到的。那时的人们非常懒惰，尽管已经从权威的束缚中解脱出来，但他们仍然“过着不太成熟的生活”（Kant，1995a）。革命可以变专制制度为民主制度，但革命并不能改变人们的思维方式，对于那些毫无思想的人来说，新体系与旧制度没有什么差别，英国革命、法国革命、俄国革命中发生的事情就是这样。真正的启蒙需要自由，这种自由能够质疑，能够“在一切事务中公开运用自己的理性”（Kant，1995a：55）。当人们学会了独立思考“如 12
何通过自身的努力寻找真理的终极检验标准”时，真理才会显现，“任何时候，独立思考的基本原则都是启蒙”（Kant，1995a：249）。如果人们做不到这一点，他们就无法拥有自由，他们不配拥有自由并且终将失去它。事实上，那些无法拥有自由的人们会妨碍想要正确行使自由权的人们，也就是那些真正发自内心关怀全人类的人们（Kant，1995a）。

在康德看来，哲学通过启蒙和批评而变得更具批判性；通过启蒙，哲学获得了极大的发展。不过，康德所谓的批判性思维并非单指对书本或体系的批判，而是对整个人类理性思维的批判。黑格尔主张，哲学的实质应该是为普通民众服务，并为他们所接受。哲学与常识相对，“常识是人们世代积累下来的对时空环境的有限理解；在哲学与常识的关系中，哲学世界是一个颠覆的世界……（因为）哲学的起点一定是对常识性真理所做的提升，即预知一个更高的真理”（引自 Adredt，1982：35）。卡尔·马克思（Karl Marx，1818—1883）认为，联系理论和实践的纽带是批判。康德则认为，使理论与实践产生相互作用的要素是判断力。他考虑的是医生和律师，他们都是先学习理论，再将理论用于实践——将普遍原理用于具体案例。康德的道德教育依赖于"伦理学"，因为伦理学的基础是思维过程，而只有付诸行动才能使你的行动准则成为你自己也必须遵守的一般性法律。还是同样的普遍原理：不要让你自己（你的思维主体）或那个决定你思想和行动的实体陷入自相矛盾中。"康德和……苏格拉底所说的批判性思维受自由度和开放度的影响"，这意味着越多的人参与其中，效果就会越好（Adredt，1982：39）。人们需要政治自由，政治自由在康德的作品中被明确定义为"在每件事情上都能公开运用自己的理性"，它的意思是要"像学者那样在大众面前公开运用自己的理性"（Adredt，1982：39）。学者和普通市民不同；学者是世界这个大社会中的一员，在这样的背景下，学者应当为公众提出问题、摆出困难，给他们机会进行判断。思想和言论自由从根本上赋予了个人表达观点、劝说他人进行思考的权利。康德的观点打开了通向社会科学的大门，尤其是为关系到个人和社会存在的问题提供了批判理论的研究视角。通过在社会存在问题研究中运用批判方法，我们评价和分析问题的思路变得更加开阔；通过运用非实证主义方法，我们进一步拓宽了理解自我和社会的路径。

批判和理解预设了自我与社会在整体上存在某种理性。康德（Kant，1952）主张，批判性思维以及思维本身"都依赖于公开使用，没有自由和开放"，任何思想观点都不可能形成。理解不会"使人孤立，而是使人融入他者、融入社会"（引
13 自 Adredt，1982：40）。思想是个人的成果，对话存在于个体之间。不过，除非思想可以经由言论或著作进行传播，否则被封存的东西终将凋敝甚至于毁灭。正如上文所述，知识的积累和传播已经超出了个体自我。知识、理解和真理只有通过社会讨论才能得到确定或证实，社会既包括自我承认，也包括对他者的承认。康德提出，人类的自然本性就是要"与他者交流，谈论自己的思想，尤其是谈论与人有关的各种事情"（Kant，1995b：85-86）。人是社会性存在，需要通过交流与他者进行互动，没有探讨和争论就不可能产生批判性思维，也不可能实现自由。如果没有他者，我们就不能进行思考，也不能在公共领域检验我们的思想。古时候[①]，拥有卓越思想的人们总是乐于与他者进行交流，当时的哲学家要对他们思考和传授的东西负责——正是这些东西使哲学转变为获得真理和知识的方法。最初，这种转变由智者学派发起，他们被视为希腊启蒙运动的代表。之后，苏格拉底对上述转变进行了改进和发展，"这就是批判性思维的来源，在现代（modern）社会中，该思想最伟大的代表人物是康德，他完全意识到了批判性思维的重要意义"（Adredt，1982：42）。从根本上讲，我们见证了社会科学领域内批判性思维的形成，它包括从主观和客观两个视角对问题进行评判；知识并不存在于某种更高的阶层中，它是社会实践现象。知识确实超越了常识，但社会认识才是我们理解问

① 译者注：此处特指古希腊时期。

题的基础，社会认识参与了知识的积累过程，并最终成了知识的一部分。

批判性思维不仅可以对已接受的学说和体系进行评判，还可以对个人的思想、偏见以及他所沿袭的传统进行评判。通过对个人的思想采取批判性视角，我们可以发展批判性思维艺术。为了能够拥有公正的态度和客观性，我们必须将他者的想法也纳入考虑的范围。康德（Kant，1952）认为，客观性并非某个更高的立足点，而是要理解他者的社会和主体性本质。我们必须从不同的视角对对象进行审视，以便使我们的眼界“从狭窄转向开阔，这样就可以构想更多的观点以供我们选择，并通过借助别人的视角来验证每个人的观察”（引自 Adredt，1982：42）。研究工作既包括从事研究的个人与被研究的环境之间的关系，也包括他者之间的研究、提出的看法和进行的分析。

重视并考虑他者的想法将使你的思想得到极大的改善。我们借助想象和共情（我们分析和批评）将自己置入他者的立场中，由此对他者的判断进行对比和比较。只有将他者的判断也纳入考虑的范围，批判性思维才能实现；也只有当每个人的观点都可以被公开审视的时候，批判性思维才能实现。因而，尽管批判性思维由个人独立完成，但它不会切断我们与世界和其他社会存在者[①]之间的联系，它使我们能够在更开阔的视野中获取知识。通过想象，别人的想法也得到了重视，分析 14
问题的场所变得完全公开，无论对于康德的世界公民来说，抑或是对于问题/课题的研究者（科研人员）来说，这里都是一个大论坛。经过批判与分析的研究过程，科研人员学会了“以更开放的态度进行思考，（并）将自己训练成能够对他者的想法进行考量的人”（Adredt，1982：43）。如此一来，我们就可以通过概括和理论性思维突破自己的研究局限。

批判性思维不是要帮助我们解读他者内心的想法，它意在使我们能够独立思考，并通过分析远离偏见，实现思想的解放。这意味着我们不必完全采取客观立场，而是应当尝试对问题进行无偏见的主观分析，康德称之为“开阔的思维方式”（enlarged thought），即要使人们对有限的判断进行提炼，这种提炼既包括对自我利益的满足，也包括批判性思维能力的培养。一个人越是能够在不同视角之间进行游刃有余的转换，他/她的思想就越具有普遍性。这种转换借助的不是普遍概念，比如狗的概念，而是“在具体情形中——为了达到一般性立场，你必须经历的情形”（Adredt，1982：43-44）与具体事物有密切关系的概念。作为一个对人类事务进行观察或判断的立足点，普遍视角被认为是客观无偏见的。没有人告诉你该如何行动，也没有人告诉你如何将由普遍性视角产生的智慧用于解决政治生活中的具体问题。康德只是告诉我们“如何把他者的想法纳入考虑的范围，并没有告诉我们如何将这些想法融为一体，以便指导我们的实际行动”（Adredt，

① 译者注：即社会中的他者。

1982：44）。所以普遍性视角只是旁观者视角吗？显然，旁观者或研究人员与实体或研究对象之间存在密切关系。客观性固然重要，但在进行分析时，主观层面的判断也是必不可少的，对于如何将主观性与客观性结合起来，康德没有说明。这意味着，该问题在今天仍存有争议，进而导致出现了不同的本体论和认识论立场。

小　结

本章描述了在研究过程中，研究者个人、研究团队及研究项目可能面临的问题和困难，内容主要涉及世界、思维、研究人员、研究对象以及研究问题之间的关系。在哪种程度上我们可以认为外部实在是存在的呢？这对于研究者、真理及知识的积累来说又意味着什么呢？常识或实践活动对知识的发展有贡献吗？叔本华（Schopenhaur，1966）将表象与客观世界看作是两个极端。“一个极端是不具备认识形式的认识主体，另一个极端是没有特质的天然形式。两者都是绝对不可认识的：主体不可认识，因为主体就是那个认识者；客体不可认识，因为没有形式和特质，它就不能被我们知觉到。”（Schopenhuar，1966：15）主体与客体是同一个硬币的两面，“它们为彼此而存在，同起同落，一个只是另一个的反映，它们实际上就是同一个事物，我们只是从不同的角度去看待它们”（Schopenhuar，1966：15-16）。观念应与经验世界相联系，无论观念中的概念多么抽象，这都不重要，“概念的恰当作用就是使观念适合在经验世界中使用”（Kant，1995a：237）。我们在任何研究工作中都应当保持这种态度，对心灵主体与外部世界的关系进行反思很有必要。

你可能会认为，在叔本华和康德眼里，世界上存在两种真理概念：一种是实在，另一种是反映和解释实在现象的知识与理论。前者需要绝对忠于真实性，即希望透过虚假的表面看到实在本身，并（在某种程度上）具有理论的必然性和可预测性，在这种情况下，我们能够获得知识。后者着眼于我们创造上述丰功伟绩的过程中所遇到的困难，并且认为我们最多只能拥有一个主观的、相对的立场。例如，海德格尔主张，真理“只是人们在本性的驱使下苦苦追寻的一个词语，一个表示终极或首要之物的词语”（Heidegger ，1962：9）。真理是人类存在的基础，它来自并正在成为“关于世界和自我的源始经验（primordial experience）”（Heidegger，1962：9）。我们追寻的东西已经存在于存在物及理解力的本质中，任何研究实质上都是主观的。

海德格尔表示，追求真理是人类世界的根本态度，正如哈姆雷特所说的，“真相终将大白”。接下来，我们简要描述一下有关真理、实在、知识和理论的四种不同观点：符合论（correspondence）、融贯论（coherence）、实用论（pragmatism），以及共识论（consensus）/建构论（constructivism）。每种观点都以相应的本体论和方法论假设作为基础，我们将在后面的章节中对此进行详细讨论。现在，在探讨理论、研究范式与方法论的关系之前，我们先对几个基础性问题进行一些概括。

第一种观点认为，真理与实在之间是符合关系，真理和知识的概念与实际存在的事物相符合，思想陈述与事物之间存在某种关系。这是关于知识和真理的传统观点，其判定标准是实体如何与客观实在相联系。真理和知识普遍存在并且是绝对的（永真的绝对知识存在）。根据这种观点，理论应当通过思想、语言和符号精确地反映客观实在。但要做到理解客观实在并用精准的语言对其进行表达并非易事。比如，很多时候意义都是十分含糊而短暂的。

第二种观点认为，真理、知识和理论构成了一个融贯体系，真理和知识通过理论成为命题系统的属性。不过，对于究竟是只存在一个绝对的真知系统还是存在许多可能的系统，人们还有不同的看法。黑格尔认为，真理和知识是完全或完 16
备的，该特征实质上意味着真理和知识在任何时刻都为真。如果一个物理事件不能得到解释，那么该命题或观点就不是真的知识，包含这个观点的理论就不能被接受。符合论与融贯论不仅与实证主义的某些方面有关，还以其为基础，前者吸收了一种朴素的实在论立场，后者（尤其是多重真理系统）是一种更具批判性的实在论观点。在批判实在论语境中，实用主义认为，真理、知识和理论应通过经验和实践应用进行验证。威廉·皮尔士（William Pierce）相信真理、知识和理论往往只是一种不完全的、部分的近似，是不可靠的。约翰·杜威（John Dewey）主张，我们通过经验发现的真理并不完备，但它可以通过社会检验进行自我纠正。只有用于概念和实践，真理才能得到证实（这与康德的观点一致，理论和实践是必要成分）。实际上，这种方法已经走向了历史实在论（historical realism），即通过历史和社会构想发展实在论。需要指出的是，上述各个观点都信奉形而上学的客观主义，也就是相信真理独立于信念而存在。

同样，共识论主张存在许多真理、知识和实在的观念，因为每种观念都是在社会中用文化历史术语构建的，其形成来自社会权力斗争。与符合论、融贯论以及某种程度上的实用论相比，建构论者认为不存在外部客观实在或系统。知识、真理、实在和理论都有其存在的条件，它们取决于人的观察视角和经验。真理本身是建构的（*Verum ipso factum*）（Vico，1999）。真理、理论见解或实在，以及知识都是通过民主过程协商形成的。构建知识、真理、实在或理论的困难之处在于实证主义和现象学所提出的广泛的本体论及认识论立场。实证主义认为，真理是永恒的，真理可观察、可理解，其在外部世界中存在（当然，后实证主义者认为真理终将被取代，他们怀疑人类是否能够完全理解真理）。现象学在不同程度上认为，由于对实在、知识和真理的解释本质上与主体相关，外在性很难被建构，因而真理、知识和反映真理知识的理论也是短暂且可变的（表 1.2）。

17 **表 1.2 真理和实在**

观点	内容
符合论	真理和实在之间存在明确关系。实在可以通过语词和数字得到清楚准确的反映（实证主义和后实证主义）
融贯论	真理和知识应当适合于融贯系统。个别和一般之间存在融贯性（实证主义和后实证主义）
实用论	真理和知识通过经验和实践来证实（批判理论）
共识论/建构论	群体或团体内部通过共识实现真理（建构论者和参与论者）

理查德·罗蒂（Richard Rorty）与帕斯卡·恩格尔（Pascal Engel）围绕“真”展开过一些争论。罗蒂主张，“真”只具有有限的解释效用，某些被标榜为“真”的形而上学存在者或实体根本不存在。“真”这一理念不能与世界上任何独立存在者相符合，也就是不能与特定实在相符合。陈述、命题或判断与实在之间不存在对应关系（妄图创造对应关系是没有意义的）。陈述的正当性应该得到辩护，但我们无法区别什么是正当性、什么是真理。实际上，只要团体、群体和社会一致同意，我们就可以获得正当性，但真理不可能通过这样的“一致同意”来获得。因此，追求终极真理既不能成为科学和哲学的指导思想，也不能成为它们的目标。不过，即使真理的观念是虚构的，也不意味着我们关于世界和人类的问题就什么也不能说。自由、民主、宽容、社会等值得我们拥护和捍卫的价值观依然存在。罗蒂主张，真理不过是对某个陈述表示赞同；我们可以相信 x 为真，但这并不代表这就是事实。换言之，我们断言 x 为真并不意味着 x 就是真的，我们只是声明了对真理的赞美。真理和正当性之间不存在差别，真理包括某个群体所坚持的正当性。真理是人们为陈述观点而使用的工具，它包含着科学研究的目标。但是，当我们主张真理不可能实现时，作为科学研究目标的真理的有效性（validity）也就变得不再可信。对真理的追求只是不切实际的徒劳。实际上，如果真理无法实现，那它怎么能够包含一个终极目标？真理不能决定或规范科学研究，因为真理本身不可知。作为对罗蒂这种真理观的回应，恩格尔主张，真理绝不仅仅是为提出某个声明而使用的过于简化的机制，真理也不是通过陈述 x 为真来进行断言的工具，真理不只是对陈述或信念的断言。实际上，只有当对陈述或信念的断言为真时，该断言才会被认为是正确的。说白了，信念只有为真时才是正确的。其结果就是，信念是真理的目的和基础。如果某人不是因为某个命题是真的，而是出于其他原因才相信这个命题的，那他/她就会做出不合理的行为，或者他/她根本不

是真的相信那个命题。在断言、信念和真理之间存在一种三角关系，它包括一个规范性要素，该要素不仅将真理认定为是一个正确的信念，同时还认为真理就是最终被我们当作知识的东西。人们可能会主张，他们并不是简单地以“我相信 x 为真”的方式来表征（represent）他们自己的，而是以“我认识 x”的方式来表征自己的，以便有更多的人会问“你是如何认识 x 的”。结果，“拥有正确信念”这样一种知识观就变成了一种规范性。

通过对本体论立场、理论视角以及方法论进路进行综合介绍，本章一方面认 18
为对真理的解释就是理论，另一方面还分析了这个观点在多大程度上体现在人的行为中。第 2 章旨在对上述内容进行进一步的讨论，并着重强调理论在研究过程中的作用，以及其与本体论、认识论和方法论的关系。

扩 展 读 物

Arendt, H. (1982) *Lectures on Kant's Political philosophy*. Chicago, IL: University of Chicago.

Critchley, S. and Schroeder, W.R. (1999) *A Companion to Continental Philosophy*. Oxford and Massachusetts: Blackwell Publishers.

Denzin, N.K. and Lincoln, Y. (1994) *The Handbook of Qualitative Research*, 1st edn. Thousand Oaks, CA: SAGE Publications.

Denzin, N.K. and Lincoln, Y. (2000) *The Handbook of Qualitative Research*, 2nd edn. Thousand Oaks, CA: SAGE Publications.

Denzin, N.K. and Lincoln, Y. (2005) *The Handbook of Qualitative Research*, 3rd edn. Thousand Oaks, CA: SAGE Publications.

Gjertsen, D. (1992) *Science and Philosophy: Past and Present.* London: Penguin Books.

Honderich, T. (1995) *The Oxford Companion to Philosophy*. Oxford: University Press.

Kant, I. (1995) *Political Writings*, ed. H. Reiss, trans. H.B. Nisbet. Cambridge Texts in the History of Political Thought. Cambridge: Cambridge University Press.

Rorty, R. and Engel, P (2007) *What's the Use of Truth?* New York: Columbia University Press.

Williams, B. (2004) *Truth and Truthfulness*. Princeton, NJ: Princeton University Press.

第 2 章　解释和理解理论

引　言

第 2 章将进一步探讨理论、真理、知识和实在之间的关系，尤其是重点讨论理论这一概念，并对理论如何支持社会科学研究以及/或者理论如何与社会科学研究相关联进行思考。本章还考察了与理论和研究范式有关的各种本体论及方法论立场之间的关系。从词源学上看，“理论”（theory）一词源于古代词语 *theoria*，其原意为注视或观察。理论与剧场（theatre）实际上源自同一个词根，该词根意为对社会和世界进行反思。于是，你可以认为，理论是对世界进行观察和反思的方式，理论因此与知识有所区别，知识表达的是世界如何成为（实在或真理）。相反，你也可以认为，理论的确通过提出观察世界的方式决定了知识，即关于世界如何存在的知识；知识或真理与反映它们的理论之间没有区别。

社会科学研究在 20 世纪经历了爆发式的增长，并成功超越了艺术学研究，一部分人认为社会科学正在对抗自然科学，而另一部分人则认为社会科学是在模仿自然科学。实际上，正是社会科学内部的这些分歧支撑和促进着社会科学的地位及应用。上述分歧不仅包括对知识之本质的争论（本体论问题），还包括人与知识的关系（认识论问题）以及形成或检验知识所需要的严谨性（方法论问题）。社会科学的内容及重要性与经验主义、唯理论和现象论之间的争论有内在联系——这些争论涉及研究工作的新兴范式（emergent paradigms），当个人在社会科学领域使用方法论进路进行独立研究时，研究的自然范式构成了个人研究工作的基本信念。温奇（Winch，1991）指出，关于社会科学，以及为何社会科学相较于自然科学发展缓慢，人们存在一种错误的看法。实际上，社会科学发展缓慢是因为它们不能完全采用自然科学的发展流程，它们还未能完全从哲学中解脱出来。温奇（Winch，1991）承认社会科学还没有诞生牛顿那样的大人物，但他并不认为社会科学的发展应当依附于自然科学前提而不是哲学立场。本书赞同温奇的观点，并将向读者介绍与科学或实证主义立场有关的各种社会科学立场和理论框架及其与涉及现象学的哲学假设之间的关系。总体来看，不同的学派是在不同的理论背景下对社会科学的作用进行探讨的。

社会科学实质上是以理论形式存在的，因此我们应当鼓励人们进行理论发现、理论发展或元理论化（meta-theorising）研究，因为它们是进行严谨的社会科学研究所必需的。理论化就是通过对不同规模的人类活动进行解释、说明、理解和预测来系统地研究社会行为。社会科学研究亦包括对可靠理论框架的研究。理论能够产生多元主义、提供选择、创造新的情境、形成交流和争论，理论不仅提高了人们的意识，还增强了人们的理解力。

定义栏

理论存在的理由

人们通常认为理论毫无用处，人们总是觉得理论上没问题的东西在实践中却总是行不通。理论被当作超越一般存在物的东西，它对人们的日常生活一点都不重要。然而，正是理论为人们提供了方法——在面对日常生活中的困难时，人们可以借助这些方法进行思考，人们也可以利用这些方法理解他者、社会或政治问题。理论可以不断被创新，理论与实践的结合将加强我们对世界的理解。每个人基本上都是以理论的方式进行思考的，问题是我们丝毫没有意识到这一点，而且我们的思考缺乏系统性。当人们受到不能掌控的情况或政策影响时，人们就会开始理论构建：“我”失业是因为“我”的国家加入了欧洲联盟，来自其他成员国的移民大量涌入；或者“我”失业是因为政府紧缩开支和经济衰退。这些都是人们对具体情境进行理论构建并形成一般原理的典型例子。总而言之，理论可以将我们的日常经验与更远、更抽象的东西联系起来，从而对这些日常经验做出解释。实际上，理论可以让我们知晓未曾经历过的事，理论可以让个人了解这个世界。这与康德的访问（going visiting）思想密切相关。

社会科学理论的主要功能不是追求证据，而是对处于某个确定时刻的情境做出适时的理解。以实证主义和后实证主义为例，前者追求规律性，而后者只要求近似性，这些近似的结果来自理想化情境中进行的实验，它允许我们通过所谓的薄数据（thin-data）对现象进行解释。在批判理论看来，建构论和研究理论的参与范式（participatory paradigms）是通过厚数据（thick-data）为情境与现象的理解提供框架的（更多有关研究范式的内容请参看下文）。理论和实践是一枚硬币的两面：好的实践由精准的理论框架指导，而精准的理论框架则由对实践情境的合理认识来构建。理论和实践的关系已经被讨论了几百年，最终在启蒙运动时期，我们对 21
这个问题进行了一些颇有见地的思考。实际上，在第 1 章中我们已经讨论过 18 世纪末的康德是如何思考理论与实践的关系的，康德主张理论和实践是不可分割的，我们在分析和研究中应当对二者进行整体评估。

理论涵盖对真理、实在、知识发展以及知识获取、应用评估与评价等内容的不同理解或解释。本章对研究范式的探讨明确了理论的本体论和方法论之间的密切关系。不仅如此，我们还将探究各种理论的发展过程、概念的形成过程、规范主义（normativism），以及理论的层级——宏大理论（grand theory）、中观理论（meso theory）和实体理论（substantive theory）[①]。本章还会继续讨论第 1 章提及的抽象哲学问题，并分析哲学思想如何为理论观点提供支持，进而最终形成关于研究范式和方法论进路的理论综合方法。每种理论都具有“一个成熟的概念体系，其中的概念通过关系陈述（statements of relationship）产生相互关联，这些关系陈述共同构成了一个整体框架，我们可以用它解释和预测现象”（Strauss and Corbin，1998：15）。社会科学以理论形式存在，本体论立场决定着它如何对真理、实在和/或理论进行解释。因此，我们应当鼓励人们从事理论化研究、理论发现以及理论建构与发展。理论化就是通过对不同规模的人类活动进行解释、说明、理解和预测来系统地研究社会行为。此外，本章还讨论了什么是理论、理论在实践中有何作用，并认为理论使多元主义和多种选择成为可能：理论提供了交流和公开辩论的机会，鼓励人们对经验数据保持敏感性、坚持开放的思想、对教条主义保持警觉，使人们能够更好地理解其他的研究立场。

什么是理论？

理论是对实在、知识和真理的反映吗？或者理论是知识、真理及我们所描述的全部实在中的一部分吗？我们在思考这些问题或考察不同的理论立场时，很有必要对理论过去如何被使用进行一些评述。以天文学理论为例：古人认为，天体的成分与地上的事物不同，这种差别导致地上的事物向下落，而像恒星和彗星那样的实体依然高挂在天空中。随着牛顿万有引力定律的提出，我们观察世界的镜头（理论）改变了，因此与之相关的知识也改变了。天上之物与地下之物的差别不复存在，关系着行星运行轨道和物体下落速度的万有引力定律成为解释物体下落或不下落的主要方法。万有引力定律几百年来一直占据统治地位，直到 20 世纪初期，它才受到了相对论和量子力学的挑战，并被新理论超越。于是，如果牛顿
22 的万有引力理论曾被认为是完全符合实在的，那么它所包含的真理和关于实在的知识的有效期只到 1900 年左右，之后，用后实证主义的话说，万有引力定律失败

① 译者注：宏大理论是美国社会学家赖特 · 米尔斯（C. Wright Mills）提出的术语，指高度抽象的理论形式，米尔斯主要用该术语形容社会学家塔尔科特 · 帕森斯（Talcott Parsons）的理论。中观理论是美国社会学家罗伯特 ·K. 默顿（Robert K. Merton）提出的社会学研究范式（不过默顿使用的术语不是 meso，而是 middle range，在下文关于理论分类的图表中，作者指出 meso 和 middle range 是同样的含义）。有关宏大理论和中观理论的更多内容，请参阅米尔斯的《社会学想象力》（*Sociological Imagination*）和默顿的《理论社会学》（*On Theoretical Sociology*）。实体理论指针对具体问题的具体理论。

了。或者根据托马斯·库恩（Thomas Kuhn，1922—1996）的观点（下文将进一步论述），在批判理论、建构论或参与论语境下出现了范式转换，理论作为一种洞察实在的方式总在不断地发展；也就是说，没有哪个理论能够通达一个绝对真理。这是一个持续的辩证过程，早期理论的一部分被纳入当代理论，今后又会从当代理论中发展出新的理论。知识由理论塑造，关于行星运动的知识从托勒密的本轮说变成了万有引力说，然后是相对论和量子力学。与此相似，生物学上的物种不变说也被进化论所取代。从根本上讲，理论为我们提供了组织各种事实证据的方法，正是这些事实证据决定了我们的知识。我们的思维方式为我们提供了组织或归类经验数据的方法；我们对时间、空间、因果性、相对性、普遍性等的概念化形成了分类的一般形式，这影响甚至是直接构成了理论见解的基础。

若要形成清晰的观点，我们必须对经验如何由理论塑造而成这个问题有总体认识，理论总是直接或间接地影响着我们的思维方式。在这方面，经验和知识处于同样的地位，并具有同样的发生过程，经验和知识不是相互分离的，它们是一个综合性存在体，知识和经验的地位相同。理论不断更迭交替，不断塑造、构建着我们的经验和知识。事实上，对自然的理论化与对人的理论化非常相似。如果你对某人怀有敌意，你会觉得他做的每件事都是在针对你，理论观点是自圆其说（self-fulfilling）的。如果你从一个特定的理论视角研究自然，那么你的观点很可能是自圆其说的。如果我们相信实证主义的论断，即实证主义理论给出了真理和知识的永恒定律，那么这个定律就一定存在，并将一直存在下去。这将导致我们对社会、自然和个人产生狭隘的理解：我们能够获得终极知识吗？或者我们能够认识到实在之真正所是吗？完全独立于思想和理论的实在真的存在吗？如果存在，那么我们可以先用特定的观点和理论去研究对象，进而证明这些与经验有关的理论和思想存在局限性。每种理论立场都包含其特有的思维模式，正如古人谈论天堂和尘世、牛顿探讨离心力一样。这些不同的思维模式只是观察事物的不同方式，并不意指何物真的存在，它们并不意味着不同的思想会产生不同的存在物。相反，理论应被看作是对实在的准确描述。不过，这看似有些不切实际，因为理论总是随着历史的改变而改变。我们应当注意到自己是如何借助理论框架进行思考的，我们也应当明白，理论框架只是观察事物的方式，而不是为何物存在提出可能性。
理论在这里只是观察对象的独特方式，对象则是所谓的存在者的表象。观察者决 23
定着观察结果或对被观察物的解释，通过观察者运用的理论立场，观察者与被观察物达到了合二为一的状态。实在不可分割，它同理论和实践基本上是共生关系。在此语境下，世界与我们分析和研究世界的方式融为一体。理论是黏合剂，它把主体和客体黏合在一起，使观察者得以近距离观察并运用思维过程去研究客体，进而寻找到在整体论语境下对世界进行理解的方式。

相较于实践或行动，理论融入了对所观察之物的思考。自然科学和实证主义理论中包含了通过对可观察现象的研究得到的因果关系，而社会和人文科学针对的是不易观察或解释的观念和行为。理论与真理观有密切关系，它由一系列陈述构成，这些陈述是对特定现象的正确理解（知识）。也就是说，真理总是相对于特定理论而言的，一种语境下的真理未必在其他语境下也为真。于是，在真理、知识和理论的关系中，解释就显得格外重要。总之，理论通过真实的陈述反映和解释实在，并基于分析提出关于现象的知识。理论及理论提出者的权威“必须建立在真实性的基础上”，真实的信念和知识在诚实性与精确性中产生（Williams，2004：11）。理论框架依赖于形而上学的主观主义，因此真理取决于信念、依赖于情境、贯穿于文化。

康德的理论观和实践观

康德（Kant，1995b）主张，即使有些规则是实践性的，但只要它们来自对实践的概括和抽象，也可以被认定为*理论*。相反，所有的实践性活动都应被归类为实践。具有特殊目的、包含了“已经设想好的工作原则”的那些规则就是*实践性*的（Kant，1995b：61）。康德从这个观点出发，得出了以下推论：无论理论多么完善（理论与实践的关系多么紧密），理论与实际运用之间还必须存在一个中间层次。理论包含的是普遍原则，当实践者考虑理论在多大程度上能够被运用到实践中、在什么情况下不能被运用时，他们需要对普遍原则进行判断[下文中有图尔敏（Toulmin）对该问题的相似解释]。不过，用于指导判断的原则不可能是针对每种状况的，不要指望“把每个具体情况都添加到之前的原则中，这会导致无穷回退”（Kant，1995b：61）。实际上，有太多的理论家因为缺乏判断而未能成为实践家。康德指出，许多律师和医生即使接受过良好的教育，也提不出实践性建议。相反，即使人们有了好的判断，但理论总是不完善的，只有通过一次次的实验和经验过程，
24 理论家们才能提出新的规则，去影响和完善理论，理论才能不断发展（或康德所谓的趋于完善）。所以很多时候理论都是有所欠缺的，这一点也不奇怪，但这不是理论的错。问题在于我们拥有的理论不够多，我们需要从经验中不断学习，并进一步发展理论。康德主张“谁也不能在不懂理论的情况下假装自己是实践的高手，他不可能不暴露自己对这个领域的无知”（Kant，1995b：62）。这意味着比起那些理论家——他们否认理论对实践的指导作用——对理论的无知反而更值得谅解。

我们可以把那些潜心研究理论却否认理论与实践有关的人们看成是在制造没有“实践效力”（practical validity）的“哲学家的美梦”或“无用的理念”（Kant，1995b：62）。这意味着力学和电学都与工程师无关，医学理论与医生或医务工作者无关。然而，根据知觉或哲学来解释更为抽象的现象的理论可能只包含论证而

没有太多的实践作用。在这种情况下，理论和实践的区别更加明显。总体来看，对于社会科学而言，理论与实践之间存在密切关系，原因是理论对知识或真理进行解释和评价，而知识和真理来自实在，即实践、经验环境和语境。

研究范式及其对理论的影响

理论关注的内容包括：如何构建实体性理解（substantive understanding）、规范主义以及概念简化（ideational simplification）。实体理论建立在收集经验数据的基础上，规范主义决定着理论的框架，框架具有伦理或道德维度（这是理论应当具有的）。概念简化包括对复杂变量的简单化，它与实证主义和后实证主义研究范式关系密切。不同理论导致了人们对知识和真理的不同理解，以及对知识发展、知识获取、应用评估与评价的不同认识。

对理论的理解往往与特定的研究范式有关（下文会进一步讨论有关哲学观点和研究范式的问题）。一般来说，理论可以是实证主义的，也可以是原理性的，自然科学追求普遍原理，而社会科学则探索类似原理的规律性（实证主义和后实证主义的区别将在第 3 章中被详细讨论）。无论自然科学定律，还是社会科学原理，都应当具有预测能力。总体来看，上述立场将理论理解为普遍原理，它与实证主义研究范式和追求规律与预测的方法论有关。在这里，理论关注的是永恒的真理和预测。

理论的实证主义立场包含对实在或真理的理想化或简单化理解。我们不可能理解事件发生的全部变量，我们应当忽略那些容易造成干扰的变量，集中精力研究理想化情境所需要的条件。我们虽然无法获得完美无瑕的知识，但可以在模型中假 25
定完美知识存在，预测是在理想化情境中进行的。这样的理论允许我们在一个理想化或模型化的世界里进行证伪和预测。其结果是假定我们已经在某个特定的时间段内获得了完美的知识，但对于后实证主义来说，知识总会受到挑战甚至被取代。

实证主义和后实证主义都视理论为说明或陈述——对从大量观察经验中抽象出来的观念的说明或陈述。这是对理论发展的经验主义看法，它通过观察，依靠可靠（可重复）的科学方法证明理论的有效性或无效性。实证主义的目标是提出简化的解释和预测，普遍原理和因果之间的决定论关系最为重要。

批判理论、建构论和参与论范式采取了解释性的理论立场，它注重理解，强调解释与被解释现象之间的关系。它重视的不是寻找因果关系，而是不同模式之间的内在关联性。这些理论通过广泛的、富有想象力的分析对现象进行解释，它容许多重意义、多种实在和不确定性存在。价值和事实有内在关联性，知识或真理是辩证的、可变的、暂时的。随着社会发展到了不同时代，反映或理解社会变革的理论也发生了变化。现象学方法对实证主义的挑战使得解释理论开始在社会科学研究领域中变得流行起来。理论与实践的关系愈加紧密，实践运用也得到了进一步发展。亚里士多德认为，自由的人主要从事三项活动：理论（*theoria*）——以追求真理为目标；创制（*poeisis*）——以生产产品为目标；实践——以行为为终极目标或目的。实际上，实践意味着一个过程，通过这个过程，反思与实践或者说理论与实践的关系可以改变社会，可以改变生活在社会中的人们。从根本上讲，理论取决于具体的语境、人们的经验和立场以及当时的社会制度。解释理论对现象进行抽象，并清楚地表明理论的研究深度以及理论与研究对象的相关性（relevance）。主体性占有重要地位，因为我们不可能在研究中排除研究者及其研究偏好。解释理论允许意义建构，它为构建与现象相契合的观念提供方法，现象之间的关系因此得以明晰。这是一个理论化过程，它既包括对研究对象的研究工作，同时又需要引入抽象概念来对研究产生影响。它还能激发人们的想象力，激励人们提出更多理解经验数据的方法和视角。实际上，已经有许多方法论为解释理论的建构提供了方法，其中包括扎根理论（grounded theory）、民族志（ethnography）、解释学和行动研究（action research）（下文将会对这些内容进行详细探讨）。此外，解释理论以相对主义和主观主义本体论及认识论作为基础。

26 批判理论立场宣称，有影响力的群体决定着理论必须包含的内容；理论随历史的发展而发展，并对现有的社会状态提出道德挑战。理论发展与道德反应关系紧密。尤尔根·哈贝马斯（Jurgen Habermas，1929—）认为，社会科学主要研究基于道德考虑的人的交往活动。社会变革带来了人类的解放，我们不应再将社会科学定义为知识的积累，而应当将其看作是对道德原则的遵守。社会状态千变万化，因此决定理论的东西不是与事件当前状态的吻合，因为社会变化可能会证明事件的当前状态是不合理的。而且，由于社会科学家参与了研究过程，所以他们的判断也是构成知识和/或理论框架的那些解释中的一部分（Habermas，1971）。实际上，哈贝马斯已经站在了建构论立场的边缘，该立场认为理论与日常生活无异，理论来源于社会。在建构论语境下，理论以公理化模型的形式出现，并且一直在发展。社会科学能够进行测量和预测，能够提供证据，但这不是我们定义社会科学的依据，我们的根据是社会科学提供理解和有效性的能力。建构论意味着个人主动参与并创造了他们的世界，人们以不同视角观察实在，进而构建他们自己对现象的理解；或者现象独立存在，它包含的基本意义使我们能够对实在进行正确的解释和预测。后一种观点认为，具有某种形式的外在物存在，外在物以同样的方式对个人产生持续的影响，此观点倾向于批判理论和实证主义本体论。前一种观点则属于“激进的建构论”，即认为不同人眼里的实在各不相同，它主张一种参与式本体论。这些差别可以根据建构论和构造论（constructionalism）之间的差别来被解释，即个人控制结构的程度，以及这些结构在多大程度上通过制度和/或能动者与社会间的互动来决定。不过，建构论与构造论之间有个核心的共同点，一些学者曾试图将它们整合起来（我们将在第 6 章对这些内容进行详细探讨）。

参与论研究范式赞同如下哲学观点：研究者与研究对象之间是相互依赖的，在研究过程中，二者均会对另一方做出积极反应。托伯特（Torbert）指出，“参与式本体论认为，在研究过程中，主观经验的地位非常重要，知识、经验和行为之间总是存在一些断裂，研究过程恰是弥合这些断裂的有效方法”（Torbert，2001：3）。不仅如此，“真正的社会科学能够不断将主体（第一人称）、主体间（第二人称）及客体（第三人称）研究及时整合在一起，以便提高人们在各方面的研究能力，使人们能够更好地顺应时代潮流”（Torbert，2001：3）。

实证主义的本体论和方法论立场相当极端，我们很难在社会科学研究中使用它，这是因为当我们想把理论的实证主义解释和其他范式整合在一起时会遇到很多问题。例如，实证主义认为存在一个完全可理解的实在，我们可以通过永恒的 27
定律发现它，而这与所有其他研究范式的本体论都矛盾。随着本体论和认识论立场由实证主义转向了后实证主义，我们开始承认理论是可错的，而且经过批判性分析，理论可以被替代。我们接受了理论因被证伪而发生的更替，这种更替本身就是历史过程的一部分。批判理论通过对现有理论提出挑战而使这一点变得更加清晰。于是，尽管最初本体论、认识论和方法论进路看似都具有排他性，但如果我们更加仔细地审视它们，就会发现它们都具有包容性，允许不同理论立场相互融合，以便更好地理解和解释现象。而且，理论的等级决定了规范主义的等级，例如，实证主义总是试图拒绝规范性立场，而建构论和参与论则大力拥护规范主义。

为清晰起见，在下面的讨论中，上述研究范式都会被根据一般意义进行划分，如实证主义和现象学，前者还包括后实证主义，而后者则包括批判理论、建构论和参与论范式（随后的章节会对这些问题进行详细探讨）。我们认为前者更接近现代主义（modernism），而后者倾向于后现代主义。在实证主义范式下，理论必须是客观的，能够确定因果关系，能够进行概括或预测并具有信度[①]（reliability）。而现象学则更关注如何在具体的历史环境下构筑框架，以便人们能够提出见解、进行理解并确定有效性（表 2.1）。

表 2.1　理论的类型

理论类型	内容
个人理论化	借助更宽泛的概念或基本原理对个人经验进行反思
实体理论	源于对经验数据的分析和对具体情境的概念化
模型	现象的简单化理解
中观理论	利用得到证实的实体理论和模型建构的中等规模的理论
宏大理论及哲学观点	涵盖对现象和存在物的抽象解释

① 译者注：信度即可靠性。

定义栏

理论类型

●哲学

●宏大理论

28 ●中观或中层理论

●实体理论或模型

●个人

通过对经验现象和非经验现象进行思考，个人形成了经验的理论。与此相比，实体理论更为系统，它包括两种利用经验的方式：或者（通过反思）①将个人内心中的多个自我②结合起来，或者将个人研究者的解释在理论与实践之间进行校对和综合。实体理论相互结合形成了中观理论，中观理论相互结合则形成了宏大理论。哲学包含全部的抽象概括，但它与实践的关系却没那么密切。宏大理论和中观理论可以被统称为形式理论（formal theory）。

为了更加详尽地理解不同哲学立场下的理论，本章将重点从社会科学视角——主要是后实证主义和现象学视角（包括一般性批判理论、建构论和参与论范式）对实证主义进行分析（表 2.2）。我们将根据这些哲学立场分析理论观点之间的区别，以及理论理解和/或解释现象的不同方式。上述工作一方面指出了不同的理论处于不同的层次，另一方面也指出了不同的理论对规范性的期望值也不同。正如之前提到的，实证主义理论追求规律性，后实证主义理论则着眼于在理想环境下通过薄数据对现象进行近似和解释。而对于现象学来说，理论就是要通过厚数据为情境和现象的理解提供框架。

本章构建了理论层级的类型学。概括性哲学理论和宏大理论都不太符合实证主义对理论的理解，宏大理论更易于与后实证主义相契合。另外，尽管中观理论比较符合现象学范式，但它也的确提出了履行后实证主义理论条约的方法。实体理论来自具体领域或具体研究工作，如果我们把理论分解成更小的组成部分，那我们就可以分辨出实体理论。从中观理论到宏大理论，再到哲学框架，理论的抽象程度逐级递增，相应的概念化程度也越来越高。

理论越简化就越容易确定因果关系或独立与非独立变量。不过，简化程度越高，我们越难对现象提出完全的理解和解释。因此，简化模型与更具体的实体理

① 译者注：括号中的内容为译者所加。

② 译者注：在不同环境下，个人会以不同的方式与他者或环境相互作用，这会产生多个“自我”，对这些“自我”的反思也是个人的一种经验。

论有所不同。实体理论由归纳的、建构的过程得到，而模型通常都是对现象的独断式简化。将实体理论、中观理论和宏大理论三者综合在一起，我们就可以从因

表 2.2　研究范式 29

类别	实证主义	后实证主义	批判理论	建构论和参与论
本体论 实在的存在形式；关于实在我们能知道什么	实在可以被完全理解；实在存在且能够被我们发现	对于实在，我们只能做到不完全的、或然性的理解；实在存在，但人类不能完全理解它	实在由历史塑造；实在的形式取决于历史中形成的各种价值观	实在是局部建构的；建构实在的基础是许多人共享的经验；实在随个人/群体的变化而变化
	（朴素实在论）	（批判实在论）	（历史实在论） 打破了本体论和认识论之间的清晰界线	参与论：实在由心灵和世界共同创造 （相对实在论） 打破了本体论和认识论之间的清晰界限
认识论 研究者和研究对象之间的关系	研究者和研究对象是完全分离的；科学程序中不存在价值判断；真理可以被发现	否认研究者和研究对象是完全分离的；我们只是在努力实现客观性	研究者和研究对象相互关联；历史价值观影响着研究过程；研究结果是主观的	属于一种批判理论；但研究结果是由研究过程创造的 参与论：该范式主张研究结果是在研究者和世界之间产生的
方法论 研究者如何发现他/她认为能够发现的东西	基于假说的科学实验，这些通常是定量研究；干扰性条件将得到严格控制	经过多次修正的科学实验；追求对假说的证伪；可以使用定性研究方法	研究者和研究主体之间需要展开对话；结构是可变的；行为引起变化	包括研究者在内，许多个人的建构最终形成一种共识 参与论：可以使用相似的方法论（主要是行动研究）

资料来源：改编自林肯和古帕（Lincoln and Guba，2000）以及希伦和雷森（Heron and Reason，1997）

果性方面对现象进行洞察和理解。不过，宏大理论和哲学框架虽然使我们能够在 30
普遍语境下理解现象，却不能进行预测，也不能产生历史决定论（historical determinism）（尽管他们一直在努力实现这个目标）。由于存在这些不足，并且难以在实证主义语境下得到证实，宏大理论于 20 世纪六七十年代遭到了猛烈的批评和抨击[①]。这使人们不得不重新思考社会科学的实际任务是什么。鉴于实证主义的预测观也受到了挑战，人们将后实证主义和现象学相结合，提出了中观理论和实体理论，这是对社会科学本身做出的更为深刻的理论解释。

哲学、宏大理论、中观理论和实体理论之间的关系相当密切，因为（正如康德所言）实在、真理/知识、理论的发展要通过个人、群体和历史环境的相互作用

① 译者注：默顿认为他的导师帕森斯的理论过于抽象和宏大，这样的理论体系背离了社会学实证主义的传统，在批评帕森斯的基础上默顿提出了自己的中层理论。

（实践情境）才能实现。因此我们可以主张，正是社会成员在不断变化的社会历史环境中建构了实在、真理/知识和理论。研究者不是冷漠的客观分析家，他们本身也是建构过程的一部分，理论会随着社会价值观的变化而被重新评估（George，1976）。社会科学领域中的预测工作即使能够完成，也是困难重重，因此宏大理论应当被看作是“组织概念”“选择相关事实”和决定如何“构建叙事”的方法（George，1976）。这意味着，社会科学研究就是在将方法论进路和经验数据收集方法相结合的基础上使本体论和认识论立场融为一体。

小　结

总体来看，20 世纪的哲学家在社会科学的反思方面形成了共鸣，今天的研究者们承认不同的研究范式之间存在差别，不同的研究工作使用的方法论进路也不同。为了理解在具体的研究范式和方法论进路之下，研究工作的主客观立场之间的关系，本章对实证主义、后实证主义和三种现象学立场之间的差异性进行了分析。实证主义和后实证主义都与现代主义有关，而现象学立场则被认为是采取了不同层次的后现代（postmodern）主义进路。不过，这些差别在不断变化，即使我们反复琢磨也会感到难以理解。例如，在某些情况下，后实证主义的“证伪”理论及其对宏大理论的反感使人们将后实证主义归入后现代主义阵营。此外，当我们对几位主要的现象学家在哲学立场方面的差别进行分析时，我们发现他们的认识论和本体论立场也不尽相同。胡塞尔的“先验现象学”
31 （transcendental phenomenology）、海德格尔的“诠释现象学”（hermeneutical phenomenology）以及梅洛-庞蒂（Merleau-Ponty，1907—1961）的“不可剥夺的呈现”（inalienable presence）之间的差别是显而易见的。现象学并没有一个统一的思想观念，它涵盖了多种解释理论和哲学立场（Giddens，1977）。本章探讨了这些立场之间的区别，希望能够厘清与不同研究范式有关的各种本体论、认识论和方法论问题。

总之，批判理论范式是一种对现有理论提出挑战的理论立场，比如新马克思主义、女性主义（feminism）、决定论等，它提出了关于实在的另一种理解，即实在“由在历史中形成的社会观、政治观、文化观、经济观和性别观”所塑造（Denzin and Lincoln，1994：105）（我们将在第 5 章对批判理论做进一步讨论）。

综上所述，本章对登青和林肯（Denzin and Lincoln，1994，2000，2005）所指出的不同研究范式间的关系进行了梳理。其中包括实证主义、后实证主义、批判理论、建构论和参与论。前两种范式大致可以被归为实证主义阵营，后三种则属于现象学领域。每种研究范式都有其特定的方法论进路和理论立场，并且指明在开展研究工作或研究项目时，这些方法论进路和理论立场如何相互融合。

扩 展 读 物

Denzin, N. and Lincoln, Y. (1994) *The Handbook of Qualitative Research*, 1st edn. Thousand Oaks, CA: SAGE Publications.

Denzin, N. and Lincoln, Y. (2000) *The Handbook of Qualitative Research*, 2nd edn. Thousand Oaks, CA: SAGE Publications.

Denzin, N. and Lincoln, Y. (2005) *The Handbook of Qualitative Research*, 3rd edn. Thousand Oaks, CA: SAGE Publications.

Honderich, T. (1995) *The Oxford Companion to Philosophy*. Oxford: Oxford University Press.

Howell, K.E. (2004) *Europeanization, European Integration and Financial Services: Developing Theoretical Frameworks and Synthesising Methodological Approaches*. Basingstoke: Palgrave MacMillan.

Kant, I (1995) "On the common saying: this may be true in theory but it does not apply in practice", in H. Reiss (ed.), *Political Writings*. Cambridge: Cambridge University Press.

Kuhn, T.S. (1970) *The Structure of Scientific Revolution*. Chicago, IL: University of Chicago Press.

Winch, P. (1991) *The Idea of a Social Science and Its Relation to Philosophy.* London: Routledge.

第3章 经验主义、实证主义和后实证主义

引 言

研究工作需要对理论、哲学（本体论和认识论）、方法论和方法之间的关系有充分的理解。任何研究工作，无论是学位论文、一般论文，还是研究报告，都需要对这些领域的内容有所了解。本书已经通过第1章对唯理论、第2章对理论的讨论解释了这些关系，本章及下一章将对经验主义、实证主义和现象学观点进行分析。在开展研究工作之前，对这些观点的相关知识有所涉猎是非常有益的，因为研究范式及相应的方法论进路和经验数据收集方法决定着形成或积累合理有效的知识究竟需要什么条件。实证主义在经验主义基础上提出了一个重要的相关附加条件，它关系到我们对测量、定义和积累知识的构想。

每种具体的研究范式都有特定的哲学和科学基础，为了全面理解方法论与这些基础之间的关系，本章将对经验主义、实证主义和后实证主义进行分析，可以说，这三种范式中的每一种都典型地通过现代主义进路来形成知识。不过，如果我们仔细分析就会发现，这种划分方式实际上是有问题的。比如，上文已经提到的，宏大理论显然在后实证主义的特定语境下遭到了证伪和厌恶，这使后实证主义被归入了后现代主义阵营。

现代主义/后现代主义争论涉及许多问题，我们在第1章和第2章通过讨论实在、真理、知识和理论的本质对上述问题进行了梳理，其中包括世界上是否有独立于人类思想的实在存在。实证主义认为，永恒的实在存在并且能够被我们完全理解；而后实证主义主张，即使这样的实在能被我们认识，这种认识也是或然性的。经验主义认为，科学真理和实在来源于经验观察，“人的意识是主观的，它不属于科学研究领域，也不能被真正地理解”（Polkinghorne，1989：23）。

本章不仅赞同实证主义以经验主义的某些方面为基础的观点，还分析了它如何坚持实在和方法论的自然科学立场。当人们试图理解社会存在时，坚持经验主义给实证主义范式带来了一系列问题，我们会继续对该问题进行探讨。实际上，通过波普尔（Popper，1969，1994，2002a，2002b）的著作，实证主义已经受到了来自后实证主义的有力挑战，一种更为灵活的、改良式的方法论进路应运而生。不过，后实证主义仍然坚持永恒实在和二元客观性的观念，现象学家认为自我、

世界和唯我论观点之间存在不同层次的相互作用，他们利用这一点对后实证主义提出了质疑。

第 3 章更加详细地探讨了这些问题，一方面对经验主义进行了评价，另一方面对秉承经验主义传统的思想家进行了简要介绍。我们对实证主义的分析主要涉及以下两个问题：实证主义是如何利用最初属于经验主义的那些观念的；后实证主义是如何对这些观念提出挑战的。总体来看，本章主要辨析了实证主义与后实证主义的区别，并就这些区别如何在一般意义上影响知识的形成进行了思考。

反思栏

唯我论

唯我论（solipsism）一词来自拉丁语的“*独自*”（*solus*）和“*自我*”（*ipse*），其主要观点是“只有个人的心灵是确定存在的”，其他一切都是个人想象力的虚构之物。个人心灵之外的世界不可知，而且很有可能世界和他者都不存在。不仅如此，即使独立实在存在，个人如何能以客观方式认识实在？知识是个人心灵的内容，思想不必与经验联系在一起。方法论的唯我论主张，心灵和思想独立于环境或与环境有关的事件，心的内容由与思维主体相关的事件决定。

下面的陈述与你的研究工作有关，它们关系到你如何获得并积累客观知识：

- 无物存在；
- 即使有物存在，它也不能被人们认识；
- 即使有物存在，它能够被人们认识，知识的积累也是不可能的。

经验主义：培根、霍布斯、洛克和休谟

经验主义认为，知识依赖于我们的五种感觉经验，知识来源于经验并通过经验得到积累。经验主义者相信，世界告诉我们什么，我们就能且只能认识什么。通过客观或中立的观察过程，我们能够发现并理解真正的知识。人类的心灵是一 34
块白板，其上书写着通过感觉获得的各种信息。我们获得了这些未经解释的感觉信息，之后心灵被激活，并开始以不同方式处理这些信息。通过对感觉信息进行抽象和综合解释，我们得以理解、形成知识，同时构建观念，以便为日后的观察奠定基础。17～21 世纪，科学研究一直以探索永恒不变的规律为己任。科学就是在已知及未知之间的某个特定位置上进行控制性实验和测量性观察。人们记录科学发现并将其公之于众，以便进一步积累可靠的经验数据。最终，人们发现了普遍性特征，进而提出了各种假说（假说是类似于规律的陈述，它符合已有的可靠经验数据，同时对因果性进行了描述）。假说需要接受检验，以便证明它们是正确

的。证据或证明形成了科学定律，人们运用定律发现新的知识，从而丰富人类的知识体系。通过归纳（经验数据积累）和演绎（假说检验），人类渐渐摆脱了无知的状态。人类不断地进行着知识积累并从中受益。自然科学通过观察和实验证明其经验主义知识观是正确的。经验主义哲学家对这种知识观大加赞赏，他们认为，自然科学体现了人类所能拥有的真正知识的最高形式。例如，艾耶尔（Ayer，1946）就认为真正的知识（科学）有别于宗教、形而上学和马克思主义这样的信念体系。实际上，他称这些信念体系为不具备知识形式的伪科学。不过这里存在一个困难：在许多情况下，如果我们将马克思主义和精神分析排除在外，那么相当一部分已经建立起来的自然科学分支也会被排除在外。总而言之，经验主义科学观以下列信条作为基础（见定义栏）。

定义栏

经验主义

经验主义主张，真正的知识可以通过实验进行检验，并且人们所声称的知识必须是可观察的。科学定律是对反复出现的经验所具有的模式进行的描述，科学解释是科学定律的一种形式。我们可以利用科学进行预测，科学是客观的，因为它将可检验的事实陈述与价值判断分离开来（Benton and Craib，2001）。

上述信条也成了实证主义的基本信条，它断言人们应当把社会科学当作自然科学来对待，一切不符合科学预设和科学过程的东西都不是知识。

35 **定义栏**

永恒定律

我们可以借助连续性和持久性来定义永恒性，实体不会改变。定律一词来源于挪威语 *lagu*，它意味着某事是固定不变的。不过，定律也与法律体系和权利有关，而法律和权利则会随社会历史的变化而变化。永恒定律是不会受到挑战的定律，它们已经接受了检验并被证明是真的。牛顿的万有引力定律就曾是这样的定律。我们把这种定律当作自然规律或关于自然的普遍性规律（它们在任何语境下都成立）。

弗朗西斯·培根

弗朗西斯·培根（Francis Bacon，1561—1626）在《新工具论》（1620 年）中阐述了他的信念——我们可以创造并积累知识，知识或源于感觉经验，或源于对事物的领悟。关于领悟，培根所言甚少，他认为大部分知识都是通过感觉形成的。感官与外部世界的相互作用使知识得以发展，知识可以分为三类：关于人的知识、关于上帝的知识、关于自然的知识。不过，培根对当时的知识状况并不满意，他认为大部分论文或文章都彼此重复，且结论相似，那些在研究方法上略有不同的论文乍一看令人眼前一亮，仔细审视后却发现也都是虚言妄语。

学界普遍认为，培根是最早对归纳式科学方法做出解释的人，他提出，归纳推理比演绎推理更适合作为知识产生的方法。他声称我们可以在观察和经验的基础上提出逻辑陈述，而观察和经验中存在逻辑秩序，我们可以基于这些逻辑秩序进行科学概括。当然，培根并未使用过“科学方法”这一术语，不过他的观点已经被认为是此类科学研究立场的基础或起点。

培根主张，人的心灵有许多弱点（心灵假象，idols of the mind）[1]，人们在进行归纳推理前要特别注意这些弱点。实际上，心灵假象会歪曲真理，因此我们必须根除它。心灵假象包括：种族假象，即人类普遍具有的心理弱点；洞穴假象，即人们倾向于从主观立场或个人喜好出发对事件进行评判；市场假象，即人们在交往时使用了错误的或无意义的语言；剧场假象，即对体系的滥用。假象造成欺骗，它损害了人的能力，使人们无法正确认识世界；只有清除这些假象，人们才能获得真知。人类创造、理解知识的能力是毋庸置疑的，但同时人又是懒惰、贪婪而自负的，这导致人的才能和能力在很大程度上被滥用。通过使用科学方法， 36
人们可以减少错误，这样就能够接近甚至获得自由的真理和真知。培根构想了一个乌托邦国家——新亚特兰蒂斯（New Atlantis），那里的所罗门学院（House of Solomon）负责创造知识、解释自然。科学知识的发展和应用不断为当地的人们造福，通过归纳推理获得的知识也使人们的生活条件不断改善。培根坚信，客观性和无偏见的知识积累能够为所有严谨的研究工作奠定坚实的基础。

托马斯·霍布斯

托马斯·霍布斯（Thomas Hobbes，1588—1679）在《论物体》（1641 年）一书中再次声明，哲学以及知识的积累还没有得到充分的发展，人们应当忽略那些毫无意义的哲学工作，转而集中关注日常经验和常识。在霍布斯看来，哲学不只是关于因果性和感觉经验的知识，它更是理性的产物。哲学不同于借助感觉所获得的知识，因为感觉知识是通过“运动”或事件形成的，这些“运动”或事件都

---

① 译者注：培根认为，人的心灵中存在一些根深蒂固的错误观念或虚幻成分，这些成分会阻碍人们认清事物的真相。他将人们心灵中的虚幻分为四类，即“种族”“洞穴”“市场”“剧场”，这些虚幻成分相应地形成了四种假象，即“种族假象”“洞穴假象”“市场假象”“剧场假象”。

与心灵相关，并且是心灵所需要的东西。经验和历史使人能够审时度势，也使人具有远见，它们是通往预期成果的必经之路。不过，其中并不包括哲学知识或真正的科学，所有活的生物都具有感觉和记忆，它们只是知识的一种形式，但是因为感觉和记忆很容易获得，并且它们不是经由理性形成的，因此它们不是哲学。霍布斯认为，知识始于感官知觉，相应地，对事物进行理解的第一步就是要把握
37 感官知觉的必要条件是什么。感官知觉由物质的运动造成，感觉观念就是物质的运动（motions in matter）。实际上，一切事物都是运动的物质（matter in motion）。声音、形状、颜色等对象所产生的压力，不是由对象本身所引起的，而是由感官系统引起的；它们是在事物或者说被观察的对象与内心的感觉产生相互作用时出现的性质（它们都处于运动中，表 3.1）。

表 3.1　经验知识

学者	观点
弗朗西斯·培根	对知识的积累不感兴趣，认为人的心灵和思想存在弱点及局限性
托马斯·霍布斯	知识来源于感官知觉。诱因是运动中的物质，知识一方面是人们对普遍原因进行理解的结果；另一方面也是人们通过普遍结果所确定的原因
约翰·洛克	如果所有的认识都来自经验，那我们要如何对无法全部经历的事情进行概括呢？认识并非只来自经验，因为概括所需要的全部要素不能单由经验来解释
大卫·休谟	心的知觉一共出现了两次（作为对彼此的反思，第一次是印象，第二次是对应于感觉的观念）。相应地，任何观念都必须与某种感官印象相联系

霍布斯辨析了原因和结果的概念：结果又可以被称为事物的现象，它包含事物的可观察属性；原因则可以分为两类——一类是直接原因（efficient causes），它导致结果以及包含原因和结果的整个因果过程的发生；另一类是诱因（causation），诱因是运动的物质。知识一方面是人们对普遍原因进行理解的结果，另一方面也是人们通过普遍结果所确定的原因。然而，哲学知识的产生不仅需要因果关系，还需要推理（ratiocination，推理是一个逻辑思维过程，它通过探寻“是什么产生了该现象”而形成关于现象的知识）。因此，知识不仅来自感觉，还来自感觉影像（sensory image，它作为外部现象被涉及），当感觉影像通过运动反复出现时，它就会在我们的心中形成印记。实际上，连续的回忆鉴别、整理着我们的经验。历史就是普遍的或社会的连续回忆，它使我们能够预测、预见，并能审时度势。然而，历史的发展取决于感觉经验，记忆依赖于人们的丰富经历，推理并不能通达记忆，因此历史并不包括哲学。由推理得到的知识与经验知识不同，不过二者都以历史为起点，这一点对于哲学来说非常重要。历史影响着哲学，但仅有宏大的长篇历史史诗并不足以形成完备的推理，因为历史只能影响方法论的肇

始，一旦我们需要对问题进行深入研究，历史就无能为力了。

推理是一种方法论形式，它利用简化来理解复杂事物，所谓简化就是将事物分解成连续的部分，并确定这些部分如何相互结合。之后，原因或者可观察的变量就会显现出来（被我们认识到），通过对这些变量进行综合，我们可以确定最初的结果是什么。我们能够在自然界中直接认识结果，因此如果想要通过研究揭示原因，我们就必须从结果入手。不过，虽然人们总是先经历结果，但结果却是在原因之后出现的。实际上，霍布斯已经为我们奠定了进行理论发现和归纳推理的基础，而以确定因果关系为起点的方法论进路则更具演绎性，其基础是对假说的证明。霍布斯把从原因到结果的过程称为组合或综合，而把从结果到原因的过程称为分解或分析。

约翰·洛克

培根和霍布斯都是经验主义者，因为他们都把感觉经验放在首要位置，不过显然他们也看到了理性思维和心灵在知识形成过程中的作用。相反，约翰·洛克在《人类理解论》（1690 年）中提出了“心灵如何构筑观点和知识”的问题。实 38
际上，他的回答非常彻底——通过经验！在洛克看来，心灵是一块白板，所有的知识都来源于感觉经验。但如果所有的认识都来自经验，那我们如何得知整体等于部分之和？如果所有的认识都来自经验，那我们要如何对无法全部经历的事情进行概括？洛克意识到认识并非只来自经验，因为概括所需要的全部要素不能单由经验来解释。然而他拒绝接受上述论证的前提，他认为并不存在经验知识和先天知识的二分法。实际上，他主张所有的知识都是通过经验或感觉建立的，但这并不意味着所有的知识都必然由经验得到。经验为观念或知识提供素材，而一旦素材确定，我们就能够进行概括，即认识到整体等于部分之和。借助观察和经验，感觉为知识（观念）大厦的构筑提供了建材。经验可以分为感觉和反思，经验依靠反思来思考心灵如何进行操作的问题，也就是心灵在处理感觉经验时如何进行思考、如何构建信念或观点。洛克声称，心灵在经历经验之前是一块白板，所有的观念都来源于这块白板；经验从两个方面为观念提供素材，“没有一切标记，没有一切观念，那么它[1]如何会又有了那些观念呢……我可以一句话答复说，它们都是从‘经验’来的，我们底一切知识都是建立在经验上的，而且最后是导源于经验的”[2]（《人类理解论》，第二卷第一章第二节）。一些观念从与外部世界或感觉

① 译者注：“它”指心灵。

② 译文引自洛克：《人类理解论》（上册），关文运译，北京：商务印书馆，1959 年，第 96～97 页。译者注：译文中的“底”即“的”。

的相互作用中产生，另一些从反思或知觉（心灵的活动或操作）中产生。心灵借助经验对获得的观念进行反思，然而，无论这种反思的形式多么抽象、多么远离经验，反思都是观念的来源，它存在于同世界的相互作用中。在洛克看来，观念是依赖于心灵的实体，它既包括内在的感觉，也包括外在的知觉。归根结底，既存在简单观念，也存在复杂观念；也就是说，那些显然是来自经验的观念属于简单观念，尽管复杂观念不必来自经验，但却是由直接经验到的那些简单观念构成的。这并不是说复杂观念不能被直接经验到，像时间、空间、无限这样的观念也可以被我们直接经验到，但它们并非简单观念。洛克对简单观念和复杂观念进行了区分，以此来支持他的主张，即所有的观念都是在经验中建立的。不过，洛克没能解决经验主义和唯理论的二分问题。来自经验或外部世界的知识与心灵或思维是什么关系，这个问题即使在今天也依然是个难题。

大卫·休谟

大卫·休谟在《人类理解研究》（1748 年）中再次断言所有的观念都来自经
39 验，不过他认为知觉和观念有关联。他主张，心的知觉出现了两次，或者说这两次出现的知觉是对彼此的反思：第一次是印象，第二次是对应于感觉的观念。因此，任何观念都必须与某种经验印象相联系。与洛克不同，休谟认为反思包括第二印象，它受愉悦或痛苦的影响，并且包含着焦虑或期望这样的情绪。

休谟关心的是如何将科学的研究领域拓展至自然界外，他希望能够建立人文科学或社会科学的雏形。他主张，人对事物的理解建立在人对自身和社会理解的基础上；关于人的本性的知识通常是人们获得科学认识的必要前提。人的本性和科学之间的关系在处理道德、逻辑或政治问题时会表现得更加明显，但在探索自然界时却没那么明确。不过，尽管自然界与人类无关，但研究自然界的却是人，也就是说，研究自然的是具有人的本性的那些人类个体。实际上，我们已经在休谟的著作中看到了社会科学建立的基础，即理解人的本性对我们理解其他事物来说是最重要的。休谟主张，理解人的本性是一切人类活动的基础。他发展了培根的思想，提出正如自然科学建立在实验和观察的基础上那样，人文科学也应当建立在实验观察的基础上。他的《人类理解研究》的副标题是“将经验的推理方法引入道德问题研究的尝试”，休谟借此表明自己的主张——运用经验哲学来理解人类。

经验和观察是理解的基础，但休谟认为只积累观察经验不足以产生知识，他指出，因为表象具有欺骗性，所以我们应当构建假说并开展实验研究。休谟借助知觉来展开自己的论证，他将知觉分解为印象和观念：印象是鲜活的，观念则是印象的模糊影像。印象包括疼痛或幸福的感觉，观念则是对这些情绪的回忆；印象和观念只有强度或程度的不同，而没有类的差别。所有的观念都以这种方式由经验导出，它们是经历过的事物的模糊影像。当然也存在不具有印象的观念，比如关于其他星球上的生存方式的观念，或者关于第四维度的观念——那里的生活可能会非常不同。接下来，休谟区分了“简单观念”和“复杂观念”，他承认人们可以在未完全经验实体的情况下拥有实体的观念，但这必须建立在人们已经具有一部分相关经验的基础上。例如，想象另一个星球和那个星球上的生存方式比较容易，而想在脑海中呈现第四维度的样子则要困难得多。我们在地球上的生活以及太阳系中其他行星的样子给予了我们相关的经验，使我们能够对未知星球的情况进行推断，而我们关于外星人的观念也是基于地球上的生命形式——如昆虫或爬行动物——所产生的。不过，想象第四维度之所以十分困难，是因为没有人经历过三维空间以外的生活。因此，印象与观念的对应只在一些简单的情形中才出 40
现。总而言之，观念要具有意义就必须与某种经验相联系。休谟主张，观念与印象相对应是人的基本思维特点，这对我们进一步研究人的问题极为有益。

问题

经验主义

请对上述经验主义者进行评价，并对他们的观点进行对比和比较。哪位哲学家的思想或哲学观点对经验主义的描述最为清晰？

实证主义：奥古斯特・孔德

实证主义最早出现于 19 世纪中期，它与经验主义有密切关系，并且与那个时代的典型特征——进步观念（idea of progress）非常契合。奥古斯特・孔德（Auguste Comtè，1798—1857）在《实证主义的一般观点》（1844 年/1856 年）中提出了知识的层级结构——人文科学位于层级的顶端，并强调了人文科学或社会学的重要性。孔德主张，人的思维经历了三个进化阶段：神学阶段、形而上学阶段和科学阶段。科学阶段最为重要，但神学和形而上学亦有其价值，我们不能把它们当作粗陋的无用之物抛弃掉。

孔德认为，物理学、化学等自然科学的建立需要特定的原则，但我们也可以依据该原则建立社会科学。他进一步主张，如果使用自然科学方法，我们就可以建立一门“实证的社会科学”。因此，以经验主义为基础，在社会科学领域对自然科学原则进行模仿就产生了所谓的实证主义。通过经验观察获得的永恒定律将向我们证明人类社会也是遵循因果律的。以休谟关于规则性理论（theory of regularity）的经验主义观点为基础，孔德提出因果律的唯一内容只是已经被观察到或将要被观察到的一组事件。如果某事件与随后的现象在发生时间上非常接近，或者某事件总是先于特定的具体现象而发生，我们就可以对这些事件进行鉴别。这与研究者的活动或其他任何机制都不相关。揭示因果性就是表明一个特定类型的事件总是有规律地先于一个特定类型的现象而出现。

通过对大量案例进行分析，实证主义评估了事件与随后发生的现象的关联度，以及事件先于现象而发生的置信度（confidence level）。当我们对单个个体进行研究，或者对在组织机构的工作流程指导下开展的集体性活动进行研究时，这样的方法使复杂的问题变得简单化。通过因果关系确定的社会规律和自然科学规律同
41 样是永恒不变的。因此，孔德相信人类的行为也可以用同样的方式——研究物质世界的方式——来测量，人的行为可以被进行客观的量化分析。有一件事情是非常清楚的，即人（至少作为人类群体）可以作为科学的研究对象，这是一种意识，它使我们认识到可以利用实证主义方法论来研究那些处于新机构[①]中的人们。

孔德很少强调人类的发展阶段问题，他主要强调的是科学的中心地位以及所有值得采纳的科学观点，同时他还拒斥形而上学和宗教。实证主义既是描述性的，又是规范性的；它既描述了人的思维如何发展，又规定了人的思维应当如何发展。尽管实证主义更关心研究的方法论进路而非伦理学规范，但它依然坚持价值论立场，它主张人的职责就是要进一步发展现有的成果。不过，实证主义也强调有些事情必然会发生，这一点与支持辩证法和经济决定论的马克思主义相同。

实证主义是我们研究社会科学问题（社会科学是什么、社会科学有什么作用）的重要方法。社会科学只能建立在观察的基础上，我们不必借助任何抽象或不可观察的东西。鉴于形而上学争论无休无止，我们应当简化问题、注重预测。因此，实证主义强调对人的行为进行观察，它主张，如感觉、情绪这样的不可观察现象是不重要的，它们只会误导或破坏研究工作。实证主义之所以强调对人的行为进行观察，是因为它相信通过因果关系，人的行为和物质的行为可以被用同样的方式来解释。有了自然科学，人们就不必再去追问物质的意义或目的；物质只是对外部刺激做出反应，人亦如此。无论是自然科学家还是社会科学家，其任务都是观察、测量和解释。

实证主义“建立的原则是关于任何现象的可靠知识都只能被还原为关于感觉模式的特定形式的知识”（Harre，1987：3）。实际上我们在第 2 章已经指出，在实证主义者看来，这种模式就是永恒定律，它能够对未发生的事件进行预测。理论框架就是将定律以符合逻辑的方式融合在一起，并实现预测。

① 译者注：新机构，原文为发展中的机构（developing institutions），指当时那些新兴的工厂。工业革命后，大量农民被迫进入工厂成为工人，他们在这些“发展中的机构”中的活动构成了一种人类的群体性活动。在实证主义之前，人们所从事的多是对单个个体的研究，实证主义使人们意识到我们可以对人类的群体性活动进行科学研究，并为这种研究提供方法论指导。

在本体论方面，实证主义不仅认为外部实在存在，而且能被我们发现和完全理解，这种对实在的理解有时被称为“朴素实在论”。实证主义认识论主张，研究者与外部世界（或被研究物）是完全分离的，我们可以通过科学的流程获得客观性：真理能够被发现。实现这个目标的方法是在排除一些干扰性条件的情况下进行科学实验。对于实证主义而言，理论提供了一组永恒定律，这些定律能够对事件进行预测。如果说永恒定律和预测在自然科学中很难实现，那么在社会科学中的大多数情况下则是不可能实现的。这正是后实证主义对实证主义提出的主要批评，后实证主义主张，实在或真理存在，但它不可能被完全理解，我们的理解都是或然性的。

问题 42

社会科学在解决下列问题时会遇到什么困难：

- 永恒定律；
- 预测；
- 客观性。

归纳过程和演绎推理

波普尔（Popper，1994）断言，通过归纳过程获取知识的做法并不可靠，因为若使归纳和科学的结论有效，我们必须假定并承认自然界具有时钟一般准确的规律。仅当我们假定未来与过去一致时，我们才能承认自然规律存在。然而，如何通过观察证实未来呢？通过观察证实未来是不可能的，它不像通过演绎和合理论证得到的证实（verification），因为我们不可能真正确定未来将要发生的事件会同过去发生的事件完全一样。大卫·休谟解决这个问题的方法是承认归纳的有效性难以证实，但认为人们可以从心理上接受它。我们看到了归纳在实践上的有效性，因此我们承认归纳具有逻辑性。不过，科学定律或真理既不能通过演绎也不能通过归纳来证实，因此它们不具有毋庸置疑的合理基础。“可以说一个演绎推理是有效的，当且仅当它不变地把真理从前提传递到结论时；这就是说，当且仅当同一逻辑形式的一切推理传递真理时。人们可以用这种说法来解释这一点：一个演绎推理是有效的，当且仅当没有反例存在时。”[①]（Popper，1992：143）波普尔主张演绎推理是绝对的和客观的，它是真理。这里需要提醒大家，尽管我们不一定总是能确认演绎推理的客观性或有效性，但还是存在一部分演绎推理，我们能

① 译文引自卡尔·波普尔：《无尽的探索——卡尔·波普尔自传》，邱仁宗译，南京：江苏人民出版社，2000 年，第 150～151 页。

够证明其正确性。不过，“我们不可能有一个普遍的真理标准”[1]（Popper，1992：144）。那需要一个超越人类认知能力的全知全能的上帝存在。

波普尔（Popper，1992）进一步主张，他不是一个“信仰哲学家”[2]，仅仅由于某些陈述或推理得到了有力的支持并被人们相信，这不足以说明陈述或推理是有效的。对演绎或真理理论来说，信仰没有意义；真理与信仰无关，它只与事实、论证和严肃的争论有关。当然，我们可以对这种观点持怀疑态度，我们可以问，提出这种观点的波普尔是不是在宣传一种信仰呢？基于归纳过程，我们获得了描述世界的一般陈述或关于观察经验的理论框架。许多年来，归纳过程无论在自然科学领域还是在人文科学（社会科学）领域都是正确的科学方法。观察和实验提供了基于事实的科学陈述，这些陈述当中包含着真理、知识或实在。然而休谟却对这种方法提出了怀疑，他指出，仅依靠单个经验的积累永远不能提出普遍陈述，
43 也不能证明一种理论。仅仅由于在某个时刻一个事件紧接着另一个事件发生，我们不能自动得出类似的事件下次还会发生。举例来说，如果我们已经观察到某种现象 10 000 次，我们当然期望它还会再次发生，但这不代表我们确信它会发生。

反思栏

重复性观察

我们经常使用物理定律和太阳东升西落的例子来说明重复性观察（recurring observations）所具有的不确定性，也就是说，根据物理定律我们可以预测太阳明天还会升起。休谟指出，该预测可以通过两种论证被反驳。其一，物理定律在过去是永恒的并不意味着它将来也会是永恒的；其二，正如上文所述，物理定律是普遍定律，它不能由观察证明（无论某种现象发生过多少次）。

请思考重复性观察的例子及其对自然和社会科学的启示。

我们承认，为归纳和演绎提出准确的定义是非常困难的，难点在于前者开始之处恰是后者结束之处（反之亦然）；我们也承认，归纳和演绎之间存在灰色地带。阿尔弗雷德·马歇尔（Alfred Marshall）声称，“对我来说，你的对比太尖锐了。你谈到了归纳和演绎方法；而我认为它们是相互蕴含的，历史学家总是在演绎，而即使最擅长演绎的学者却也总是暗地里以观察事实作为基础”[马歇尔引自科斯（Coase，1995：169）]。马歇尔的最终目的是强调归纳和演绎的相互依赖关系。

① 译文引自卡尔·波普尔：《无尽的探索——卡尔·波普尔自传》，邱仁宗译，南京：江苏人民出版社，2000年，第151页。

② 译文引自卡尔·波普尔：《无尽的探索——卡尔·波普尔自传》，邱仁宗译，南京：江苏人民出版社，2000年，第152页。

实际上，在处理既包括理论发展又包括理论检验的研究工作时，这是一个不错的出发点。一般来说，前者多为演绎，而后者多为归纳；现实情况是，如果没有一些前概念，我们就无法进入研究领域，只有对所研究的课题有所理解才能提出假说，在研究工作中使用演绎和归纳方法时，我们可以有多种不同的组合方式。

区别后实证主义进路

实证主义者主张，社会科学应当建立规律，而且像自然科学一样，这些规律也不应受到挑战。这种形成知识的进路和真理观损害了实证主义的某些重要方面，在许多情况下，它已经成为科学发现的障碍。如果规律不能受到挑战，那我们就 44
无法取得进步。实证主义恰恰遗漏、疏忽了一些方法，因而未能构建对理解和知识本身进行反思的理论框架，这导致它最终遭到了后实证主义的挑战。实际上，实证主义、后实证主义和批判理论之间的关系不是一成不变的，三者更像是构成了一个连续体，它们的界限不是那么固定和严格。尽管在 20 世纪 50～70 年代，许多与批判理论关系更密切的观点都对实证主义提出了批评，但第一个发起猛烈抨击的人则是卡尔·波普尔。之后的后实证主义者包括：图尔敏、拉卡托斯（Lakatos）、费耶阿本德（Feyerabend）、库恩和罗伊·巴斯卡（Roy Bhaskar）（下文将对这些哲学家进行详细讨论）。

证伪主义和卡尔·波普尔

波普尔（Popper，1994）认为，永恒定律致使理论的发展出现停滞，理论若要进步，其必须对批评持开放态度。通过证伪“我们可以清除那些不合适的理论”，以免它干扰我们的研究、破坏我们的客观性（Popper，1994：4）。在波普尔的《猜想与反驳》和《科学发现的逻辑》中，证伪为永恒定律和理性基础问题提供了一个解决方案。他主张，无论白天鹅被观察到多少次，我们都不能提出普遍陈述“所有的天鹅都是白的”。如此一来，尽管普遍原理不可证实，但它们却可证伪。相应地，科学定律可以被检验，因为尽管它们不可证实，但它们却可以被证伪。后实证主义的方法论就是对现有的科学定律进行证伪，它的本体论立场则是对存在的实在进行批判。如果一个案例可以反驳一个定律，那么只要这个案例是正确的，它就证伪了一条科学定律。不过，案例也可能没有得到正确的报告，因此我们可以对该项作为证据的案例进行怀疑。例如，人们发现的黑天鹅可能根本不是天鹅，或者因为它是黑色的，我们决定不把它称为天鹅。这样，所有用于证伪的证据都会遭到拒斥。

波普尔表示，“科学进步……的基础在于使用革命性的审验方法以及通过批评消除错误，后者包括严格的实验和检验——努力寻找理论可能存在的错误，努力去反驳它们”[①]（Popper，2002a：7）。波普尔（Popper，2002a）主张，因为人的行为多种多样且各不相同，如果我们寻求证实，那么社会科学领域的证实更容易实现。每次对理论进行检验都应尝试去证伪它，“可检验性就是可证伪性；但是可检验性有程度上的不同：有些理论比别的理论容易检验，容易反驳；它们就像担当了更大的风险似的”[②]（Popper，2002a：48）。不过波普尔表示，完全或结论性的证伪即使不是不可能实现，也是很难实现。“如果你在经验科学领域里坚持严格的证实（或者严格的否证），你就决不会从经验中得到益处，决不会从经验中知道你是怎么错的。”[③]（Popper，2002b：28）

45 **定义栏**

理论证伪

●如果我们追求理论的证明或证实，那么该理论的证明或证实就是简单而直接的。

●有效的理论禁止特定的事件和现象发生；被理论禁止的事件越多，该理论越有效。

●科学理论是可反驳的；不可反驳性是缺点而不是优点。

●证伪是唯一真正对理论所做的检验或反驳。

●理论表现出不同层次的可证伪性或可反驳性，有些理论的可检验程度比其他理论高。

●只有当理论经受了证伪的考验并仍然有效的时候，它才能被我们所接受。

●当理论受到反驳时，我们应当接受它被证伪了。应当尽量避免出现再解释（reinterpretation）和辅助假设。

证伪主义揭示出新的论证、观点和经验，这些内容都应当被我们考虑到，即使它们会给最可靠的或最近的理论解释带来麻烦。因为我们很难在方法论层面上做到一击致命的证伪，所以我们不应通过再解释来逃避反驳。反驳的结果要想获得承认，就需要我们将那些令人不悦的反驳结果整合到我们现有的认识中。当然，科学定律不应被轻易放弃，在面对竞争理论时，我们应当对理论进行坚决的捍卫。

① 译者注：这段引文作者标记的出处不详，实际出处应为波普尔的《框架的神话》（1994年）。

② 译文引自卡尔·波普尔：《猜想与反驳》，傅季重，季树立，周昌忠，等译，上海：上海译文出版社，1986年，第52页。

③ 译文引自卡尔·波普尔：《科学发现的逻辑》，查汝强，邱仁宗，万木春译，杭州：中国美术学院出版社，2007年，第26页。

鉴于此，需要具有某种程度的教条主义，我们才能取得进步。如果旧理论得不到辩护、不为生存而战，那新理论的真实度和解释力就得不到有力的检验，最适应环境的演化才能确保生存。当然，不可忍受的教条主义是科学发展的主要障碍。实际上，“我们不应只是通过讨论候选理论而使它们存活下来，我们应当系统地寻找新的候选理论。如果没有候选理论——当占据支配地位的理论变得非常独断时，我们应当感到担忧。如果理论已经处于垄断地位，它就会给科学进步带来相当大的威胁”（Popper，1994：16）。

不过波普尔（Popper，1969）也指出，某些理论即使已经被证伪了，它却仍然受到人们的支持。通过清除干扰变量或对理论进行重新解释，理论可以从反驳中被拯救出来，当然这会付出一些代价，即失去它作为真正科学理论的可信度（credibility）。借助对理论的解释，反驳理论的那些含糊不清的问题可以得到解决：如果预言含糊不清，它就会变得不可证伪。例如，“马克思主义的历史学说，尽管它的一些创建者和追随者做了认真的努力，最后也采取这种占卜者的做法”①
（Popper，1969：49）。波普尔（Popper，2002a）认为，马克思的历史唯物主义或 46
历史辩证法预言了无产阶级专政。波普尔（Popper，1969）高度评价了马克思的理想主义，但他认为马克思做了错误的预言。“他是历史进程的预言家，他的预言并没有实现；但这不是我的主要责难。更为重要的是，他误导大批有理智的人相信，历史预言是探讨社会问题的科学方式。”②（Popper，1969：82）即使马克思的历史主义已经被经验数据或事件所反驳，马克思主义者却对理论和经验数据进行了再解释，以便可以应对那些反驳。“这样他们营救这个学说不至受到反驳……（但是）破坏了这个理论所大肆宣扬的科学地位。”③（Popper，2002a：49）

> **定义栏**
>
> **情境分析**
>
> 情境分析（situational analysis）包括：
>
> ●具有属性和状态的物理实体；
>
> ●特定的社会机构及其性质；
>
> ●特定的目的；
>
> ●特定的知识。

---

① 译文引自卡尔·波普尔：《猜想与反驳》，傅季重，季树立，周昌忠，等译，上海：上海译文出版社，1986年，第53页。译者注：这段引文作者标记的出处为《开放社会及其敌人》（1969年），实际出处为《猜想与反驳》（2002年）。

② 译文引自卡尔·波普尔：《开放社会及其敌人》，郑一明，李惠斌，陆俊，等译，北京：中国社会科学出版社，1999年，第130页。

③ 译文引自卡尔·波普尔：《猜想与反驳》，傅季重，季树立，周昌忠，等译，上海：上海译文出版社，1986年，第53页。

实证主义的永恒定律阻挡了科学研究的脚步，而且提出了错误的预言。后实证主义对实证主义进行了挑战，并通过波普尔确立了一种证伪和反驳的批判式方法。罗素（Russel，1980）确认了后实证主义哲学观点和方法论之间的关系，他认为，人们总是从某些复杂、模糊又令人困惑的知识体系或材料入手，“通过分析我们把它们化归成尽可能简单明确的命题……这些初始命题就是前提……（它们）与材料大不相同，它们更简单，更明确，更少带有逻辑上多余的东西”①（Russel，1980：214）。

波普尔主张，因为证伪极难实现，所以社会科学领域的解释需要对社会情境进行分析。他将此方法称为情境逻辑（situational logic），其基础是涵盖了与情境相关的信息或知识的“情境分析”。实际上，情境分析是将分析对象转换为共享相关情境的人或物。它将个人认识中的单个目标还原为典型/情境模型，该模型在理论上可以解释大量结构相似的事件。如此一来，通过将个人意识和单个情境替换为抽象意识和情境，并且假定行动者将会根据情境做出合适的、恰当的行为（理性行动者），我们就能够理解一个生动的社会事件。

47 情境应尽量囊括所有相关目标及与目标有关的知识，行动者应当根据情境做出合适或合理的行为。有时我们将其称为理性原则（rationality principle），它表明一旦我们建立了模型，就会假定行动者是在模型的规范和领域内实施行为的。而且，由于模型不包括任何与动机有关的变量，所以情境和行动者都是以理想化的方式被解释的。通过情境分析，我们可以讨论、批判以及在某些情况下检验模型，如果模型未能通过检验，则我们需要对模型的缺陷进行研究，以便把握模型是如何被过度简化的。理性原则并不假定人通常以理性的态度去实施行为。不过，这是一个方法论工具，它构想了一个最小原则，“（该原则）推动了所有情境解释模型的发展，尽管我们知道它并不是真理，但我们有理由将其看作是对真理的一次很好的近似”（Popper，1994：181）。

库恩的范式转移

库恩（Kuhn，1970）主张，研究工作中不会出现真正的证伪。实际上存在两种研究类型：一类是在现有范式下开展的常规研究；一类是因范式转移而产生的研究。常规科学是“大多数科学家不可避免地要在其中花费他们一生的活动——是基于科学共同体知道世界是什么样的假定之上的”②（Kuhn，1970：5）。为确保

---

① 译文引自伯特兰·罗素：《我们关于外间世界的知识》，陈启伟译，上海：上海译文出版社，1990年，第157页。

② 译文引自托马斯·库恩：《科学革命的结构》，金吾伦，胡新和译，北京：北京大学出版社，2003年，第5页。

获得研究的成功，常规科学很可能宁愿使用已经试用和检验过的技术方法，从而扼杀了创新活动。

许多不同领域的常规科学，如物理学、生物学、化学等，都以观察和实验作为基础，这些常规科学被视为一种范式，因为它们拥有一大批追随者或个人信奉者，并且为下一代实践者留下了大量难题（Kuhn，1970）。范式是规则所允许的 48
实践活动，理论和应用是科学研究的基础（范式是一个特定的信念系统，它规定了研究活动应当如何开展以及获取知识需要什么条件）。实际上，每个科学领域的学生都已经掌握了相关的范式规范，最终他们将加入那个群体——该群体的人们在成为群体一员之前也掌握了相同的规范。结果，在既定研究基础下开展的研究活动很少会在群体内引发争议，具有相似背景和指导原则的科学家不太可能挑战现有的范式或常规的科学活动及程序（表 3.2）。

表 3.2　证伪与范式转移

概念	内容
证伪	如果有一个能够反驳既定定律的案例存在，只要这个案例是被正确报告的，那么该科学定律就被反驳了。不过，案例也可能没有得到正确的报告，因此我们可以对它提出质疑；以黑天鹅为例，它可能根本就不是一只天鹅，因为它是黑色的，所以我们不会把它称为天鹅。这样一来，所有的证伪性证据都可以被拒斥
范式转移	科学理论不是通过事实的积累而是通过历史过程发展的。其他学术环境和可能性（其他范式）的出现引发了变革。其中包括在一段特定时期内出现的一组概念，以及开启一个特定时代的论述和术语

遵守范式规范确保了常规科学程序及相应研究传统的连续性。然而，如果经过试用和检验的技术方法不能产生人们期望的结果，那么研究活动的常规范式就会受到挑战，范式转移也随之发生。“科学家由一个新范式指引，去采用新工具，注意新领域。甚至更为重要的是，在革命过程中科学家用熟悉的工具去注意以前注意过的地方时，他们会看到新的不同的东西。”①（Kuhn，1970：111）库恩（Kuhn，1970）主张，科学理论不是通过事实的积累而是通过历史过程发展的。其他学术环境和可能性（其他范式）的出现引发了变革。其中包括在一段特定时期内出现的一组概念，以及开启一个特定时代的论述和术语。

我们可以通过分析电学史来说明科学发展的方式。18 世纪早期曾经出现过许多关于电的观点，但它们都“部分导源于机械-微粒哲学的某一变种，正是这种机械-微粒哲学指导那里全部的科学研究”②（Kuhn，1970：13-14）。此外，因为每

① 译文引自托马斯·库恩：《科学革命的结构》，金吾伦，胡新和译，北京：北京大学出版社，2003 年，第 101 页。

② 译文引自托马斯·库恩：《科学革命的结构》，金吾伦，胡新和译，北京：北京大学出版社，2003 年，第 12 页。

种理论都来自观察和经验的科学方法，所以它们都被认为是科学的（Kuhn，1970）。尽管该领域的研究者开展的都是电学实验，而且他们也了解别人的实验结果，但他们提出的理论观点却截然不同。直到富兰克林（Franklin）及其后继者们的工作才使其形成了一个统一理论，为“后一代的‘电学家们’的研究提供了一个共同的范式”①（Kuhn，1970：15）。库恩（Kuhn，1970）主张，范式形成之前总会存在相当长时间的争论和讨论，随后就会出现“略带垄断色彩”的名字，如亚里士多德和运动、牛顿和万有引力、波义耳（Boyle）和化学，以及赫顿（Hutton）和地质学。据此我们可以看出，研究范式的形成是一个长期而艰巨的过程。实际上，生物学的某些研究范式，如遗传学，是最近才形成的，因此“在社会科学各部分中要完全取得这些范式，至今还是一个悬而未决的问题”②（Kuhn，1970：15）。

库恩认为，范式是一种具体的思维模式，它提出了与科学史和思维模式产生有关的特定观点。例如，作为科学发现的主要模式，实证主义范式多年来一直处于统治地位，或者说支配着常规科学，直至它遭到了后实证主义的挑战和篡权。
49 实际上，后实证主义也未能满足社会科学分析和研究的需要，它之后又受到了批判理论和建构论的质疑。范式转移可以是关于本体论和认识论的，也可以是关于理论观点的。这决定了我们可以在新的基础上对作为一般概念的知识真理和理论进行认识。出于连续性考量，科学共同体内部会就什么是核心的常规科学达成一致意见，这一点十分关键。它是关于常规科学的核心理论或核心方法论进路的一致意见，一旦失败就会导致范式转移。但是，是什么维护着这种一致呢？这又能说明什么呢？库恩主张，范式一方面指明了科学共同体的一般观点或“共同承诺”（shared commitments），另一方面也确定了在这个大共同体内，具有特殊具体承诺的人们构成了一个特殊的亚共同体。最初的共同体比较庞大，包含了科学哲学中常用的对理论更为宽泛的概念化过程。实际上，在对更一般的范式观念进行解释时，库恩使用了“学科基质”（disciplinary matrix）这个术语，“用‘学科’一词是因为它指称一个专门学科的工作者所共有的财产；用‘基质’一词是因为它由各种各样的有序元素组成，每个元素都需要进一步界定”③（Kuhn，1996：182）。学科基质最关键的成分是符号概括（symbolic generation），它包括“团体成员能无异议也不加怀疑地使用的公式……它们都是学科基质中的形式的或易于形式化

① 译文引自托马斯·库恩：《科学革命的结构》，金吾伦，胡新和译，北京：北京大学出版社，2003 年，第 13 页。

② 译文引自托马斯·库恩：《科学革命的结构》，金吾伦，胡新和译，北京：北京大学出版社，2003 年，第 14 页。

③ 译文引自托马斯·库恩：《科学革命的结构》，金吾伦，胡新和译，北京：北京大学出版社，2003 年，第 163～164 页。

的成分"①（Kuhn，1996：182），比如，自然界的普遍规律及其支撑性定义。学科基质的另一个成分是"共同承诺"，即在具体模型（该模型可能是一种更具启发性的模型）中对形而上学信念的"共同承诺"。启发式模型由经验性技巧构成，这些经验性技巧帮助我们发现和学习，还为我们提供一般性理解以及像直觉、常识和试错这类快速解决问题的方法。从根本上讲，模型存在于本体/启发的连续体之上，人们对这些模型的承诺各不相同：模型提供了得到认可的共同话语，确定了可接受的问题解决方法，以及指定了研究领域内待解决问题的先后次序。在确定问题和解决方案的过程中，与现有模型和话语紧密相关的是价值观。尽管价值观显然在任何时候都存在，但如果共同体成员卷入了争端，出现了分裂，甚至最终与原有范式水火不容，那么价值观就显得尤为重要。即便共同体内存在对模型的承诺，共有的价值观也对成员产生了广泛且深刻的影响，但价值观具有主观性，并且"受到那些使团体成员得以区别的科学家的个性和经历等特征的极大影响"②（Kuhn，1996：185）。虽然全体成员持有的价值观不尽相同，但以这种方式共有的价值观却决定着群体的行为，因此这些价值观差别决定了共同体内部的分歧，同时也对共同体的规范提出了挑战。范式的另一个作用是对还未成为共同体成员的学生们进行基础教育。库恩认为，其中包括通过教材、考试和其他评价形式， 50
比如论文和博士阶段的学习，对模范事例进行宣传。实际上，在努力获得更高学位的过程中，学生们逐渐掌握了所属学科的规范，这些规范接下来会被用在研究活动中，并成为学生的理论背景，学科基质也会得到强化。常规科学的研究模式会一直得到强化，直到该模式受到挑战并出现范式转移。

拉卡托斯（Lakatos，1970）试图通过"研究纲领"来解决波普尔和库恩之间的矛盾。拉卡托斯主张，我们可以将一个理论看作是由一组捆绑在一起的理论共同构成的，这个理论联合体中包括理论 T1、T2 和 T3，它们共有某些核心的共同概念，拉卡托斯称之为"硬核"（hard core），而这个理论联合体则构成一个"研究纲领"。实际上，通过"研究纲领"，理论的理论核心受到了"辅助假说"（auxiliary hypotheses）这个"保护带"（protective belt）的保护，或者说它避开了证伪的威胁，也就是说，科学家可以对假说进行调整，因此理论的核心并没有受到挑战。拉卡托斯宣扬的主要观点是对理论的性质进行判断，最重要的问题是一种理论是否比其他理论更实用，而不是该理论究竟是对还是错。

早在库恩和拉卡托斯之前，图尔敏（Toulmin，1953）就提出，与其说理论应当受到检验，不如说理论应当被从应用角度进行考量。我们可以将理论与一组规则进行比较，一组有限的规则可以在规则所适用的领域或实体中得到确认。不适

① 译文引自库恩：《科学革命的结构》，金吾伦，胡新和译，北京：北京大学出版社，2003 年，第 164 页。

② 译文引自库恩：《科学革命的结构》，金吾伦，胡新和译，北京：北京大学出版社，2003 年，第 167 页。

用于规则的情况是确定的。相应地，规则无须涉及或反映每种情形或所有的状况，它只需概括描述规则在什么地方适用（规则的应用领域）。在正常情况下，社会尊重每个人的个人自由，但也会将犯罪分子绳之以法。夺取他者性命通常都是错误的行为，但当国家陷入战争时，以国家的名义杀人则是可以被接受的事情。理论通过一组规则与实在相关联，其中规则与实在有些相符合，有些不符合。我们通过分析确定哪些规则适用于既定领域或情境、哪些规则是多余的。总而言之，批判实在论和历史实在论是两个极端，二者之间存在一系列不同的本体论观点，上述思想家们的本体观就处于这两个极端之间的不同位置。批判实在论注重证伪，而历史实在论则关注认识的历史转移以及如何通过理论转移对其进行反映。罗伊·巴斯卡发展了一种更成熟、更深刻的批判实在论，我们可以在其中看到他对各种本体论观点所做的综合。

批判实在论：罗伊·巴斯卡

后实证主义本体论认为，实在存在于人类之外，但我们的智力能力却不能完
51 全认识那些模糊又令人困惑的真理。我们称这种本体论立场为“批判实在论”（Bhaskar，1975；Denzin and Lincoln，1994，2000，2005）。批判实在论主张，在人类创造的知识（作为一种社会产品）与事物本身的知识（以事物为基础）之间存在差别，人类创造的知识与人类创造的其他产品一样是可变的。后者不是由人类创造而是由人类发现的（这种知识不依赖于人的活动），如万有引力、光的传播。即使人类社会不存在，光也会继续传播，月球也照样围绕地球旋转，只是没有人认识这一切罢了。

巴斯卡称后一种知识为“关于不变对象的知识”（the intransitive objects of knowledge），前者则是“关于可变对象的知识”（transitive objects of knowledge），包括事实、理论、范式和模型。根据查尔斯·达尔文（Charles Darwin，1809—1882）的进化理论，可变对象包括“自然变化的事实，自然选择理论以及马尔萨斯（Malthus）的人口论”（Bhaskar，1975：21）。实际上，达尔文正是利用这些概念来探索和说明千百年来一直在发生的事的。让我们想象一个没有人却有不变对象的世界（在这个世界里不存在解释现象的科学，因此事物不会得到解释，但它们依然存在）。自然事件和过程会继续发生，无论有没有人能够理解或解释它们（渗透作用继续出现，原子继续相互结合）。其结果是事件“不取决于我们的认识或知觉，它们是不变的对象，科学依赖于它们，它们是科学发现和研究的对象”（Bhaskar，1975：22）。

对于社会科学或社会世界来说情况比较复杂。社会世界是一个社会建构物，

它并非完全独立于人的理论和话语的，因此它并不能明确体现知识的不变维度。不过这种知识更有可能是历史的，或者说是基于对过去的理解而形成的，而不是由当代的研究者所提出的。

社会科学可能会拒绝接受批判实在论观点，并且主张在这个领域内不存在独立或不变的知识。鉴于社会科学包含可变理论，而且这些理论会对实践产生影响，因此社会世界并不能反映知识的不变维度：从根本上讲，独立的社会科学知识不可能存在。但是，如果你坚信社会科学领域内确实存在批判实在论观点，那你就需要对可变知识和不变知识进行区分。此外，随着使用反思性（reflexivity）的研究者越来越多，这种对主观影响的再认识使检验社会理论是否与独立社会实在相背离的工作变得愈加困难。实在具有多面性，不同侧面彼此相互反映，同时又以不同的形式和方式自我面对。就像处于一个挂满镜子的大厅之中，这些侧面不断进行着自我反映，于是主客体之间的区分就消失了（本体论变成了认识论）。

52

反思栏

不变知识与可变知识

不变知识是以物理过程或社会现象为对象的科学研究。可变知识则在理论和话语中加入了人的维度（不过，作为社会世界的一部分，它们也可以被看作是不变的）。彼此竞争的理论和话语争论的是可变观点，而不变观点则不存在争议。

请考虑在社会科学领域发现不变知识的可能性。

反思栏

实在

沙漠中的一棵树轰然倒下，但是没有人看到这一切，那么树撞击地面时发出声响了吗？

相反，你可以认为，在社会科学中，反思性即使不是批判理论的必要成分，也是非常有用的成分，因为它可以对不同的立场和观点进行批判性检验。实际上，反思性可以阻止某些投射和筛选[①]，因为这些东西可能会对客观实在进行错误表征。实在论者的观点总是与客观实在有关，反思性能够对某一观点进行批判性理解，能够把握这种观点对研究工作造成了多大影响。自我是以历史和社会的形式存在的；当下的理论可以被看作是可变的，而历史性理论和解释则是不变的。从根本

① 译者注：投射是指研究者已有的观点或立场对所研究问题的反应，选择是指研究者根据自己的观点或立场对研究经验数据进行的筛选。研究者原有的立场决定着他如何看待问题或选择经验数据，但这些投射和筛选可能是带有倾向性的，而反思则可以帮助研究者避免可能存在的主观偏见。

上讲，知识总是经由筛选过程收集或导出的，反思性揭示出研究者和研究对象的完全分离终究不可能实现。社会科学包括多角度的反思，在反思中，理论既指导着观点，又面临着观点的挑战（更多关于反思性的内容见第 13 章）。

> **问题**
> - 解释可变知识与不变知识的区别。
> - 分析该区别给社会科学带来的困难。

小　　结

经验主义是 19 世纪提出的一个理想化术语，用于表明不同思想家之间的差别，一部分思想家认为经验是知识的来源，另一部分则认为心灵才是知识的起点，这
53 就是唯理论。第 1 章已经指出，康德和叔本华这样的哲学家描绘了内部世界和外部世界之间的关系，以及理解、真理、实在、理论和知识如何将内外部世界整合在一起。本章介绍了几位经验主义者，并且概括了每位学者如何解决外部世界的经验和思维或理性之间的关系这个难题。不过，培根、霍布斯、洛克和休谟的主要观点都是：经验和观察是知识的起点。这是实证主义所赞同的前提性论点，它构成了整个 19 世纪社会科学知识积累的基础。

无论是实证主义还是后实证主义，其目标都是解释、控制和预测：实证主义追求对假说、事实和规律的证实，而后实证主义寻求证伪。相应地，对于前者来说，理论、知识或真理包括已被证实的定律，对于后者而言则包括没有被证伪的定律，这些定律只是可能为真。知识通过定律的形式以这种方式逐渐积累起来，定律则通过描述因果关系和进行概括为知识大厦添砖加瓦。实际上，知识本质上就是有价值的，而且知识本身就是目标。任何与研究工作有关的主观活动都应被尽量减少。这些活动应受到约束和高度控制，因为它们包含主观性，它们会对客观性和有效性构成威胁。知识的属性或者说衡量知识的标准是内外部的有效性、可靠性及客观性。这里不允许有价值存在，科学家的主观活动也被排除在外。不过，有些差别是值得注意的，实证主义者只作为政策制定者和改革推动者的咨询顾问参与其中，而后实证主义者则在政策制定和推动改革的过程中充当了活动家及鼓吹者的角色。实证主义和后实证主义都使用了定性和定量研究方法，都发展了实体理论和形式化文本，他们都认为研究者是中心角色。但后实证主义批判理论允许使用反思过程，而在实证主义者那里，这种技巧或方法会破坏客观性。

实证主义模仿自然科学的方法论，希望构建永恒定律以实现预测。如果新理论不符合已有的永恒定律，那么新理论通常会被放弃。这对于科学的进步和新知

识的发展都有重大影响。实际上，实证主义在知识的创造和传播方面属于一种独裁式的现代主义进路。后实证主义认识论摒弃了将研究者和研究对象完全分离的观念，不过它仍然追求客观性，并认为我们和真理之间存在距离。其方法论处理的是经过多次修正的科学实验以及对假说的证伪。理论不是要发现永恒定律，而是要接近真理。新理论也许能够解决一些旧难题，但也会带来不少新问题。如果理论取得了重大进展，那么“新问题会与旧问题不同：新问题将会具有完全不同的理论深度”（Popper，1994：4）。理论发展应对各种批判采取开放态度。于是，通过证伪“我们清除掉了不适合的理论”，在它干扰我们的研究、破坏研究的客观性之前（Popper，1994：4）。

后实证主义为人类的研究活动提供了更宽阔的视野。波普尔指出，“未来是开 54
放的。它不是提前决定好的，也无法进行预测……未来存在无限的可能性”（Popper，1994：xiii）。不过，未来取决于人类自身，我们都要对自己的未来负责。“我们有责任保持乐观态度，这不仅包括未来的开放性，而且包括我们通过自己所做的每一件事对未来产生的影响：未来是什么样子全由我们决定。不要去预言会发生什么坏事，要为创造更加美好的世界而奋斗，这是我们的责任。”（Popper，1994：xiii）当然，后实证主义立场也给研究工作带来了新问题，现象学对实证主义和后实证主义都进行了批判。实际上，虽然现象学概念是黑格尔（Hegel，1977）提出，并由胡塞尔在 19 世纪对其进行了更为明确的发展，但直到 20 世纪的海德格尔、萨特（Sartre）、梅洛-庞蒂等人之后，现象学方法才开始对（那时）处于统治地位的后实证主义立场提出挑战。第 4 章将探讨这些不同的现象学立场，同时阐释该领域内那些颇具影响力的思想家之间的主要区别。

扩展读物

Bhaskar, R. (1975) *A Realist Theory of Science*. London: Version.

Blackburn, S. (1994) *The Oxford Dictionary of Philosophy*. Oxford: Oxford University Press.

Denzin, N. and Lincoln, Y. (1994) *The Handbook of Qualitative Research*, 1st edn. Thousand Oaks, CA: SAGE Publications.

Denzin, N. and Lincoln, Y. (2000) *The Handbook of Qualitative Research*, 2nd edn. Thousand Oaks, CA: SAGE Publications.

Denzin, N. and Lincoln, Y. (2005) *The Handbook of Qualitative Research*, 3rd edn. Thousand Oaks, CA: SAGE Publications.

Honderich, T. (1995) *The Oxford Companion to Philosophy*. Oxford: Oxford University Press.

Kuhn, T.S. (1970) *The Structure of Scientific Revolution*. Chicago, IL: University of Chicago Press.

Popper, K. (2002b) *The Logic of Scientific Discovery*. London: Routledge.

第 4 章　现象学观点

引　　言

本章并未对现象学进行全面而详细的分析，只就不同思想家之间的细微差别做出较为详尽的解释。当然，本章的目标在于分析和阐明现象学如何为研究过程提供基础理论，以及它在多大程度上对第 3 章介绍过的实证主义和后实证主义构成了挑战。

现象学对内部世界和外部世界之间的差异，以及主观性和客观性的层次进行了解释。在现象学看来，存在一种普遍性认识，即心灵与外部世界之间有所关联。但人们对这种关联是什么存在不同的观点，本章试图从主观性和客观性两方面对这些不同观点进行辨析和解释。格奥尔格·威廉·弗里德里希·黑格尔主张，现象学研究的是事物在意识那里的呈现方式，或者说意识的形式。从根本上讲，研究始于朴素心灵对外部世界的涌现理解。心灵开始意识到它自己。自我意识既不是完全主观的，也不是完全客观的。对自我的主观意识不足以形成自我意识。它无法阐明我们在这个世界上是什么样的存在。我们需要一个附加的客观立场。这意味着我们需要从客观角度认识自己的意识，这是对我们自身实在性的理解。只有他者的存在才能实现这一点，我们可以通过反思将意识看作一种外部存在物。客观真理存在于相互承认的过程中。他者定义了自我，自我又根据他者提出的定义再次定义自我。社会定义了自我，自我也定义了社会。因此，在不同情境中对自我和他者的承认也有所不同。相应地，在不同环境下对其他事物的识别也各不相同。要理解意识就必须既承认客体（社会或世界）又承认主体（自我），二者都是思索和解释活动的必要组成部分。经过历史的、哲学的积累过程，人类社会、人类的知识和理解力终于迈入了黑格尔时代。主体成为定义外部世界的必要因素，然而，不同的现象学家对主体的重视程度却不尽相同。

为了理解各种研究范式和方法论范式的哲学及科学基础，本章对现象学家之间的具体差别进行了分析。这些差别包括胡塞尔最终对“先验现象学”的依赖、海德格尔的“诠释现象学”或“此在”（dasein）和“在世”（being-in-the-world），以及梅洛-庞蒂的“不可剥夺的呈现”。胡塞尔对意识的意向性（*noesis*）和意识指向的*对象*（*noemta*）进行了区分。前者指相信或渴求某物的行为，后者则是相信或渴求的对象。先验现象学更关注意识的对象或者说相信或渴求的对象，以及这些对象之间的关系，较少关心意识的行为。诠释现象学关注我们生活的世界，它注重揭示、澄清和指明：对于有些被认为对人类存在无关紧要的事情，理解它们并赋予它们意义是非常重要的。意识和世界不能分离，它们是由生活经历构成的整体。理解活动不是要问我们如何认识世界，而是要问我们的本质是什么；我们对世界的理解即我们是谁。通过我们自己的历史、文化、语言和环境，每个人都形成了对世界的理解，凭借这种理解，我们确定了什么是实在。在梅洛-庞蒂看来，显而易见，世界是存在的，在我们开始进行研究、理解和反思之前，我们已经身在其中，世界是“不可剥夺的呈现”，它提供了“与世界自然的联系，以便最后给予世界一个哲学地位”①（Merleau-Ponty，1999：vii）。与哲学的联系和对哲学的追求不仅是从事严谨科学活动的基础，也为我们提供了关于时间、空间以及我们存在于其中的世界的描述。本章将会对这些差别进行详细探讨，并试图澄清一些与本体论、认识论和方法论有关的问题。我们还会在后面的章节中对这些问题进行更为细致的分析。

胡塞尔与先验现象学

埃德蒙德 ·胡塞尔主张，现象学需要人所经历的经验，无论何时我们对所见、所闻或所感进行思考，我们都是在从事现象学。思考的内容包括我们为什么会想到某些事，以及我们为什么要承担某些工作。当我们以第一人称来回答这些问题时，以及当我们对经验的组成部分进行描述或阐述其意义时，我们就会关注经验。意义和有意识的经验是现象学的核心，一个结构化的世界通过意义呈现在我们面前，而我们自己也身处这个世界之中（Husserl，1969）。胡塞尔的观点历经了几十年的发展并产生了大量的出版物（Husserl，1969，1992，1997，1998a，1998b）。
现象应当是预设的（pre-suppositional），它不使用已经存在的理论框架和演绎程 57
序；比如在《笛卡儿式的沉思》中，胡塞尔指出，研究者或询问者必须探索一切事物，“包括……哲学术语”（Moran，2008：126）。也就是说，他认为我们应当避免使用已有的哲学和理论概念，我们应当在研究中使用经验和日常语言。实际上，“没有什么事情是理所当然的，我们经历的任何事情都不可能被假定处于经验之外”（Moran，2008：126）。现象蕴含“意识的本质”，因为所有的意识行为都是主体经历的；意识行为或意识经验在作用于客体对象时出现，也就是说，我们是在对某事进行理解、知觉或判断。现象包含第一人称描述，它使用诸如“我看到了农场”“我听到牛在哞哞叫”“我想象自己登上了月球”之类的

① 译文引自莫里斯 · 梅洛-庞蒂：《知觉现象学》，姜志辉译，北京：商务印书馆，2001 年，第 1 页。

语句，这些语句就是所谓的现象描述。每种描述都表达了由一种独特的意识行为所产生的主观观点，正是这种独特的意识行为把握住了经验的本质（意识的本质）（Husserl，1969）。

对意向性的解释

胡塞尔将意向性（intentionality）作为意识的本质，因为它包含意识行为与意识对象之间的关系（意向关系）。“我们把意向性理解作一个体验的特性，即‘作为对某物的意识’。”[①]（Husserl，1969：242）主体和对象通过意向性产生关联，因为“行为动作与行为有关，做事与举动有关，爱与被爱者有关”[②]（Husserl，1969：243）。意向性是心灵使自身指向他物或实体的能力；它是心理状态，包括信念、希望、思维等，它们都指向他物。个体必须相信某事或想要某物，并且相应地采取意向行动。“胡塞尔的现象学是一门关于意识行为与意识对象的意向关联性的科学，它研究不同的对象如何与不同的行为产生不同的关联性。”（Bernet，1999：198）意向性关注各种背景、语境、行为和视野下的主体与客体的相互作用。

定义栏

意向性

●背景

●主体

58 ●内容

●行为

●对象

●视域（horizon）

意向性就是使人的注意力转向某一既定实体；它成了知觉视角的一部分或一个构成要素。

让我们想象一场足球比赛和一个角球来理解什么是意向性：背景是足球比赛，更准确地说是比赛中的角球，主体是罚球区的一名队员。进入罚球区的足球（对象）包括了内容（知觉），意识行为就是主体 1（S1）与对象之间的关系（足球的轨迹、速度和飞行）。视域决定了 S1 处理对象的各种可能性。当然，罚球区还有许多主体（S2，S3，S4，S0），他/她们都针对对象采取了自己的意识行为。

① 译文引自胡塞尔：《纯粹现象学通论》，李幼蒸译，北京：商务印书馆，1996 年，第 210 页。

② 译文引自胡塞尔：《纯粹现象学通论》，李幼蒸译，北京：商务印书馆，1996 年，第 210 页。

意识行为是一种经验，正因为具有这种经验，我们才能关注和拥有视觉体验或知觉。经验从举行足球比赛的背景环境中抽象产生，包括停车场、雨水、比赛规则和球场。意识行为是一个心理过程，它完全不同于行为所指向的对象（足球）。对象只是遵守力学或物理学定律而滚向罚球区的球，球就在那儿，因此它不是一个唯我论实体。主体是具有经验的个体（“我”或自我）。内容包括那些我们所看到的、想到的、想象的或知觉的东西，内容是对“我”所知觉到的东西的描述。在上面的例子中，内容就是“这是足球”。内容确定了知觉对象，它从具体的主观视角 S1、S2 或 S3 去表征对象——观察球的轨迹、旋转、速度和高度，它还预期球将依某种科学定律而运动。参与罚角球的主体需要有关于足球的知识，并且知道如何利用头球或如何踢球，他们还需要了解比赛的规则（具体到这个例子就是角球的规则）、比赛的战术以及一些物理特征（球的高度、弹跳程度、速度、其他队员的位置）。可能性的视域是指对象的可能性，足球不可能突然停下来落到地上，也不可能漂浮在空中，对于内容所处的背景而言，这相当滑稽且不可能实现。内容规定了对象，如果有满足内容的对象存在，那么它就是意识的对象，对对象进行意向（intend）是意识的行为。“意向”意味着意识针对或指向某物。意向性是主体实施的意识行为，它通过内容指向一个合适的对象，而对象则是通过主体关于此类对象的意义视域来确定的。经验的内容是感觉或意义。“意向性的这个名称所指的，是唯一现实的和真正的说明的活动与理解的活动。”[1]（Husserl，1969：
168）返回“意义形成之意向的源泉和统一，就得到一种理解……就不会留下任何 59
有意义的问题没有解决”[2]（Husserl，1969：168）。

> **反思栏**
> **意向性**
> 利用你自己的经验确定一个意向性的例子。请参考你参与过的运动，或在大学、职场中的常规经验。

事物：本质和存在

胡塞尔还在“自然经验的世界”与“科学理论的世界”（Husserl，1997：219）

---

① 译文引自胡塞尔：《欧洲科学的危机与超越论的现象学》，王炳文译，北京：商务印书馆，2001 年，第 203 页。译者注：这段引文作者标记的出处为《纯粹现象学通论》（1969 年），实际出处为《欧洲科学的危机与超越论的现象学》（1992 年）。

② 译文引自胡塞尔：《欧洲科学的危机与超越论的现象学》，王炳文译，北京：商务印书馆，2001 年，第 203 页。译者注：这里的引文出处同样存在错误。

之间进行了区分。自然世界就在我们身边，它能直接被我们经验到。世界在过去、现在都存在，并将延续到未来。我们是世界的基准点，因此世界是时间的和空间的。对象是实体，它们本身的属性和关系在不断变化，但它们只是相对于处在时间、空间和社会中的人类来说是如此。相反，科学理论的世界包含大量的理论，如力学、物理学和化学。

定义栏

事物

事物包含三种要素：

●实体自身；

●本质（类型、属性和关系）；

●可感觉的属性（一些可见，另外一些不可见）。

可感觉事物的表象或轮廓（模糊的轮廓或预兆）

实体在可观察的属性之外还具有本质和存在性，喜鹊具有的属性包括独特的外观和黑白相间的羽毛。当阳光照在羽毛上或不同方向的风吹向羽毛时，羽毛会呈现不同的色泽（没有阳光或没有风则不会有这样的变化），还会进一步出现其他变化。当你观察水中的鱼时，也会发生类似的情况，我们知道鱼是什么形状，但透过水观察鱼就会变形。这种复杂性被称为根据我的经验而对对象进行的“形构”（constitution）。

要想用“现象学分析事物首先得具有表象”，喜鹊的表象已经在“我”的知觉
60 范围内被形构成了具有黑白羽毛的空间实体（Smith，2007：220-221）。然而，随着喜鹊落在树上，于树枝间觅食之后又飞向一个路灯柱，喜鹊在不断变化。它既是时间的又是空间的。胡塞尔并未将喜鹊还原为表象，他指出，这些表象只是属性的轮廓。喜鹊不同于那些随时间变化的性质（大小、重量和飞行状态），而且性质中的那些可感属性（形状、颜色、姿势）也不同于它们的表象。实际上，喜鹊的颜色或形状在不同视角或不同时间下可能会非常不同，它的“表象在它飞起和落在藩篱上、转动它的头部时都会随时间变化……形状的表象总是随着时间而变化”（Smith，2007：221）。其结果是，对喜鹊的形构始于各种经验的混合，它不是在单一的感觉语境下，而是根据大量不同的“性质”和“可感觉的属性”形成的。例如，当你最初看到一只喜鹊时，你认为这不是好兆头（预示着不幸），我们会说“早上好，喜鹊先生”，那么喜鹊已经具有了文化语境下的意义。此外，如果几只喜鹊一起出现，人们看待它们的方式则与只出现一只喜鹊时不同。总而言之，“意识的意向性可以被定义为一种关系，在这种关系中，全部或至少某些特定的行

为指向对象”（Gurwitsch，1967：118）。要实施该行为，“主体得注意到对象，因此其特征就是……对对象的意识”（Gurwitsch，1967：119）。

对经验到的事物或实体的形构始于“其可见属性的多种表象”。不过，我们所看到的“不只是感觉表象而是……不同的性质，包括可感觉的性质——它展现出我从不同侧面、在不同光线下看到的鸟的表象”（Gurwitsch，1967：119）。鸟是一个对象，它具有许多“另外的性质，包括它所属的生物种类以及它与地质学的关系……它过去的行为活动……等等”（Gurwitsch，1967：119）。

喜鹊属于一个物种（鸦科），它与其他鸟类有关系，它有自己的过去和未来，它存在于“我”的意向性之外。当我们观察它的时候，它已经超出了我们对它的认识，对象还具有更多没有被主体意向到的属性。当我们知觉到一个对象时，我们只是看到了对象的一部分，我们“只是在特定的角度和光线下观察到了它的一个侧面”（Moran，2008：116）。无论观察者或观察对象是否处于运动中，我们“都是从不同角度去观察同一个对象的”（Moran，2008：116）。胡塞尔主张，我们实际看到的是一只鸦科动物而不是“一组视觉感受”，我们听到的不是“单纯的声音而是……门被关上了”（Moran，2008：116）。无论从近处还是远处聆听某个广播，无论在什么不同的位置，我们听到的广播有多么不同，我们都确信听到的是同一档节目。对于听众来说，它们根本就是同一个对象（Moran，2008：116）。总而言之，胡塞尔认为，心理过程总是“指向对象的行为。行为在指向一个物质对象时只能得到关于对象的片面观点；然而，这对于把握对象本身也是有意义的”（Moran，2008：118）。这种对对象的把握使非意向经验（解释行为或对感觉的诠 61
释）得以发展。随后，感觉得到了行为的认可，无论行为的性质或实质是“判断、希望还是别的什么”（Moran，2008：118）。

悬置：悬搁和判断

胡塞尔（Husserl，1998a，1998b）在其现象学中提出了悬置（epoche）的概念；通过悬置你可以将对“意识的对象是否存在”这个问题的判断悬搁（suspend）起来。我们不必假定外部对象存在（或客观实在存在），外部对象只与人的感觉（听觉、视觉、触觉）产生相互作用，这意味着将我们对世界的自然看法悬搁起来或加上括号[1]。加括号就是要以其实际的样子去看待事物；清除与现象有关的各种预设之后，我们接触到了事物的核心，并且以其真实的样子去知觉它。加括号包括三个步骤：辨别现象，并将其保留在思维中；想象与现象有关的各种经验；通过经验的综合将各种经验整合起来。这一过程可以使我们理解和描述现象的

① 译者注：加括号意味着对括号中的内容不予考虑或将其排除出去。

本质结构。

胡塞尔的思想基础是笛卡儿的“我思”，但他认为笛卡儿从“我思”转换到“我是一个思维实体”的过程太快。他认为对作为思维实体的“我”进行概念化是一个需要加括号的过程。作为思维实体的“我”既对不同于经验的感觉有所意识，同时也在这种感觉之中（Husserl，1992）。他还认为这与康德的“我思”或先验自我相似。“一个先验的原则，就是通过它而使人考虑到这种先天普遍条件的原则，惟有在此条件下诸物才能够成为我们知识的一般客体。”[①]（Kant，1952：20）

> **定义栏**
>
> **先验**
>
> 先验指的是那些超越其他对象而存在的实体，它们是抽象的。先验自我（个体）明白，即使实在的世界存在，它也只能通过先验的主体性而存在（因此在这种意义下客体性是存在的）。语言被看作超越个体而存在，但它也为自我所使用，因此语言的先验部分与使用它的主体共存。

一方面，胡塞尔推断实在只能通过意识的形构而存在，反之，如果没有意识，它就不能存在；另一方面，他也认为不能成为意识对象的东西是不可想象的。这种区别基于意向对象与实在对象之间的区别而产生。在对某物进行概念
62 化时，我们使该物成了意识的对象。前一种观点否认外部世界存在，而后一种观点承认外部世界存在，但没有意向性和意识我们就不能认识它。然而这并不能使事物自动成为实在的对象。我们可以将一个虚幻世界作为思维的对象，但我们不能既将这个虚幻世界作为我们的思维对象，同时又假定我们自己是这个世界中的一员。胡塞尔试图以这种方式解释如何在他的现象学中拒绝唯我论——他指出，先验自我只能以同等地位进行相互了解，但他们同样可以对意向对象和实在对象进行区分。实际上，这与黑格尔的奴隶主/奴隶辩证法和主客体承认原理相似。

胡塞尔确认了先验现象学或先验哲学的必要性，这意味着我们必须探寻所有知识形式的终极来源，认识者必须对自我和生活进行反思。胡塞尔借此过程将其注意力转向了历史的重要性——意识所具有的重要历史性及历史需要的先决条件。为了进一步解释自己的观点，胡塞尔提出了生活世界（lifeworld）的概念，生活世界是由我们的前理论（pre-theoretical）经验和活动构成的主体间（inter-subjective）世界。他认为我们的理论观点的发展已经背离了生活世界的语境，而生活世界自身却仍然坚持着理论“精神”的形式。生活世界先于理论而存在，理论从生活世

① 译文引自康德：《判断力批判》，邓晓芒译，北京：人民出版社，2002 年，第 15 页。

界中出现要归功于本质还原（eidectic reduction，即还原到本质）及悬置（被悬搁的判断）——悬搁我们对世界的实践参与以及我们的科学命题。不过，在胡塞尔的晚期著作中，他适度地放弃了早期的观点，从而使其更接近于海德格尔的本体论和认识论立场。这在胡塞尔的《欧洲科学的危机与超越论的现象学》中有更清晰的体现，在这本著作中，他试图探讨实证科学对人性和人的存在的意义，并考察在多大程度上，“在 19 世纪后半叶，现代人的整个世界观唯一受实证科学的支配，并且唯一被科学所造成的‘繁荣’所迷惑”[①]。他认为这些避开了“对真正的人性具有决定意义的问题”[①]（Husserl，1992：5-6）。

胡塞尔主张，知识的基础是我们在生活世界中的鲜活经验。那是我们闯入而不是我们创造的世界，我们在一个未知世界里只占据有限的时间和空间。人是意义之网上的结点，意义是人类世界的基础。我们借助意向性寻求理解，并希望将其用于实践环境而非理论语境，这正是我们认识自身存在的可能性的基础。我们不仅是世界中的存在者，而且还是行动者，因此，我们不是被研究的实体，而是积极从事研究活动的实体。理解由预先理解、情绪和共情共同构成。

意向性是对所分析的情境进行的预先理解，随着“涌现”（emergence）观念占据了优势，主体和客体的实证概念遭到了破坏，已经存在的理解“突现”在我们的思维中。这种“涌现”使人们能够理解他们存在于其中的实践世界，以及进一步理解他们自己，它是自我理解。

问题

生活世界 63

生活世界或在世的观念如何影响研究者和研究对象的关系？

反思栏

生活世界

确认这样一件事：你认为你已经处于你所希望理解的情境中，这种情况出现过多少次？举例说明，你何时认为自己不是在这个世界中，而是一个在外面进行旁观的抽象物。这可能吗？

语言被认为是传播生活世界及视域的媒介，语言在意义和传统之间起着中介的作用。实际上，我们进入其他视域以便能够获得一个综合性视域，其他视域中也包含了由我们自己的视域和前概念构成的文本，我们游走于熟悉和不熟悉的内容之间。历史是这一过程中的重要环节，因为每种解释都包含来源于历

① 译文引自胡塞尔：《欧洲科学的危机与超越论的现象学》，王炳文译，北京：商务印书馆，2001 年，第 16 页。

史的前概念，今天我们利用这些概念，通过期望和策略创造未来。每种解释都是一个辩证过程，它由过去、现在和未来构成，它们的沟通媒介则是语言和话语。鉴于此，即便是真理或知识，也是在历史条件下形成的，这意味着它们乃是相对于某一时期的历史而言的。真理和知识的不同侧面由不同历史时期的文化揭示。

在早期的著作中，胡塞尔曾希望研究过程或分析的对象具有某种层次的外在性。但他在随后的著作中认识到，纯粹的实证主义立场存在严重缺陷，若要完全理解人性，我们必须采用其他的分析方法。他之后还进一步承认了“在世”的概念，并使自己的立场更接近海德格尔和梅洛-庞蒂所宣扬的观点。例如，胡塞尔主张，我们在理解他者时，可以认为每个他者或他者的世界都具有一个意义的视域。视域可被视为个人在某一既定时刻时的观点（此时此地的观点）。视域非常灵活，可以随时间和情境的改变而改变。个人通过共情进入另一视域。不过每个人都会携带自己的视域所具有的全部前概念。于是，人们永远不可能摆脱从过去的经验中承继下来的那些知觉和预先理解，前概念是获得完全理解的一大障碍。由此我们开始需要现象学诠释，它建议我们在进入另一世界以及参考我们自己的观点时，使用一种互动的交互过程。

64 **问题**

胡塞尔

定义、讨论并举例：

- 包容性（inclusivity）；
- 悬置；
- 加括号；
- 先验现象学。

海德格尔：诠释现象学

《存在与时间》一书深刻地体现了马丁·海德格尔的思想。他认为，我们必须对社会存在做出解释。海德格尔主张，“任何发问都是一种寻求。任何寻求都有从它所寻求的东西方面而来的事先引导。发问是在‘其存在与如是而存在’的方面来认识存在者的寻求……既然发问本身是某种存在者（发问者）的行为，所以发问本身就具有存在的某种本己的特征”[①]（Heidegger，1962/2004：24）。存在的意

① 译文引自海德格尔：《存在与时间》，陈嘉映，王庆节译，北京：生活·读书·新知三联书店，1987 年，第 7 页。

义就在我们之中，因为“发问需要一种来自它所寻求的东西方面的事先引导……我们总已经活动在对存在的某种领悟中了”[①]（Heidegger，1962/2004：25）。他质疑存在的确切意义，并且同黑格尔一样，他也知觉到了“形成”（becoming）的过程。实际上，对存在的探索始于一个存在者，其存在正是为了提出这样的问题。海德格尔希望能够洞察预设——预设塑造了我们的理解，而不是让我们像胡塞尔的无预设现象学一样回到无承继性预设的立场。与胡塞尔的“先验现象学”不同，海德格尔提出了“诠释现象学”，它澄清了“一些含糊的线索，正是这些线索将理解组织起来，确定了存在的视域——存在允许存在者以原本所是的样子出现，存在还解释了那个含糊的线索——视域围绕该线索被组织起来，并通过该线索得以发展，该线索是那些存在者存在的意义”（Caputo，1999：25）。

定义栏

诠释现象学

诠释现象学主张意义与时间直接相关。存在是历史的、系统的，它是时间性的。海德格尔表示“每种关于存在的历史理解的时间结构都是这样一种结构，它需要被努力搜寻，因为在这些历史文本中起作用的时间线索都被隐藏了起来”（Caputo，1999：225）。

海德格尔认为，我们存在于世界之中，主体和客体没有差别，因为“在世” 65
使这种差别消失殆尽。对于人类而言，世界和个人始终融为一体。在进行思考和反思之前我们已经在世界之中了，因此我们既是主体又是客体，我们与世界融为一体。这是对客观主义解释学（objectivist hermeneutics）所主张的“主客体间存在共情”的观念提出的质疑。实际上，现象论解释学（phenomenological hermeneutics）希望理解事实性（存在的事实），而事实性只在生活世界或实践性的、先于抽象的、先于理论的存在中才能被发现。最重要的是我们在世界中存在，以及我们如何与环境融为一体。正如海德格尔所言，我们被带到这个并非我们构建的世界上，我们不得不在这个奇怪又充满困惑的世界中找到自己的出路。现象论的解释学并不关心抽象的先在个体或先验自我，而是关心如何在现实情境中理解现实的人。

“烦”（care）这一观念无论对于我们的生存还是对我们理解实在的自我及情境来说都是最重要的内容。作为人类，我们与过去、现在和未来紧密相连。如何做决定取决于我们过去的经验和我们拥有的资源，因为我们在试图理解和揣测

① 译文引自海德格尔：《存在与时间》，陈嘉映，王庆节译，北京：生活·读书·新知三联书店，1987 年，第 7 页。

未来的各种可能性。我们具有各种可能性，人类及个人的自由选择与责任完全有可能存在于现实中。然而，应当根据什么标准来建立负责任的自由选择呢？事实上，不存在这样的抽象标准，任何标准都是我们自己制定的，价值观能且只能由我们来构建。我们注定是自由的，因为我们必须在这个多灾多难的世界里做出决定，我们不能向世界屈服，别无选择也是一种选择。“不选择却是不可能的，我是总能够选择的，但是我必须懂得如果我不选择，那也仍旧是一种选择……当我亲自碰上时——例如，我是个可以有性生活的人，可以与异性发生关系，并且生孩子——我对这件事非得决定我的态度不可，而且从种种方面说来，我对自己的选择是负有责任的；在自己承担责任的同时，也使整个人类承担责任。”①（Sartre，1973：48）个人深嵌于他所属的那个现实情境中，个人的选择也是为所有人做出的选择。人们必须选择自己是继续保持单身还是和某人结婚，每种选择都坚持了一种涉及社会制度和伦理行为的道德立场。人们存在于世界，并通过选择构建世界。

屈服使我们变得“非本真”（inauthentic）。“非本真”与“本真行动”（authentic action）相对，“本真行动”的产生缘于我们是自由、自主、负责任的个体。我们因此而成为人，我们存在于世界，我们具有自由选择权。然而我们总是被日常生活中的琐事所困，只有意识的呼喊将我们唤回了本真生活中；这是尖锐刺耳的呼喊，它湮没了我们的日常存在，它在质问：你在干什么？你要将自己的人生丢进琐屑堆里吗？（Heidegger，2004）这些问题实际上是可以澄清的，或者如海德格尔所示，可以产生“不可思议的敏锐性”（uncanny clear-sightedness），它能够永久
66 改变我们的生活。敏锐性产生了“畏”（anxiety），“畏”则产生了我们对生活于其中的日常世界的真正理解，不是对那些琐事，而是对我们日常存在性之本质的理解。西西弗斯②在完成辛苦的工作返回山下之后，才能够清晰地审视和评估他的境况。我们能够把握世界的本真性（authenticity），因此也能把握世界的空洞及我们对于世界的重要性。我们以这样的方式再发现自我，并成为做出重大决定的负责任的存在者（Heidegger，2004；Sartre，1973）。此观点的要点是对自我的澄清，因为我们已冷静地思考了自己的优势和劣势，我们既不好高骛远，也不妄自菲薄。日常生活仍然无比琐碎，因为它充满了限制我们自由的凡尘俗事。此外，日常生活还回避了“死”的观念。它否认死亡，因此我们是永生的存在，它影响着我们对未来的决定（Heidegger，2004：278）。死亡意味着终结，死亡信仰能够丰富我们对人生的理解，如果生命有界，那么我们很可能不会再浪费生命。这种界限也

① 译文引自让-保罗·萨特：《存在主义是一种人道主义》，周煦良，汤永宽译，上海：上海译文出版社，1988年，第24页。

② 译者注：西西弗斯是希腊神话中一位受罚者，他必须将一块巨石推上山顶，而每次到达山顶后巨石又滚回山下，如此周而复始，永无止境。

体现在人生的其他一些方面，如退休、解雇、研究项目的时限等。只有考虑到这些界限问题，人们才会对自我有真正的理解。

在海德格尔看来，真理观和对真理的追求自柏拉图之后就在持续衰退。真理已然存在，但它被掩藏在发现真理的过程中。依靠提出命题、将命题与实在进行对比并不能揭示真理，真理或知识只能从洞察与直觉中产生。胡塞尔认为，直觉应当借助想象或思维游戏来探索现象的基本结构，把现象从其他现象及时空语境中分离出来。海德格尔认为，这违反了现象学的核心原则，因为现象学就是要分析历史语境、发现各种误解，这是现象学的要点。历史性是现象论的解释学的关键内容，因为它注重“形成”过程和存在的意义。胡塞尔晚期在《欧洲科学的危机与超越论的现象学》中接受了上述观点，并认识到了历史对现象过程的重要性。

此在：形成

海德格尔提出了“生存论分析”（existential analytic）来处理我们的“此在”是什么的问题：此在存在于世，并在其中得以显现或明确。此在是一个世界表现事件，一旦此在存在，世界也就存在。“此在是这样一种存在者：它在其存在中有所领会地对这一存在有所作为。”①（Heidegger，2004：78）

定义栏 67

此在

此在是存在性，其本质是通过改变其本身的存在性而形成的实在者。从根本上讲，“任务是分析存在者，而在这里所分析的存在者总是我们自己。这种存在者的存在总是我们存在。在这一存在者的存在中，这一存在者自己对它的存在有所作为……对这种存在者来说，存在乃是与它自己性命攸关的东西”②（Heidegger，2004：67）。

人性是“形成”的要素，试图理解具有人性的自我乃是一切研究活动的驱动力。“无论一个人于存在者处把握到的是什么，这种把握总已经包含了对存在的某种领悟。”③（Heidegger，2004：22）此在也许在尝试中实现了其本真可能性，也

① 译文引自海德格尔：《存在与时间》，陈嘉映，王庆节译，北京：生活·读书·新知三联书店，1987 年，第 65 页。

② 译文引自海德格尔：《存在与时间》，陈嘉映，王庆节译，北京：生活·读书·新知三联书店，1987 年，第 52 页。

③ 译文引自海德格尔：《存在与时间》，陈嘉映，王庆节译，北京：生活·读书·新知三联书店，1987 年，第 4 页。

许未能实现。但是，未能实现本真的此在作为一个存在往往会掩饰其作为存在物的存在。“生存论分析”依靠寻求不易觉察的此在的源始本真并为其构筑结构来阻止此在向平庸而艰辛的世界沉沦。此在的日常世界被忽略，我们寻求的是此在的在世。这引发了一个问题：世界是什么。对于海德格尔来说，世界就是各种要素的持续结合，这些要素从此在中来又产生了此在，“此在以更为原始的方式隶属于这些要素，原始程度超出了此在自身的想象。此在总是以实用的方式与那些要素结合在一起，以使关于世界存在性的认识论问题变得毫无意义”（Heidegger，2004：226）。人们与他者分享这个世界，此在并非唯我论的自我，它像黑格尔式承认一样需要他者。这些存在者不是“除我以外的他者，我就是这些存在者中的一员，此在实际上由他们支配，由此使此在看起来好像是一个自主的人，此在必须向这些存在者学习如何将自我分化为本真自我”（Heidegger，2004）。

定义栏

此在的结构

●此在的“烦”包括三重现象：向可能性的投射——成为自我。

●向这些可能性的抛置（throwness）：尽管是自由的，此在却发觉自身处于并非自己构建的情境中。

●在世俗可能性中的沉沦（fallenness），它否认真正的可能性或成为自我的可能性。

这三重现象通过“畏”得到解释，“畏”是这样一种感觉：此在通过它被发觉，除此在自身的自由之外，别无他物能够维持投射——此在持续从投射中逃离（沉
68 沦）。海德格尔认为，凭借源自不朽的自由，此在通过接受向死亡的投射——而非从死亡中逃离——摆脱了沉沦。此在并不以时间性作为其决定性特征，因为此在就是时间性。三种时间性的绽出（ecstasy）的统一体是“烦”的三重现象的基础。时间性既是“烦”的意义，也是存在或此在的意义。

此在是面向未来的，它面对着无限的可能性，这些可能性总是向此在而来，并将此在拉出自身之外。此在以这种方式回归自身，回归它已经成为并始终向其靠近的可能性。最终，此在将这一时刻及与此时刻关联的此在已经所是之物封装起来。此在瞥见了成为自我的可能性，并且把握住了它。“时间性的三重绽出结构为类似的历史性理论奠定了基础，在这些理论中，整整一代人可以重复或把握历史的可能性（或命运），这些可能性作为一个集合统一体，从其自身最深刻的历史存在中产生，并呈现在人们面前。”（Heidegger，2004：227）此在包含着个体、群体、社会或种族。

胡塞尔主张，人文科学之所以不那么成功，是由于它没有涉及意向性，意向性是人的思想指向对象，是产生前理解或产生表征对象的心理内容的方式。实际上，胡塞尔认为，人的意识包含自成一体的意义或意向内容。也就是说，你带着前概念和前理解接触某物，这些前概念和前理解使你遇见的对象具有了可理解性。海德格尔提出的意向性稍有不同，他主张，心理内容实际上指向的是世界上自给自足的个体，日常生活中的技能构成或指明了可理解性的基础。胡塞尔和海德格尔的思想在梅洛-庞蒂的现象学中得到了进一步阐释。梅洛-庞蒂认为，胡塞尔和海德格尔阐述了不同的审视世界的方式，以及不同的开展研究、创造知识的进路。

> **问题**
>
> **此在**
>
> - 什么是此在？
> - 此在如何影响研究工作？
> - 你如何将此在融入研究工作中？

梅洛-庞蒂：意识的本质

梅洛-庞蒂探讨的是科学能否为我们提供一幅完整的世界画卷。他并不想阻碍科学的发展，只是希望确认我们是否有权利将其他研究形式，即不是通过“测量和比较，以及将特定原因与特定结果联系起来，最终形成一个如经典物理学那样 69
的定律”（Merleau-Ponty，2004：43）的那些研究形式排除在外。他指出，实证主义在 20 世纪已经承认，其定律和理论不能对世界做出清晰的解释，我们需要不断进行简化，“换言之，定律和理论以近似的方式构成知识。科学对我们的经验数据进行分析，我们从不期望这些分析有一天将会终结，因为观察过程根本没有尽头”（Merleau-Ponty，2004：43-44）。梅洛-庞蒂希望借助胡塞尔的方法揭示“理性之根”，其中包括“对原初行动的再理解——人类借原初行动产生了对世界的意识”（Moran，2008：400）。现象学与哲学一样，都希望教育人们重新学习如何感知这个世界，如何揭示并阐明“世界的诞生”和“神秘的理性世界”（Merleau-Ponty，2004：154，xx-xxi，xvi）。

不可剥夺的呈现

梅洛-庞蒂（Merleau-Ponty，1999）将现象学看作对本质的研究，一切问题都等同于一个问题，即本质，也就是意识或知觉的本质是什么。他的哲学不仅令本质回归于存在性，而且不期望通过事实性来理解人类。梅洛-庞蒂的哲学是对先于人类的反思而存在的、“作为一种不可剥夺的呈现”的世界做出的分析。其目的是再次实现与世界的直接接触，以此确立一种哲学立场。与此类似，海德格尔也认为研究工作应由研究内容来指导。因此，研究者在研究开始之前就必须对存在者的意义有所认识，而且我们必须能够以某种方式把握这种意义。梅洛-庞蒂强调“自我与世界之不可割裂性”，人应被视为“与自然秩序融为一体，虽然人的在场产生了我们的文化世界，从而致使人不能成为纯粹的客体，但从根本上讲，人是属于这个世界的”（Moran，2008：403）。

只有通过现象学方法才能了解现象。因此，让我们将“在生活中自发联系”[1]（Merleau-Ponty，1999：viii）的现象联系在一起。现象学从一开始就拒斥科学。一个人对自己的理解比对世界的认识多得多。个人是社会的、生物的存在者，个人不可能与世隔绝，而只生活在科学的国度里。“我所知道的，也是通过科学所知道的关于世界的一切，是根据我对世界的看法或体验才被我了解的，如果没有体验，科学符号就无任何意义。”[2]（Merleau-Ponty，1999：viii）科学是对世界的二阶表达。因此，如果我们打算开展严谨的科学研究，我们就必须以经验现象为起点，现象因为被我们直接经验到而存在于这个世界中。科学从来不等于世界，因为它只是对世界的解释。“我”并非科学所定义的样子，“我”才是起源，“我的存
70 在不是来自我的既往史、我的物理的和社会的周围事物和人物，我的存在走向它们和支撑它们，因为是我”使可理解的存在物“为我存在”[2]（Merleau-Ponty，1999：viii）。科学观点认为，存在只是世界的某一瞬间，这种观点既是朴素的，也是带有欺骗性的。实证主义和后实证主义理所当然地认为，世界通过意识在我周围形成并为我而存在。当我们返回到事物本身时，我们其实返回到了一个先于知识而存在，又被知识所描述的世界，所有的科学方案都只是抽象的符号语言，就像地理（地图）与村庄（地形）的关系，也就是说，我们在已经了解了什么是河流、什么是田野之后才能从地图上找到它们的抽象标示。“现象学可以作为（思维）方式或作为（思维）样式来运用和认识，它在成为一种完整的哲学信仰之前已经作为一种运动存在。”[3]（Merleau-Ponty，1999：vii）

① 译文引自莫里斯·梅洛-庞蒂：《知觉现象学》，姜志辉译，北京：商务印书馆，2001 年，第 2 页。

② 译文引自莫里斯·梅洛-庞蒂：《知觉现象学》，姜志辉译，北京：商务印书馆，2001 年，第 3 页。

③ 译文引自莫里斯·梅洛-庞蒂：《知觉现象学》，姜志辉译，北京：商务印书馆，2001 年，第 2 页。括号中的内容为本书译者所加。

定义栏

前理解

研究由研究内容指导。因此，研究者在研究开始之前就必须对存在者的意义有所认识，而且我们必须能够以某种方式把握这种意义。人是社会的、生物的存在者，人不可能与世隔绝，而只生活在科学的国度里。世界在人们分析它之前就在“那里”存在，这种分析应当转向现象学的内部视角，远离实证主义立场所采用的外部视角。

重 返 意 识

意识的现象学重返不同于意识的唯心主义重返，后者反对分析性反思和科学解释。笛卡儿和康德解开了主体或意识，他们指出，只有处于被理解的行动中，事物才能得到理解，否则没有任何东西可以作为存在者被理解。康德认为，意识的统一性与世界的统一性是同时的。“通过我们对世界的体验，反省的分析追溯主体，如同追溯有别于我们关于世界的体验的一种可能性条件，并使人看到一般的综合，因为没有这种综合，就不可能有世界。”[①]（Merleau-Ponty，1999：ix）之所以要逃离实证主义本体论和认识论立场，是因为现象学认识到意识需要与世界产生互动，正是意识确定了我们看待世界的主体视角，实在其实都是人类的建构。

总体而言，在梅洛-庞蒂看来，现象学主张世界在人们分析它之前就已经在那里存在，“从联系诸感觉和客体的透视外观的一系列综合中得出世界，看来是人为的，因为各种综合正好是分析的产物，不可能在分析之前实现”[①] 71
（Merleau-Ponty，1999：ix）。不过，他也主张分析应当转向现象学的内部视角，远离实证主义立场所采用的外部视角。分析性反思自认为可以通达内部存在，并且可以通过建构活动追溯进程，同时获得等同于内部自我的建构力。于是，“在哲学和时间之内，反省已被带走，重新回到无懈可击的主体性之中”[②]（Merleau-Ponty，1999：ix）。然而，这忽略了反思自身的起源。当我们开始反思时，反思所面对的是未经反思的经验，反思不可能不将其自身作为一个事件，反思总是呈现在自身面前。

① 译文引自莫里斯·梅洛-庞蒂：《知觉现象学》，姜志辉译，北京：商务印书馆，2001 年，第 4 页。

② 译文引自莫里斯·梅洛-庞蒂：《知觉现象学》，姜志辉译，北京：商务印书馆，2001 年，第 5 页。

> **问题栏**
> **前理解**
> 请解释什么是前理解，并思考前理解对于主体性和客体性问题的意义。请分析如何将前理解融入研究工作中。

“我们观察事物本身，世界就是我们所观察到的……普通人和哲学家共同信仰的东西……这信仰的奇怪之处……就是，如果我们自问，我们是谁，什么是观察，事物或世界又是什么，我们就像是闯入了充满困惑与矛盾的迷宫之中。”（Merleau-Ponty，1968：3）我们不能对知觉或知觉者与被知觉物进行区分，我们也不能对知觉与知觉指向的对象进行区分。“问题可能不在于坚持知觉的确实性，否认被感知物体的确实性……看，就是看某东西。看红色的东西，就是看在现实中存在的红色的东西。”[①]（Merleau-Ponty，1999：374）梅洛-庞蒂的现象学试图通过第一人称视角对经验进行直接描述（也就是在知觉情境中对正在经验到的经验进行描述）。梅洛-庞蒂不赞同胡塞尔的重返事物本身的观点，因为重返某物表明情境在某种程度上是无意义的，也就是重返那个先于知识而存在的世界。现象学试图发现的文明的精神“不是能被客观思维理解的一种物理-数学形式的规律，而是对他者、大自然、时间和死亡的一种唯一行为的方式，使世界成型和历史学家能够重述和接受的它的某种方式”[②]（Merleau-Ponty，1999：xviii）。从根本上讲，我们不能在研究者与被研究的世界之间做出区分，研究者现在以及将来都会一直与观察对象，或者更具体地说，与所看之物保持着内在联系。

72

小　结

现象学对知觉性质和抽象性质进行了区分。试想斯诺克比赛中的两个红球 A 和 B。球 A 的红色肉眼可见，那红色就在球 A 所在的地方。同样，球 B 的红色也在球 B 所在的地方。此外，球 A 的红色被认为与球 B 的红色不同，因为两球所在的位置不同。根据现象学，抽象的色度或者说普遍的红存在，人们不仅能够知觉到红的个例，还能知觉到普遍的红。这种知觉被称为“本质直观”（eidectic intuition），我们借助本质直观获得关于世界的本质知识。这意味着普遍的红或柏拉图式的红，永远不能被人们完全认识，这种观点在某种程度上与后实证主义的批判实在论相

---

① 译文引自梅洛-庞蒂：《知觉现象学》，姜志辉译，北京：商务印书馆，2001 年，第 470 页。

② 译文引自梅洛-庞蒂：《知觉现象学》，姜志辉译，北京：商务印书馆，2001 年，第 15 页。

契合。后实证主义者承认外部实在，也就是本例中的普遍的红存在，但不能被人们完全理解或完全知觉。

相反，现象学的本体论和认识论立场表明，实在是由人类创造的。它不是唯我论的实在，而是需要人或人的心灵与世界产生互动才能在世界上存在或形成的实在。其中包含的观点如下：人是限定和决定各种不同感知实体的决定性因素。普遍的红之下存在的不同红色分属于不同的情境，这些情境可在一个普遍概念之下被单独研究。我们能够根据一个情境概括出另一个相似的情境，这是对实证主义和后实证主义本体论，以及认识论和方法论的挑战。

当我们将知识分为两个方面（直接知识和间接知识）时，现象学方法体现得更为明显。本质可以被直接认识，但知觉对象只能被间接认识。精神世界与自我也是存在的。这些东西如何被我们认识呢？与本质一样，意识也是被直接认识的，但外部对象却不能被直接认识。主体世界与客体世界有所不同，后者不像前者，后者从来不能完整呈现。但作为一切精神活动的来源地的自我，只能以知觉对象的方式呈现在我们面前，因此，自我只能被间接认识。个人的世界或主体性可被分为一个当下部分（意识）和两个超验部分（知觉对象和自我）。意识很独特，因为我们直接真正认识的东西只能是意识。主体是研究过程中的重要组成部分，这种观点倾向于历史的、相对主义的本体论。实际上，当我们谈及人的在世，谈及非生物对象、大多数生物以及此在之间的区别时，其中的差别还是很明显的。非生物对象不能将自身与它们的存在相关联，我们可以从实证主义和后实证主义立场对它们进行研究；人类则可以认识他们是什么样的存在、他们是谁，而对人的理解和研究要困难得多。换言之，因为“此在本质上总是它的可能性，所以这个存在者可以在它的存在中‘选择’自己本身、获得自己本身；它也可以失去自身，或则说绝非获得自身而只是‘貌似’获得自身”[①]（Heidegger，1962：68）。如果不借助现象学研究和现象学对本质进行理解，我们要如何理解实证主义和后实证主义所提出的简化过程呢？在一个变化无常的世界里，现象学依靠许多不同的、含糊的可变因素来理解正在形成的存在者，以确保这种理解是深刻的。这不是为了强调信度或实验的可重复性，而是为了突出情境的有效性，我们需要利用基于现象学方法的研究范式，现象学方法认为，在解释人类行为的过程中，主体与客体之间存在联系（表 4.1）。

① 译文引自海德格尔：《存在与时间》，陈嘉映，王庆节译，北京：生活·读书·新知三联书店，1987 年，第 53 页。

73 **表 4.1　现象学的类型**

类型	内容
胡塞尔（先验现象学）	先验现象学主要关注信念或愿望的内容，以及这些内容之间的关系，不太关注意识行动
海德格尔（诠释现象学）	诠释现象学主要关注生活世界，并且注重揭示、澄清和阐明，对人类存在中的琐碎内容的理解是十分重要的；意识与世界不是彼此分离的存在者，它们是生活经验的整体建构
梅洛-庞蒂（不可剥夺的呈现）	世界就在那里存在，在我们开始进行研究、理解和反思之前，我们已经处于世界之中，世界具有“不可剥夺的呈现”

总之，本章回顾了几种观点，它们都是对实证主义的批判，这些观点包括胡塞尔、海德格尔及梅洛-庞蒂的现象学立场。实证主义认为，外部世界存在，我们能够以客观方式知觉它，而现象学则主张，“实在并非供心灵进行复制的客观存在者；而是心灵的某种认知活动的产物……因此，并不存在客观性。或者假如客观性存在，它也只能存在于这样一些知识中，即那些阐述可能的知觉形式、各种知觉形式之间的关系以及它们的相互依赖性的知识，这些知识可以被还原为某种规则，并且以总体形式再现，它将主体作为一个整体来知觉。它是关于先验认知者的知识，我们的一切知觉都在先验认知者中发生，或者通过先验认识者而发生”（Mairet，1973：13）。事实上，对人的解释不得不从主体开始（Sartre，1973）。此外，实证主义坚持外部视角，而现象学则试图从内部视角做出理解和建构。不过，虽然这些范式乍一看大相径庭，但如果我们对现象学和后实证主义的一些细微差别进行研究与分析，就会发现二者的相似性，它们在本体论、认识论和方法论立场上的区别与联系也变得愈加清晰。例如，胡塞尔在其早期著作中曾期望以事实
74 性为起点对人类和世界进行认识。这一方面需要某种先验哲学，另一方面，世界在我们开始反思之前已然存在。从这个角度看，二元论观点倾向于后实证主义立场，与此同时，先验论则更多地包含相对主义和唯我论自我。现象学从事的哲学是一门严谨的科学，它是对我们生活的空间、时间和世界的理解。第 5 章将探讨批判理论研究范式，并将进一步阐明本章所提到的各种相似点和不同点。

扩 展 读 物

Critchley, S. and Schroeder, W. R. (1999) *A Companion to Continental Philosophy*. Oxford: Blackwell.

Honderich, T. (1995) *The Oxford Companion to Philosophy*. Oxford: Oxford University Press.

Kearney, R. and Rainwater, M. (eds) (1998) *The Continental Philosophy Reader*. London: Routledge.

Moran, D. (2008) *Introduction to Phenomenology*. London: Routledge.

Sartre, J. P. (1973) *Existentialism and Humanism*, trans. and intro. P. Mairet. London: Methuen.

第5章 批判理论

引 言

探讨过实证主义与现象学立场后，第 5 章将转而讨论批判理论，并指明后实证主义给社会科学（这些社会科学都寻求从历史及主要是定性的角度辨析和质疑社会制度所发生的变化）带来的问题。批判理论最早由法兰克福大学（University of Frankfurt）的社会研究所（Institute of Social Research，ISR）于 19 世纪 20 年代末提出；之后，大多数评论家都主张批判理论立场是由法兰克福学派的成员们发展起来的。但是，当我们考察法兰克福学派成员的著作时，没有一人声称他们已经形成了进行社会研究和批判的统一进路。

批判理论源于对德国社会思想和德国哲学的批判，特别是继承了卡尔·马克思、马克斯·韦伯（Max Weber，1864—1920）、西奥多·阿道尔诺（Theodor Adorno，1903—1969）、艾瑞克·弗罗姆（Erich Fromm，1900—1980）、马克斯·霍克海默（Max Horkheimer，1895—1973）和赫伯特·马尔库塞（Herbert Marcuse，1898—1979）等人的观点。马克思主义是一种批判理论，因为它批判资本主义，并揭露了现存制度存在的问题，韦伯的合理化理论（theory of rationalisation）及其对人类精神的限制效应也是如此。实际上，马克思和韦伯的观点可以通过批判理论立场被融合在一起。总体上讲，阿道尔诺、弗罗姆、霍克海默和马尔库塞都主张，现代社会是否认个人自由的极权主义政体（totalitarian regime）。在较早的著作中，这被认为是对资本主义生产方式的马克思式理解，而后来的观点则更强调技术和工具理性（instrumental reason）（这些观点和思想将在下文中详细探讨）。工具理性主张，理性只与达到个人目的的有效手段有关。实际上，与韦伯的客观因果性相反，法兰克福学派的理论基础是新马克思主义的辩证理性和主体趋向。法兰克福学派有两代思想家：第一代主要是阿道尔诺、弗罗姆、霍克海默和马尔库塞；第二代包括许多学者，其中以尤尔根· 哈贝马斯最为杰出。第一次世界大战（1914～1918 年）余波未平，19 世纪二三十年代又出现了经济大萧条、失业和恶性通货膨胀，批判理论的主要宗旨就是对这一时期的现代主义观点进行必要的重新解读。人们已然认识到了资本主义正在发生改变，因此，阿道尔诺、弗罗姆、霍克海默和马尔库塞都对资本主义在权力和统治力方面的变化进行了评估与分析。

随着民族社会主义党[1]人掌握了政权，法兰克福学派的主要成员纷纷离开德国前往美国西海岸定居。彼时，美国学术领域充满了实证主义色彩，即使在社会科学中，实证研究模式也被认为是理所当然的，批判理论家对此感到十分震惊。事实上，批判理论被视为一种暂时将研究人员从一般的后启蒙主义思想，尤其是实证主义的束缚中解放出来的方法。沿袭了康德传统的弗罗姆这样写道，即使

> 启蒙运动（的思想）教导人们，人应该相信自己的理性，以引导自己建立正确的伦理规范；人应该信赖自己……而对人的自主精神和人的理性与日剧增的怀疑，产生了道德上的混乱。人既失去了权威的领导，又失去了理性的指引。[2]（Fromm，1997：3）

启蒙运动清除了人们的精神引导和理性引导，这导致自然界成了外在于人类的客观存在。“人类为其权力的膨胀付出了他们在行使权力过程中不断异化的代价。”[3]（Adorno and Horkheimer，1997：9）

批判理论进路中出现了一种“可能性话语”（discourse of possibility），其本质上与社会科学领域内发生的辩证改革以及这些改革可能引发的更大社会变革有关。黑格尔和马克思这样的思想家提出了关于精神和历史的辩证永恒定律，以及（至少在某种程度上）人类决定着自己的命运和自我的存在这一观点。与启蒙运动相比，这些思想给予了社会研究巨大的动力。实际上，批判理论被认为是一种普遍化立场，不同的思想流派或学派在这里借助教育传播价值观、学术理解和知识，从而培养更有思想的批判者去质疑当下的社会现状。批判理论的主要目标是基于哲学观点和经验研究构建社会理论的。霍克海默（Horkheimer，1972）认为，研究工作应当避免个人与社会结构之间的对立，我们应当欣然接受主客体间的关系。

什么是批判理论？

究竟什么是批判理论呢？一般来说，我们可以主张批判理论是“一种解释进路，它的主要兴趣显然在于批判性地探讨实际的社会现实问题……它的目的……
77 是实现人类的解放，但它并不以严格的文献形式来进行批判性解释”（Alvesson and Skoldberg，2009：144）。不幸的是，出于多种原因，上面这个问题很难回答。正

---

① 译者注：民族社会主义党即民族社会主义德国工人党，也就是纳粹党。

② 译文引自弗罗姆：《为自己的人》，孙依依译，北京：生活·读书·新知三联书店，1988 年，第 26 页。译者注：这段引文作者标记的出处为《占有还是生存》（1997 年），实际出处为《为自己的人》（1990 年）。

③ 译文引自马克斯·霍克海默，西奥多·阿道尔诺：《启蒙辩证法》，渠敬东，曹卫东译，上海：上海人民出版社，2006 年，第 6 页。

如你可以想象到的，批判理论的本质使人们对于它究竟涵盖什么内容持有许多不同意见，对于什么可以成为否定批判理论前提的决定性观点，人们也存在不小的分歧。这样就出现了许多不同的批判理论，它们使批判理论本身成了一组不断发展的辩证观点。当然，各种批判理论之间也存在一定的相似性，它们都对西方社会的自满情绪进行了批评，并且认为精英统治和意识形态应当受到质疑，我们应当追求更大的平等和自由。不仅如此，大部分批判理论家都认为，单个假设容易受到社会和历史强力的影响，而历史实在论则为我们提供了一种统一的本体观。

我们能够根据这些相似性对批判理论的共同点进行综合，从而为一种具有特定本体论、认识论和恰当方法论进路的研究范式奠定基础。这样的综合可以揭示出机构、团体和个人所具有的不同权力地位，以及它们之间的互动在社会事务中的作用。此外，这种综合还明确了阻碍人们掌握自己命运的那些规制和规范，那是剥夺人们的决定权，使人们不得不接受控制的手段。通过厘清权力与控制的关系，政府可以延续下去，而人类也可以获得解放。当然，个人永远不可能从他们自己创造并由此发源的社会和历史结构中获得完全的自由。权力通过塑造意识而支配着社会生活中的人类。尽管批判理论家并不赞同这一点，但我们可以主张，正是权力构成了社会存在的基础，因为权力构建了社会和经济关系；也就是说，权力是一切政治、社会和组织关系的基础。

霍克海默所支持的一种早期批判理论认为，批判研究范式就是关于如何将批判理论与日常生活联系起来以便消除社会不公的范式。正如阿道尔诺和霍克海默所主张的，批判理论的一个主要关注点就是社会统治的终极根源或基础。对于阿道尔诺和霍克海默（Adorno and Horkheimer，1997）而言，政府对经济的介入消除了“生产关系”和“社会物质生产力”之间的资本主义矛盾，在传统批判理论看来，正是这一矛盾构成了资本主义社会的主要矛盾。市场（作为商品分配的无意识机制）及私有财产被集中计划和产品的社会公有所取代。不过与马克思的预言相反，这并没有带来革命，反而导致了法西斯主义和极权主义。同样，当生产力与生产关系结合在一起时，批判理论也同样分崩离析，没有留下任何有价值的东西。在阿道尔诺和霍克海默看来，这导致了一个问题，即如何解释为什么在没有矛盾的情况下统治仍然能够维持下去，因为根据传统的批判理论，矛盾才是统治的根源。霍克海默、阿道尔诺、马尔库塞和弗罗姆都拒斥实证主义，并且试图建立“既具有哲学形式又（包含）实践的、政治的重要性的社会理论”（Alvesson 78
and Skoldberg，2008：145）。

客体观察者的观念受到了挑战，“获取知识的具体方法论规则”也遭到了质疑（Alvesson and Skoldberg，2008：145）。知识承认常识性知觉具有不透明性，因为正如柏拉图的洞穴理论所指示的，我们的所见并不与实在相对应。大多数人都是“半醒半睡的”，获得知识意味着“由表及里地……‘观看’赤裸裸的现实。知……

是穿透表面现象批判地、积极地去接近真理”[①]（Fromm，1997：33）。

20世纪60年代，哈贝马斯将认识论探讨提升到了一个新的高度，他认为，批判知识所基于的原则将理论的目标定为自我反思和解放，由此将批判理论与自然科学和人文科学区分开来。阿道尔诺和霍克海默认为，现代社会表现出从启蒙运动的解放向奴役状态的转变。实际上，启蒙运动与实证主义是相同的，因为“对启蒙运动而言，不能被还原为数字的，或最终不能被还原为太一的，都是幻象；近代实证主义则把这些东西划归文学虚构领域”[②]（Adorno and Horkheimer，1997：7）。“抽象的同一支配使得每一种自然事物变成可以再现的，并把这一切都用到工业的支配过程中，在这两种支配下，正是获得自由的人最终变成了‘群氓’，黑格尔称他们是启蒙的结果。”[③]（Adorno and Horkheimer，1997：13）

霸权和意识形态

霸权（见定义栏）是批判理论产生的一个重要因素，当权力不是通过武力而是通过屈从得以实施的时候，霸权就会存在。人们接受了媒体、家庭、学校等文化机构所传播的思想，从而屈从于他们的统治者。即使那些洞悉霸权的学者也会受到它的影响，因为对世界和知识领域的理解是由不同且相互竞争的社会规范所构建的。某些特定的社会关系是合法的，这些社会关系规定着事物的自然秩序，我们对霸权表示屈从。不过事情并不总是这样，因为不同的社会群体立场不同，他们都在竞争霸权。批判理论家指出了其中的差别，并将其用于自己的研究工作中。鉴于此，我们很难将霸权思想与意识形态剥离开来。霸权指出了权力机构如何通过意识形态使被统治者接受其统治。意识形态包括意义、规范、价值观和仪式，它们有助于人们接受社会环境、认可个人在社会中的地位。霸权主义意识形态使批判理论家能够理解统治的复杂本质，也使他们对霸权的理解超越了“权力
79 就是强权政治”的层面。霸权通过媒体、教育和政治等手段控制着个人的思想，使他们一如既往地接受压迫，接受那唯一可能存在的社会环境。改革既不可想象，也不可能实现。

批判理论家将霸权主义意识形态理解为一种手段，即意识形态和话语构建我们关于实在的本体论立场或观点的手段。因此，不同的意识形态立场在不同的时间点出现，并成为历史实在（historical reality）本身，以及历史实在经由辩证改革

① 译文引自弗罗姆：《占有还是生存》，关山译，北京：生活·读书·新知三联书店，1989年，第45页。

② 译文引自马克斯·霍克海默，西奥多·阿道尔诺：《启蒙辩证法》，渠敬东，曹卫东译，上海：上海人民出版社，2006年，第5页。

③ 译文引自马克斯·霍克海默，西奥多·阿道尔诺：《启蒙辩证法》，渠敬东，曹卫东译，上海：上海人民出版社，2006年，第9页。

发生改变的基础。实际上，认识论观点将研究者置于一个世界中，这个世界正是由身处权力控制下的人所创造的。这决定了个人、群体和阶级之间存在持续不断的斗争。批判理论家借助他们对霸权主义意识形态的理解来考察不同阶级和群体之间的关系，以及他们描绘和坚守的价值观、动机及前景。而且话语是历史的，它不是对社会的清晰反思，而是一种变动不居的实践，其意义随着应用语境的变化而变化。话语不是对外部世界的中立客观的描述，而是一座我们用各种建筑材料建造的大厦。

关注霸权主义意识形态对经济决定论和启蒙思想——一些评论家认为这些观点是马克思和弗里德里希·恩格斯（Friedrich Engels）在《共产党宣言》（1848年）中提出的——具有启示作用。一些思想家将马克思和恩格斯的观点解读为只注重经济基础，而不关心辩证改革的社会政治活力论（dynamism）。在马克思看来，经济基础决定上层建筑，或者说经济因素决定社会生活中的其他因素。虽然在马克思去世后，恩格斯否认了这一点，不过在《共产党宣言》和《资本论》中，他的观点确实如此。恩格斯指出，历史唯物主义包括实在的生产和再生产，然而他和马克思都没有对此提出更多论断。实际上，恩格斯表示，经济决定论毫无意义，许多与上层建筑（意识形态、政治、文化）有关的变量都是辩证过程中的一部分。新马克思主义者，如安东尼奥·葛兰西（Antonio Gramsci）就赞成这种观点，并进一步主张，（经济）基础和上层建筑之间通过霸权及意识形态产生相互作用。法兰克福学派则在新马克思主义思想的基础上主张存在许多权力形式，比如种族权力、性别权力和阶级权力。

定义栏

霸权

霸权是精英统治者得到被统治者的屈从并在其权力范围内对被统治者进行统治的手段。统治者的世界观在整个社会范围内传播，以便这些世界观可以成为人们的共识，质疑这些社会规范看起来毫无意义。霸权主义隶属关系的实行 80
依靠“武力和屈从的结合，二者相互平衡，武力不会在屈从者身上被过度使用”（Gramsci，2005：80）。统治者努力确保大多数人赞成或屈服于武力，并借助“所谓的公众舆论机构——新闻和协会——在某些情况下还会人为增加其他方式”（Gramsci，2005：80）将其表达出来。霸权主义显示出精英政治如何通过屈从而非高压政治来保持其管理和统治。任何社会中的竞争集团都必须首先掌控其社会内部的思想观念；“社会集团必须在掌握政权之前就已经获得了领导权”（Gramsci，2005：57）。领导权是掌握政权并在随后行使权力的先决条件，统治只能通过霸权式屈从得到合法化并维持下去。

批判理论对工具理性和实证主义的批评

正如上文所述，批判理论家也对与启蒙思想关系密切的工具理性观念提出了批判。这种理解理性的方式注重实证主义方法论和对问题的简化。研究仅局限于回答“怎么样”或“如何去做”，而不是“为什么”或“为什么应当这样”。批判理论家主张，实证主义进路更多的是在指导研究者的研究流程或方法，而不去关心研究过程中的人文因素。工具理性主要关注客体，它将事实与价值分离开来，这就遗漏了解释和理解过程中价值与事实之间的相互作用和迭代性质。

批判理论赞同的假设包括：

- 由社会和历史构建的权力关系影响、协调着所有的思想及观念；
- 事实和价值不可分离；
- 事实总是包含意识形态维度；
- 社会关系在观念和对象之间起协调作用；
- 标记与被标记物之间的关系始终变动不居；
- 资本主义生产和消费的关系影响着个人与社会的关系；
- 话语决定主体性；
- 特权和压迫是社会关系的主要特征；
- 当被统治者接受他们的社会地位无论如何都不会改变时，压迫就更为频繁；
- 压迫是多方面的；
- 实证主义是精英式研究，它无意中复制了现存的社会关系。

81 批判理论与人的赋权（empowerment）有关，它应当对社会关系和社会存在中的不公现象提出挑战。多数传统研究进路的目标只是描述、理解和解释，而在批判理论看来，改革式的、自觉的解放才是最重要的，它是从事政治活动的第一步。研究不是为了积累知识，而是为了参与政治活动和社会改革。

反思或者说有意识的自我批评是批判理论的主要机制。与自我意识的主体性、主体间性（inter-subjectivity）、规范性道德以及认识论规则有关的基本意识形态立场都会得到清晰的陈述。主体在认识论和政治观点方面形成的前概念也包含在研究过程中。这些与研究相关的内容都会得到反思和分析，而且可能会随着研究过程的推进而发生改变（更多关于反思的内容见第 13 章）。

反思栏

意义的重连

我们不会把职场中存在的恃强凌弱解释为具有社会病态心理的个人实施的个别行为，而是把它当作对一类行为（违法行为和对违法行为的抵制）的描述，我们根据日常交往中所形成的无意识政治观点来界定这些行为，并且这些行为都与种族、阶级和性别压迫中的权力关系有关。

请思考恃强凌弱如何被认定为是一种社会现象，并分析它与权力的关系。

研究假设之所以改变是缘于实现了人的解放，解放体现在两个方面：研究者与被研究对象之间产生了相互作用；意识到统治阶级的文化不是事情理所当然的状态。改变包括更深刻地理解“自我”和社会/“他者”，以便能够深刻地揭露社会存在的不平等、不公平和剥削。批判理论要求重建世界观，重建的方式是对那些看似常规或自然而然的事物进行质疑甚至破坏。研究需要将目标重新定位于实行改革，以减少压迫和独裁统治（见上方的反思栏）。那些与“事物如何形成”有关的问题是最重要的，而且它与现象学观点的联系十分紧密。批判理论挑战了实证主义观点和研究传统，并质疑了制度安排究竟应当服务于谁的利益。符合论也受到了挑战，因为人们主张事实是根据价值和意义建构的。相较于一个不够理想化的世界而言，从事批判研究就是要建立一个以平等、自由和公平为基础的批判世界，批判理论为这个残酷的世界保留了一线希望。

批判理论对当时处于主流地位的实证主义观点进行了批判。实证主义为处在资本主义上升期内的科学研究和知识积累奠定了基础，但是到了20世纪，它已经满足于现状而裹足不前了。霍克海默在其《传统理论与批判理论》（*Traditional and* 82
critical theory）一文中这样问道：“理论是什么？”他认为对于大多数研究个体来说，“理论……是关于某个主题的命题总汇；这些命题之间紧密相连，有几个是基本命题，其他命题由基本命题推出”[①]（Horkheimer，1972：188）。在社会科学研究中，基本命题既可以由归纳又可以由演绎的方式获得，之后研究者尝试“从对社会现象的描述艰苦地上升到对它们的详细比较，然后才能形成一般概念”[②]（Horkheimer，1972：192）。如何获得基本原则不是最重要的，重要的是概念性知识与它所源于的事实之间存在断裂，或者说与那些将要归入这一框架的事实之间存在断裂。实际上，对于传统理论而言，“个别客观事实的起源、思想借以把握事实的概念系统的实际应用以及这类系统在活动中的地位，都被看作是外在于理论

① 译文引自马克斯·霍克海默：《批判理论》，李小兵，等译，重庆：重庆出版社，1990年，第181页。

② 译文引自马克斯·霍克海默：《批判理论》，李小兵，等译，重庆：重庆出版社，1990年，第185页。

思想本身的东西”①（Horkheimer，1972：208）。相反，批判理论主张，这是一种错误的割裂或离间，研究者也是所研究对象的一部分，主体不可能摆脱与客体的关联性。研究者既不内嵌于社会之中，也不抽离于社会之外。价值、行为、知识和理论的产生是不可分割的。批判理论追求自由和改变，而传统理论则认为“一般说来，个人必须坦白地承认他存在的基本条件是给予的东西，他必须努力完善它们”②（Horkheimer，1972：207）。

阿道尔诺和霍克海默（Adorno and Horkheimer，1997）对该问题进行了进一步思考并考察了两方面原因：

●追求从外界的强制和压迫中获得解放；
●工具理性和技术控制。

前者与批判理论有关，后者则与启蒙思想相关，并且在20世纪初期成了极权主义、法西斯和纳粹主义的思想基础。实证主义与启蒙思想有一点是相同的，它们都认为“任何不符合算计与实用规则的东西都是值得怀疑的”③（Adorno and Horkheimer，1997：6）。与阿道司·赫胥黎（Aldous Huxley）的小说《美丽新世界》（*Brave New World*）一样，他们也主张启蒙的最高境界是无思维的快乐和有限的分析能力。“快乐意味着什么都不想，忘却一切忧伤。根本上说，这是一种孤立无助的状态。其实，快乐也是一种逃避，但并非如人们认为的那样，是对残酷现实的逃避，而是要逃避最后一丝反抗观念。娱乐所承诺的自由，不过是摆脱了思想和否定作用的自由。”④（Adorno and Horkheimer，1997：144）“我们每个人天生都具有感应理智及真理的潜能”，但是“对一些非理智及虚伪的事物，亦具有反应趋势——特别是……当一个虚伪事物能够唤起某种欢愉之情，或非理性事物能够击中我们身内原始部分”⑤（Huxley，1994：47）。批判理论观点承认我们的推
83 理能力，真理质疑了对立面并催生了反抗。不仅如此，马尔库塞（Marcuse，2004）还确定了市场和大众传播媒体如何成功地实现了控制和期望，以及需求的标准化。市场和大众传播媒体能够实现社会控制，并使个人成长为可塑的、可预测的人，这样的人不经批判分析就接受了社会环境和消费主义。他主张当代社会遵守抑制

① 译文引自马克斯·霍克海默：《批判理论》，李小兵，等译，重庆：重庆出版社，1990年，第199页。

② 译文引自马克斯·霍克海默：《批判理论》，李小兵，等译，重庆：重庆出版社，1990年，第198页。

③ 译文引自马克斯·霍克海默，西奥多·阿道尔诺：《启蒙辩证法》，渠敬东，曹卫东译，上海：上海人民出版社，2006年，第4页。

④ 译文引自马克斯·霍克海默，西奥多·阿道尔诺：《启蒙辩证法》，渠敬东，曹卫东译，上海：上海人民出版社，2006年，第130页。

⑤ 译文引自赫胥黎：《再访美丽新世界》，蔡伸章译，台北：志文出版社，1996年，第64页。

(repression)原则，自由和解放可以被用作一个“强有力的统治工具”[①]（Marcuse，2004：9）。现有的选择并不决定“人类的自由程度……而是个人能够选择的是什么和实际选择的是什么……自由选择主人并没有使主人和奴隶归于消失”[①]（Marcuse，2004：9-10）。

批判理论与哈贝马斯

哈贝马斯主张，控制和理解都应服从于自由和解放。社会科学应当首先理解“个人或群体被意识形态扭曲的主观情境……探寻导致这种情境的那些强力，并且……表明这些强力可以通过受压迫的个人或群体对这些强力的觉知而被战胜”（Dryzeck，1995：99）。这种转变需要通过在社会科学中采用解释的、现象学的进路从而对后实证主义提出挑战。在这样的情况下，我们不是借助实验来完成证实，而是通过参与研究过程的那些实验人员的活动来证实，这些实验人员经过深思熟虑做出了决定，他们的立场来自他们的亲身经历以及他们缓解压力的方式。后实证主义在这方面可以被看作是占据主流地位的理论形式，但它曲解了与自由观念和自由过程有关的实在。批判理论应当首先“理解个人或群体被意识形态扭曲的主观情境，其次……探寻导致这种情境的那些强力，最后”通过让处于该情境中的个人或群体认清这些强力，“表明导致这种情境的那些强力可以被战胜”（Dryzeck，1995：99）。因此，批判理论包含反思活动，尤其是参与研究工作的个人或群体所进行的反思活动。

批判理论表明了“自由真理”和“公正”这样的自由主义理想的真正基础和“正确内容”是什么，并且使用它们去改善人类的存在。在哈贝马斯（Habermas，2004）对其批判理论的介绍中，他确保我们需要进行基本的范式转换。对理论的理解必须从智力环境（intellectual situation）——在此环境下目的使手段或工具主义合法化——转向交往理性（communicative rationality）居于中心地位的环境。后实证主义在追求客观性的过程中忽略了我们用于构建世界的世界观、价值观和规范，因此它不能完全理解社会现象。

“哈贝马斯能够利用现象学、民族志和语言学的发展，于是……预料到了实证 84
主义的衰落和解释主义的兴起。”（McCarthy，1999：400）不过他也认为，将社会研究还原为意义的解释是无益的，因为这样的意义在揭示和表达人的状态时也会隐匿、歪曲那些状态。哈贝马斯一方面对实证主义的早期拥护者进行了历史分析，另一方面分析了它与启蒙运动的联系，他试图通过这样的方式确定实证主义的主要问题。

---

① 译文引自赫伯特·马尔库塞：《单向度的人》，刘继译，上海：上海译文出版社，1989年，第8页。

> 理解[异己者]的主体同对方（他我）的参与关系，代替了受监督的观察……范式不再是观察，而是询问，是交往；理解[异己]的人始终必须把他的主体性的可监督的那些部分纳入这种交往之中[①]。（Habermas，2004：10-11）

根据皮尔士对自然科学的反思、威廉·狄尔泰（Wilhelm Dilthy，1833—1911）的历史文化探索，以及弗洛伊德（Freud）的自我反思，哈贝马斯发现了许多不同类型的知识，他主张，“知识结构与在人类学方面处于更深层次的人的兴趣有内在联系”（McCarthy，1999：401）。他区分了由实证主义的预测、控制和客观化过程所代表的技术兴趣（technical interest）、相互理解的实践兴趣（practical interest），以及在个人主体间自由地进行不受曲解的交往的解放兴趣（emancipatory interest）（McCarthy，1999：401）。哈贝马斯试图“重建人类的形式化过程，现象学的自我反思旨在扩展对社会群体的实践式自我理解。作为对意识形态的批判，它从理想化社会秩序的立场出发——这些理想化社会秩序建立在不受曲解的公众交往基础上——对与权力集有关的意识表现形式的发展过程进行了分析”（McCarthy，1999：401）。批判理论“使用解释学上规范的解释，这就是说，我们用解释学来代替测量程序；但解释学并非测量程序”[②]（Habermas，2004：11）。

“批判的社会学从意识形态批判上，探讨事实上流行的共识，这种共识维护始终起作用的种种传统；它关注的是不明显地进入到语言和行为系统的符号结构中的权力关系。”[②]（Habermas，2004：11-12）这可以通过交往能力（communicative competence）来实现，交往能力借助说出的语句，通过组织“与‘外部世界’——客体和事件、‘内部世界’——言语者自身的经验，以及‘社会世界’——全社会共有的规范性期望有关的语句”（McCarthy，1999：401-402）将主体性与客体性汇集在一起。它承认存在许多真理，并声称关于外部世界和活动的真理与“人类共享的社会世界”有关（McCarthy，1999：402）。社会系统不同于机械系统，它会对学习和主观倾向进行反思，并且它是“在交往框架下形成的”（Habermas，2004：
85 12）。相应地，一个社会科学理论系统“必须同也考虑到与主体通性的关系以及自我同一性（identity）与集体同一性之间的关系的日常语言交往的理论联系起来加以阐述”[③]（Habermas，2004：13）。

---

① 译文引自尤尔根·哈贝马斯：《理论与实践》，郭官义，李黎译，北京：社会科学文献出版社，2004 年，第 11 页。

② 译文引自尤尔根·哈贝马斯：《理论与实践》，郭官义，李黎译，北京：社会科学文献出版社，2004 年，第 12 页。

③ 译文引自哈贝马斯：《理论与实践》，郭官义，李黎译，北京：社会科学文献出版社，2004 年，第 13 页。

小 结

批判理论的一般本体论观点是这样的：实在由社会和历史过程塑造，这种观点可以被定义为"历史实在论"。批判理论范式的认识论观点认为，因为研究者和研究对象通过历史价值观产生内在联系，而这些历史价值观必定会影响研究过程，所以我们只是"找到了"（discover）研究结果和理论观点。这引出了一种特定的使用对话或辩证法的方法论。研究者与研究对象之间需要对话，过去与现在之间也需要对话。该方法论中的结构是可变的，而且行为影响着那些变化。在这种语境下，与历史环境有关的理论也是可变的。理论由处于历史和文化环境中的人提出，研究者与研究对象之间的相互作用及历史价值观都影响着研究者对问题的分析。

> **定义栏**
>
> **历史实在论**
>
> 历史实在论的一个例子是民族国家（nation-state），其在国际关系中的地位不断变化，并且这还引发了其他问题，比如关于主权和民主责任等观念的问题。随着民族国家的地位不断变化，我们对它的理解也在不断变化，这影响着我们根据国家、民族和主权的地位对实在进行的理解。实际上，欧洲联盟（European Union，EU）和一些国际机构对这些问题的变化产生着影响，它们成了理论及经验结果发生改变的推动力（Howell，2004）。

> **定义栏**
>
> **理论**
>
> 理论并非如实证主义立场所定义的那样——在实证主义立场下，永恒定律永远都是有效的预测手段，或者直到被取代，它们一直都是有效的预测手段——理论是在历史语境中形成的，理论由历史语境中作为主体的人类所发展。

批判理论范式的基础是现象学，该理论所包含的观点一方面挑战了当时的主流观点，如新马克思主义、女性主义、决定论等；另一方面又提出了对实在的一 86
种特殊理解——实在是由"在时间的流逝中形成的社会、政治、文化、经济和性别观"（Gupa and Lincoln，1994：105）所构建的。实际上，在研究真理的本质时，海德格尔的起点正是"真理是什么"这个问题——该问题引出了历史反思，他指

出，追求真理就是要在历史语境下理解真理，把真理作为对过去的反思。（只有）人类

> 才可以是历史的，即可以屹立并且确实屹立于一个充满目标、标准、内驱力和权力的开放区域，人们以塑造、管理、开展活动和容忍的方式存在并对抗着这个区域。只有人才是历史的——他的存在作为一个整体呈现在所有存在者面前，在与这些存在者进行交往的过程中，他使自己获得了必要的自由。（Herdegger，1994：34）

该观点中包含历史本体，即一个历时的、在世界上存在的过程。历史本体的一个例子是民族国家，其在国际关系中的地位不断变化，并且这还引发了其他问题，比如关于主权和民主责任等观念的问题。随着民族国家的地位不断变化，我们对它的理解也在不断变化，这影响着我们根据国家、民族和主权的地位对实在进行理解。实际上，这些变化影响着存在以及我们对与存在有关的世界的理解，它们是理论及经验结果发生改变的推动力（Howell，2004）。

现象学也体现在批判理论范式的认识论方面，它认为，我们只是找到了研究结果和理论观点，因为研究者和研究对象通过历史价值观产生内在联系，而这些历史价值观必定会影响研究过程。不过在该语境中，本体论和认识论的区分已经被打破。例如，“海德格尔以本体论问题取代了认识论问题，从而打破了胡塞尔和笛卡儿的传统”（Dreyfus，1991：3）。涉及研究者与研究对象之间关系的问题取代了下面的问题，即我们可以认识什么以及人类如何与世界的可理解性紧密联系在一起（Dreyfus，1991）。我们认识世界的方式被重新评估，“通过参与到不可思议的日常生活中——揭示未曾注意到的形而上学预设，以便理解日常生活和隐匿在日常生活背后的东西”，我们可以对存在形成更清晰的理解和解释，世界可以被我们认识（Faulconer，2000：3）。

扩 展 读 物

Adorno, T. W. and Horkheimer, M. (1997) *Dialectic of Enlightenment*. London: Verso.

Critchley, S. and Schroeder, W. R. (1999) *A Companion to Continental Philosophy*. Oxford: Blackwell.

87 Denzin, N. and Lincoln, Y. (1994) *The Handbook of Qualitative Research*, 1st edn. Thousand Oaks, CA: SAGE Publications.

Denzin, N. and Lincoln, Y. (2000) *The Handbook of Qualitative Research*, 2nd edn. Thousand Oaks, CA: SAGE Publications.

Denzin, N. and Lincoln, Y. (2005) *The Handbook of Qualitative Research*, 3rd edn. Thousand Oaks, CA: SAGE Publications.

Fromm, E. T. (1997) *To Have or to Be?* New York: Continuum.
Fromm, E. T. (2004) *The Fear of Freedom*. London: Routledge.
Honderich, T. (1995) *The Oxford Companion to Philosophy*. Oxford: Oxford University Press.
Kearney, R. and Rainwater, M. (eds) (1998) *The Continental Philosophy Reader*. London: Routledge.

第 6 章　建构论研究范式与参与论研究范式：引入行动研究

引　言

本章提出另外两种研究范式（建构论和参与论），它们与现象学借助“在世”和“不可剥夺的呈现”所构建的本体论观点有关。建构论认为，实在是局部建构的，其基础是共有经验，并且由于群体/个人在不断变化，建构论的本体观就是“相对主义实在论”（relativist realism）或“相对本体论”（relative ontology）。在认识论方面，建构论与批判理论相似，不过建构论认为，研究结果由共识和个人的建构——包括研究者的建构所创造。在该范式下，理论具有相对性和可变性，完全不可能具有信度和预测能力，并且因果关系也很难确定。纳冯（Navon）主张“对于理性主义者而言，心灵*揭示了*实在；对于后现代主义者而言，心灵*发明了*实在；而对于建构论者而言，心灵*创造了*实在，而且他们声称事实是由人类的意识产生的”（Navon，2001：624）。

参与论范式包含一种共同创造的实在，实在通过心灵与世界的相互作用被创造出来；换言之，实在中既存在主观成分又存在客观成分，参与过程创造了实在。对于参与论范式而言，经验是认识论的支撑基础；批判的主体性或反思性与实践世界产生相互作用，常识知识正是这样形成的。相应地，其方法论立场主张用日常存在和语言或话语（它们包含着研究过程的主要内容）来开展合作与研究活动。上述两种研究范式均是借助心灵与世界的相互作用构建和发展实在的。不过，参与论范式对行动研究的依赖性很高，因此本章将解释这种特定的研究方法及其与参与论范式的关系。行动研究认为，研究工作包括在研究领域内开展实验（Lewin，1946）。勒温[①]（Lewin，1946）主张，行动研究的实验必须以这样的方式来体现理论，即实验结果可以直接被反馈给理论，因为行动研究的基本假设正是理论可以直接体现在行动中。首先，本章阐述了社会构造论与社会建构论的区别。不过，在对这两种理论进行探讨之后，本章将使用建构论这个术语来表示一种普遍范式，

① 译者注：库尔特・勒温（Kurt Lewin，1890—1947），德裔美国心理学家，既是拓扑心理学的创始人，也是实验社会心理学的先驱。

该范式将构造论与建构论这两种既有差别又互为补充的立场融合在一起。社会与自然世界是不同的，基于这种假设，“建构论研究者试图理解语境中的意义……在既定语境中被经验和分析的人类行动和互动的意义性”（Greene，2000：986）。其次，本章对建构论进行了综述，并指出了其作为研究范式的优势和缺陷。此外还存在一种较强的、与参与论范式关系密切的建构论版本。最后，本章介绍了行动研究，更清晰地指明参与论范式如何支持、影响这种方法论进路。

社会建构论与社会构造论

社会建构论与社会构造论在如何形成和理解实在的问题上持有不同观点。前者认为，个人创造了世界并赋予其意义，后者则主张意义是通过社会改良和社会契约形成的。它们来自不同的方向，但二者也持有相似的观点，即认为实在不是外在于人类的存在的，而是由社会互动决定和界定的。符号互动论（symbolic interactionism）根据自我和其他界定个人及社会的概念对这一过程进行了辨析；“我们通过语言和结构成为一个普遍化的他者……我们获得了作为一个普遍化他者的自我意识”（Howell，2000：27）。

符号互动是人的独特行为，因为符号互动不只是对我们所解释或定义的人类行动的简单反应，它更是使我们成为人的一部分因素（Blumer[①]，1962）。人类具有并且能够实施指向自我的行动。米德（Mead[②]，1962）认为，对自我做出反应的能力是我们的核心生存机制。

> 该机制使人类能够针对环境中的事物对自我做出指示，进而通过他所注意到的东西去指导他的行动。人类所意识到的任何东西……都会对自我做出指示……人类的有意识的生活……即连续的自我指示流[③]。（Mead，1962：180）

从根本上讲，“个人通过……自我指示产生的行动通常都是在社会语境中发生的”[③]（Mead，1962：183）。换言之，社会和自我具有内在联系，我们很难将自我与社会区分开来。因此，即使社会建构论和社会构造论之间有差别——前者强调个人而后者强调社会，二者在实在如何形成或建构方面却是一致的。实际上，关于什么是社会建构论、什么是构造论存在许多不同定义。同样，关于自我和他

① 译者注：赫伯特·布鲁默 (Herbert Blumer，1900—1987)，美国社会学家，符号互动论的主要倡导者。

② 译者注：乔治·赫伯特·米德（George Herbert Mead，1863—1931），美国社会学家、社会心理学家、哲学家，符号互动论的奠基人。

③ 译者注：这段引文作者标记的出处为米德的《心灵、自我与社会》（1962 年），实际出处为布鲁默的《符号互动论》（1969 年）。

90 者在何处产生交汇并定义、确定和建构了实在这个问题也有许多不同看法，本章将这些术语置于一种普遍语境下（作为一种普遍的研究范式），并将统一使用“建构论”这一术语（见 Denzin and Lincoln，1994，2000，2005）。

建 构 论

对于建构论而言，只有人类才能发展知识，理解是由行动主体所实施的解释性建构。“建构论主张，任何所谓的实在在最直接、最具体的意义上都是由人建构的，那些人相信他们已经发现或明白了实在”（Watzlawick[1]，1984：10）。古帕和林肯断定，建构论范式的核心假设是实在并非客观地“在那里”，而是由人建构的，建构者受不同社会和文化因素影响，这些因素通向一种共享式结构（Guba and Lincoln，1989：12）。古帕和林肯同意那些由社会建构的实在并不独立于“观察者”（建构者），而是完全依赖于他/她，无论这些实在具有怎样的存在（Guba and Lincoln，1989：13）。外在的本体已经不是主要焦点，并且对于特定的现象学家来说，实在已经在心灵中存在，对该实在的证实蕴含关于何物存在的前概念。对建构论的批判主要包括相对主义还原和自我反驳。实在是建构的，因此所有的建构物都是真的实在。鉴于此，一种建构物中的真理可以在所有建构物中，或者在其他不同的建构物中成为真理吗？任何形式的普遍原理都可以实现吗？真理只能在既定情境中实现，在其他情境中则不能，因此，真理可以同时既真又假。不仅如此，因为两种社会结构的基础完全不同，所以二者的世界观不可通约，并且人们也不可能对它们进行比较性判断，那么关于真理的这些差别该如何评价呢？

古帕和林肯（Gupa and Lincoln，1985）认为，基本公理被置入了建构论范式的结构中。他们将公理定义为“一组未经证实的……‘基本信念’，这些信念通过约定被接受，或者由实践建立，成为某个概念或理论结构/体系大厦中的砖瓦”（Gupa and Lincoln，1985：37）。建构论的公理包括整体的、多重的实在，以及下列事实——多重实在引出的问题比答案多；尽管我们可以获得某种层次的理解（verstehen），但建构论的研究成果不是预测和确定因果关系（Gupa and Lincoln，1985）。在建构论范式的认识论方面，研究者与研究对象之间产生了持续的相互作用和相互影响，研究工作不太可能发现普遍原理。我们只能得到暂时的、与语境相关的工作假设（具体陈述）。就这一点来说，“在可能的因果关系中，所有实体都处于彼此共同、同时形成的状态，因此不可能区分原因和结果。最终，研究是受价值观约束的”（Gupa and Lincoln，1985：37）。总之，价值论观点既包含主体性，也包含对价值观和偏见的包容与接受。

① 译者注：保罗·瓦兹拉维克（Paul Watzlawick，1921—2007），美国心理学家和交往理论家。

建构论不但反对实证主义，而且反对根据科学陈述（通过假说、理论、观察 91
进行的解释和描述）对科学知识进行理性重构。与批判理论家相似，建构论者也采取批判立场看待关于世界的、广为接受的或常规的解释，或者说事物存在或看似存在的方式。与批判理论相比，建构论没有抬高历史、文化和传统的地位。基础主义者（foundationalist）认为，知识就是借助关于意义的假设对非独立实在进行的准确反思；也就是说，知识、语言和自我通过一组关于意义的假设互锁（interlock）在一起，它包含以下观念：

- 语词的意义与事物或情境有关；
- 语言具有能够产生意义的逻辑结构；
- 语言的描述作用和评估作用不应混为一谈。

这些内容刻画或表征了外部实在以及基本信念的存在。

> **定义栏**
>
> **基础主义**
>
> 知识通过“我思故我在”的信念得到辩护。“毫无疑问我是存在的……你必须……确信这样的命题：我存在，我存在必然为真，无论何时我说出它或在脑中构想它”（Descartes，1968：103）。基本信念为其他信念提供支持和辩护。基本信念则不需要辩护。

这种本体论和认识论立场受到了建构论的挑战。建构论者认为，心灵主动参与了知识的建构，认识过程是心灵与经验数据的相互作用，而不是仅由心灵的反思所形成的抽象。在社会环境下，我们借助持续的相互作用和对结构的修正来建构知识。理解是通过与世界的互动被建构出来的。建构论也可以被称为透视主义（perspectivism）；在这里，所有的知识主张或知识评估都在一个概念框架下产生，世界正是在该框架下得到描述和解释的。建构论反对朴素实在论，也质疑经验主义认识论；它还否认这样的观点，即我们可以从客观立场对外部实在进行真实反映。波特（Potter，1996）认为，建构论与民族志方法论和对话分析有关联，他还主张，正是我们在世界中讨论、撰写和争论问题的方式形成了实在。

建构论者对所谓的“意义实在论”（meaning realism）也不满意，意义实在论认为意义是固定的，它在研究者外部并通过研究过程被发现。不过在某些特定情
况下，建构论既不否认也不承认外部客观世界的存在。格根[①]（Gergen，1994）指 92

① 译者注：肯尼斯 · J. 格根（Kenneth J. Gergen，1935— ），美国理论心理学家，社会建构论心理学的主要奠基人和领袖人物之一。

出，建构论在客观实在方面的立场是不可知论，但它肯定人类通过相互作用使语言具有了意义。海德格尔在意义和生成（coming into being）方面也持有同样的观点，他赞同我们是自我解释者（self-interpreting），也赞同正是语言定义了我们是什么样的实体（我们的真正存在），不同之处在于语言在多大程度上能够确定意义和真理。

建构论的类型

建构论的一般假设是：知识的基础是政治和利益；它是意识形态的，文化的基础和决定因素是价值观。施万特（Schwandt，2000）区分了强建构论和弱建构论。强、弱建构论都包含以下观点，即知识并非抽象的，它受社会约束，知识负载价值观（value laden）。然而，尽管较弱的建构论立场也表现出建构论的意识形态和政治维度，但它仍然试图理解实在世界如何制约着知识的建构。实际上，开展观察和经验数据收集的基础是与假设检验和有效性相关的那些概念，观察和经验数据中存在许多难以质疑及消除的成分。

弱建构论与批判理论相关，它试图揭示知识发现、产生和积累的意识形态立场。朗吉诺（Longino，1993a）主张，用于组织和分析经验数据、确认因果关系的那些方法并不能免受认识论的干扰；它们是“语境化的”，在假设、信念和文化方面具有主体间性（intersubjective）。实际上，这些方法正是“在研究过程中表达社会价值观和意识形态的载体，它们巧妙地融入了规定研究纲领的理论假设和模型之中”（Longino，1993a：263）。因此，只要我们认为知识由个人的认知产生，我们就永远不可能把这些因素考虑进来。如果研究纲领接受语境和主体间性，它们就能够着手处理和批判那些背景假设。朗吉诺（Longino，1993b）阐述了一组实现批判话语改革的标准，这些标准包括：

- 共有的评价标准；
- 对批评的群体回应；
- 平等的学术权威。

此外，朗吉诺（Longino，1993a）还认为，实验和观察并不完全受自主、客观的研究者掌控；一切都是语境化、主体间的，都取决于背景假设。背景假设需要接受批判，在批判时我们必须明白，客观性包括社会互动，知识建构是一种社
93 会活动。只有当这些前提开始起作用、有许多不同观点可供选择时，背景假设才能得到批判性评估。这种方法使研究者能够确认、质疑价值观和利益，这些价值观和利益可以被看作是另外的规范，并被视为研究纲领和研究过程的必要内容。朗吉诺（Longino，1993b）根据批判理论主张，认为情境的组织和结构应有利于

进行批判，批判应集中在以下几个问题上：

- ●群体如何对批判做出反应；
- ●群体对批判的容忍程度；
- ●共有评价标准的程度；
- ●谁具有学术权威。

对于弱建构论来说，实践问题与自然科学研究相互交织在一起；也就是说，科学是建构过程的一部分，客观性则是知识生产中的一个要素。当特定的科学流程获得赞同、客观性受到认可时，我们就可以对“任何解释或阐释都有效”这一观念进行质疑和否定。

强建构论的发展借助了以下认识：语言是社会存在的一部分，信念的评价取决于由上述信念产生的语言游戏。在该语境下，“不同语言游戏或不同生活形式的意义不可通约”（Schwandt，2000：200）。这种观点与“存在许多不断变化的实在”这一观念有关联，它引导我们走向认识论的相对主义。所有的知识都是通过社会建构产生的，真理、善或实在均由存在于不同群体中的解释者所塑造。所有与价值观有关的陈述都以群体为基础，这些陈述应当受到怀疑和持续的质疑。在某些思想家看来，这不仅不会阻碍知识的发展，反而会使思维和讨论更加民主，对人类社会的批判和反思也更加彻底（Gergen，1994）。与此相似，登青（Denzin，1997）也拒绝认识论的相对主义，他主张我们可以通过经验对世界进行精准描述。人们根据自己的社会-历史观去研究这个经验世界并经历它（见下方问题栏）。不过，他也赞同“用于撰写道德和寓言故事的那些民族志实践既是向读者授权的方法，也是发现关于他们的道德真理的方法”（Schwandt，2000：200）。

问题栏

认识论的相对主义

●鉴于缺少跨框架（cross-framework）的标准，我们如何能够确定哪个框架对人类存在是最民主的或最好的？

●道德寓言在建构时设定什么是真理或美德了吗？

●如果设定了，哪种社会-历史观能够提出最准确的解释？

参与论范式 94

本章还将探讨和解释新兴的参与论研究范式。参与论范式在特定现象学观点基础上产生，其本体论立场认为实在与人类的存在构成一个整体，实在是主客观立场间的互动，该观点强烈倾向于“在世”这一概念。实际上，实在是由心灵和宇宙或者说外部世界共同创造的。参与论范式的认识论观点中包括了自我这个批判主体，自我参与到了与宇宙或其他外部世界相关的事务中。研究成果由参与者的特性，如参与者的经验和实践知识等共同创造。这意味着该范式借助实践和语言——实践是第一位的，语言是基于共同的经验及环境背景产生的——形成了包含合作行为和政治参与的方法论。这种新兴的范式依赖于这样的信念，即实在是世界、自我和内在的历史存在之间的互动。心灵“创造性地参与到[宇宙]之中，心灵只能根据宇宙的构成去认识它，无论这种构成是情感的、想象的、概念化的还是实践的”(Heron，1996：10)。心灵和宇宙在一个富有创造性的过程中产生相互作用，作为实在出现的东西正是这个过程的产物；实在是心灵或自我与世界或宇宙进行反复互动的结果（Heron and Reason，2000）。

参与论范式提供了另一种从事社会研究工作的方法。其基础是自由、新马克思主义以及人类的自由权利（因此在这种语境下，它与批判理论有关联）。参与论范式与其他进路的不同之处在于：

- 研究的所有权是共有的（共同所有）；
- 由群体开展对社会问题的分析；
- 群体活动。

雷森和布拉德伯里（Reason and Bradbury，2001：6-7）将参与论范式描述为系统的、整体的、关联式的、女性的、经验的和参与的。

> 我们的世界不是由离散的事物而是由关系组成的，我们是这些关系的共同创造者。我们参与到世界中，因此我们所经验到的“实在”是一个共同创造物，它既包括宇宙最初的“给予性”（givenness），也包括人的感觉和解释。正因为我们参与创造了这个世界，我们已经得到了体现，所以我们必定是能够行动的活的存在——这使我们开始考虑如何对我们的行动进行判断。

这些思想反映了海德格尔的“形成”观念和梅洛-庞蒂的“在世”观念。不仅如此，我们已经形成了判断，因为我们的行动决定着要判断的事物及判断本身。

什克尔比纳（Skrbina，2001：2）对这种新范式进行了阐释，他认为，机械
95 论世界观鼓励我们对实在采取还原论和主客二元论进路，而参与论世界观则强调整体合作的立场。参与论世界观具有很强的价值论成分，而机械论世界观是道德中立或道德分离的。机械论世界观通过实证主义和定量方法研究世界，参与论世界观则使用新的参与式方法论和行动研究（action research）。总之，“机械论世界观把世界看成一团无生命、无活力的物质，而参与论世界观则把它看作有生命、有活力的共同创造物”（Skrbina，2001：2）（表 6.1）。

表 6.1　机械论与参与论世界观

机械论世界观	参与论世界观
还原论和二元论方法	整体主义研究立场
追求价值中立的方法	研究过程接受并融入了价值观
实证主义的、定量的	现象学的、定性的
研究无活性的不变物质	研究有活性的、有生命的可变物质

根据参与论研究范式，知识是有机的，它牢固地建立在批判主体性及对研究者和研究对象的实践理解的基础上，它在群体的实践中得到发展。对参与论范式的性质进行评判的标准是经验的实践（这也与批判理论相似），以及它所导致的改革行动与人的改善程度之间的契合度。因此，研究者与研究对象的价值观也包含在研究过程中，这些价值观被用来揭示所研究情境的现状。我们通过自我反思第一次发声说话，而话语、理论、歌曲和舞蹈则使我们的第二次发声说话变得更为清晰。促进作用对参与论范式非常重要，因为共同研究者们都积极投身于学习过程；共情也很有必要，因为它是民主立场和平等氛围的基础。知识的价值或相关性体现在对自主个体的成长进行实践认识方面，其目的是构建一个普遍的合作社会。在这方面，参与论范式与批判理论和建构论都有密切关系。无论参与论还是建构论，研究过程都由研究的参与者共同掌控，不涉及行动的理论不具备完全的有效性。研究过程中显然存在许多平等的话语，因此反思性处于研究过程的核心地位。研究过程依赖于批判主体性、共情和根据他者进行的自我理解。对参与论范式的批评包括：

- 缺乏科学严谨性；
- 将行动伪装成研究；
- 研究者与所研究的群体关系过于密切；
- 疏远了更大的研究群体；
- 混淆了社会行为论（social activism）和研究。

一些人认为，与其说参与论范式是从事研究，不如说是履行政治目的，它是 96
由政治促成的，研究者为了自己的目的操纵和利用群体。确定研究问题的不是群体，而是研究者，他们的行动或者使群体的利益陷入危险境地，或者使这些利益脱离了他们的社会。

行动研究

行动研究与参与论研究范式关系密切，它专注于人们对研究的参与而不是专注于研究人。参与者参与研究过程或情境，这些研究过程和情境通常是在他们的团体或组织中发生的。参与者开展经验数据收集和分析，并规划研究的方向、研究如何取得成功，这意味着要根据共同研究者团体的共有经验来提出问题并寻找答案。该方法试图克服研究者和研究对象之间的权力失衡，并试图打造一个民主开放的研究环境。“行动研究旨在通过民主探讨的方式解决既定语境中的相关问题，在民主探讨中，专家研究者与本地的利益相关者共同合作，以寻找对于利益相关者来说最重要的问题，并实施解决方案。”（Greenwood and Levin，2000：96）然而，与这些问题相关的解决策略有很多，它们既有相似性，又具有不同层次的互动性和民主性，它们都包含人——人借助参与、经验和行动创造了实在（Denzin and Lincoln，1994）。行动研究也容许其他人员参与其中，以便能够形成共有的解释。实证主义和后实证主义范式及其相关的方法论已经建立了很久，它们能够在特定情境中起作用，但是它们却不适合下列情境：研究的主要目标是寻求和促成变化。格林伍德和列文称其为“*共同创造式研究*”（*cogenerative inquiry*），因为它建立在专家研究者-利益相关者-共同合作的基础上”（Greenwood and Levin，2000：96）。实际上，行动研究有五条基本原则：

（1）知识由研究者和参与者在研究工作中共同创造。

（2）研究过程中形成的意义转化为实践活动，研究发现引起了社会行动。

（3）通过对社会行动进行反思确立了新的、进一步的意义。

（4）不同的经验被认为是丰富研究过程及后续社会行动的方法。

（5）研究依赖于研究领域或真实世界中的条件和语境，研究解决的问题显然与这些情境有关。（Greenwood and Levin，2000）

97 情况经常是这样的：那些将行动研究作为方法论的人们不仅包括想要更好地理解自身实践活动的实践者们，还可能包括：

●试图发动一场行动战役的社会改革活动家；

●受政策制定者邀请而加入某个组织（或其他机构）的学者，他们意识到存在某个需要借助行动研究的问题。

在可持续性、环境及社会经济发展等相关领域开展的研究使我们认识到，资源管理工作最主要的特征不是提出需要回答的问题，而是提出需要解决的问题，这项工作将不可避免地要求一个或多个政党改变他们的立场。社会变革依赖于参与变革过程的那些人们的献身和理解。换言之，如果人们就某个常见问题共同进行探讨，阐明各自的观点和关注点，并就这些观点和关注点进行协商，他们很可能会改变自己的想法，因为如果想要尽力达成合作，就需要这些改变。行动研究包含对研究过程的参与，研究者和研究对象在研究过程中共同促进了研究工作的发展，从而为人们在研究过程以外的实践活动中发动根本性变革提供了必要的互动和支持。

总而言之，对情境学习的社会过程进行研究不可避免地与改变那些情境的行为有所关联。来自调查（survey）及其他社会研究方法的结果都有助于提出解释。不过，关于"人们为什么会以那样的方式理解事情"这个问题的信息也会影响解释过程。通过将这些问题公之于众，并借助行动研究激励不同团体进行争论，不同的社会变量被引入了研究过程中。于是，行动研究方法寻求对行动研究过程中被研究的现象产生影响，行动研究相信，当你尝试去改变社会系统（社会、文化和制度因素）时，社会系统的真正本质才会变得最显而易见。

行动研究的不同类型

行动研究有许多不同的方法，其中包括：批判行动研究（critical action research）；行动学习法（action learning）；行为科学（action science）；劳工行动研究（industrial action research，IAR）。

*批判行动研究*是指对所有参与研究过程的人员进行认真反思。在构建研究 98
纲领、开展研究工作时，与权力关系、语言的用法及改进的策略有关的问题是最重要的。参与是核心，因为它强烈地希望揭露工业世界里出现和存在的不公正、不公平及压迫现象等。对这种方法论的诟病在于，它可能会被用于在局部群体中发展极端意识形态。不过，这恰恰是从实证主义立场对研究对象或调查对象进行的知觉和思考——它不承认我们的自我理解和反思性。也就是说，揭露不公可能只是个幻想，研究者会对那些易受影响的非参与个人和群体进行欺骗。

*行动学习法*是指人们聚集在一起共同解决具体的管理问题；人们共同学习，研究者也直接参与其中（研究者亲自动手）。人们聚集起来学习他者的经验；每个人都去了解他们的情境，确定需要处理的问题，并克服妨碍目标达成的那些困难。总之，管理效率是最核心的问题。不过，这也是行动学习法遭受批评最多的地方，因为如果主要的关注点都在管理效率上，那么有效的变革和其他工作问题就会被忽略。如果效率是最重要的，那么组织中更宽泛的价值观和更多的其他目的都不在考虑范围内。行动学习法可被视为与批判行动研究相反，因为学习法由研究者决定，之后的任务是共同谋划，而不是进行批判。

*行为科学*的主要原则是在组织心理学与现实的实践性困难之间建立一种联系，这些实践性困难都是人们在所分析的情境中经历到的。形式化理论或抽象理论与实体理论或应用理论之间的区别得到了辨析。这既可以看作是对理论和实践的区分，也可以看作是它们之间的"鸿沟"，问题正是在这里出现的（见第 2 章的理论

部分、第 9 章的扎根理论部分以及下文对形式化理论和实体理论之差别的进一步探讨）。实际上，理论和实践的中间地带恰是组织性欺瞒发生的地方。行为科学希望培养反思实践者（reflective practitioner，RP）（Schon，1983），并且鉴别专家与反思实践者之间的差别。专家必须具备全部知识，即使存在一些不确定的东西；而反思实践者接受和拥护不确定性，因为这可以成为新知识的来源。专家寻求得到他者的服从，他们试图与研究对象保持距离；而反思实践者追求沟通与联系，他们的专业技术和知识获得了认可，他们也因此受到他者的尊重，这种尊重还会进一步发展为一种工作成就（Schon，1983）。“评价人而不是评价他的知识，质疑他并观察他如何回应质疑。寻找信赖与人性的结合点，拥护一种观点并对探询持
99 开放态度，这种态度是反思能力的主要特征。”（Schon，1983：301）与研究对象或“客户”保持距离确保了“顺从”并强化了专家的“角色”。反思实践者拥护不确定性并将其视为进一步学习的来源，即使他/她对情境已有一定程度的理解，他们也不应被认为是所有知识的来源。理解是一种联合训练，当知识从语境或研究环境中“涌现”时，人们便“发现”了它。研究者与研究对象间的沟通性破坏了专业知识的“外观”和专业方法所产生的冷冰冰的客观立场（Schon，1983：300）。

> **定义栏**
>
> **反思实践者**
>
> 承认你的无知、利用你的无知
>
> 追踪预期成果的风险来源
>
> 寻求多种观点（三角校正）（改编自 Schon，1983：301）

*劳工行动研究*在反思性方面与行为科学相似，但它主要是在咨询的基础上建立社会科学和组织的行动者之间的关系。无论在职场中还是在研究过程中，民主化都是基本观念。相比于效率，劳工行动研究更强调组织的效力和职员关系的改善。总之，“参与式行动研究是对研究应用于实践性社会场景的进一步延伸，参与者接替了之前由场景之外的研究者所承担的角色”（Kemmis and Mctaggart，2000：572）。

小　结

我们在小结中将上述观点汇集在一起，以表明在分析社会科学现象时，后实证主义、批判理论、建构论、参与论如何通过对本体论和认识论观点进行综合形成了一种综合性方法论进路和理论框架。建构论范式与批判理论关系密切，它具

有特定的现象学背景。建构论主张，实在是在共有经验的基础上局部建构的，即使群体/个人一直在变动；这种本体论观点被称为“相对实在论”。建构论的认识论立场与批判理论相似，唯一的不同在于，它认为成果不仅是创造的，而且是作为研究过程而发展的。这意味着我们通过协商和个人建构（包括研究者的建构）来创造成果。该范式中的理论具有相对性和可变性，信度和预测几乎不可能实现， 100
因果关系更是难以确定。此外，还有一种新兴范式，即参与论范式也与现象学方法关系密切。其本体论是参与式的，即世界由心灵与宇宙、主观性与客观性共同创造。其认识论主张通过自我与世界之间的互动产生批判的反思性和主体性。成果在“形成”的过程中由理论和实践知识共同创造。在方法论方面则包括不同形式的行动研究和根据实践及共有经验开展的合作。

与这种新兴范式密切相关的是行动研究，它“通过作用于现象、远离没有活性的*技术*（*techne*）世界以及拉近与研究对象之间的距离”（Greenwood and Levin，2000：97）使社会研究回归到“知道如何”（knowing how，即*实践智慧*，*phronesis*）的目标上来。知识是共同创造的，知识的目的是为社会行动和社会变革提供策略。通过行动研究产生的知识与行动有密切关系。理论与实践彼此紧密地联系在一起，它们重复发生相互作用，从而产生了对具体情境更深刻的理解。不过，因为研究针对的是具体情境下的具体实践问题，因此普遍原理不太容易获得。即便如此，通过在理论基础上对社会行动的相关过程进行评估，我们仍然很有可能“获得关于‘如何开展社会介入’‘社会介入成功或失败的条件和因素’的普遍性知识”（Greene，2000：993）。

扩展读物

Burr, V. (2010) *Social Constructionism*. London: Routledge.

Critchley, S. and Schroeder, W. R. (1999) *A Companion to Continental Philosophy*. Oxford: Blackwell.

Denzin, N. and Lincoln, Y. (1994) *The Handbook of Qualitative Research*, 1st edn. Thousand Oaks, CA: SAGE Publications.

Denzin, N. and Lincoln, Y. (2000) *The Handbook of Qualitative Research*, 2nd edn. Thousand Oaks, CA: SAGE Publications.

Denzin, N. and Lincoln, Y. (2005) *The Handbook of Qualitative Research*, 3rd edn. Thousand Oaks, CA: SAGE Publications.

Reason, P. and Bradbury, H. (eds) (2001) *The SAGE Handbook of Action Research. Participative Inquiry and Practice*. London: SAGE Publications Publications.

第7章　后现代主义与后结构主义

引　言

现代主义（modernism）和结构主义（structuralism）的某些方面与实证主义有关联，而后现代主义和后结构主义则与现象学的某些方面、批判理论、建构论和参与论研究范式相一致。在现代主义看来，“对（传统）秩序的威胁已经到来……概念范畴与语言范畴的变化步调不一致，由此造成了直接的紧张感”（Mcfarlane，1976：92-93）。语言和思维凌驾于经验之上的模式需要彻底被修正，在这样的情况下，当所需的语言不再能够反映实际情况时，“文化危机就出现了，开创一个全新的‘文明阶段’（civilisation phase）是大势所趋”（Mcfarlane，1976：92-93）。

利奥塔（Lyotard，2004）用后现代这一术语来描述西方发达社会的知识状况。后现代主义辨析了自19世纪末20世纪初开始的西方文化改革的基本要素，这项改革影响了“科学、文学、艺术的语言游戏规则”①（Lyotard，2004：xxiii）。而且，现代被认为“描述下列科学：例如精神分析法，意义阐释学，理性或应用科学的独立，物质财富的独立。所谓‘现代’科学，仍然与正统的叙事学说有着显而易见的一致性，以‘后设论’的方式使之合法化”①（Lyotard，2004：xxiii）。“后现代知识并非为权威者所役使的工具，它能够使我们形形色色的事物获致更细微的感知能力，获致更坚韧的承受力宽容异质标准”②（Lyotard，2004：xxv）。利奥塔主张，社会应当拒斥宏大叙事或宏大理论，因为到20世纪下半叶，宏大理论已经丧失了有效性和可信度。后现代主义反对权威，它使我们拥有了质疑权威的论证方法和技术，能够在摆脱权威叙事或宏大通用的理论框架的情况下构建价值判断。后现代主义“为我们提供了论证和技术以形成异议，同时还指导我们如何在没有总体权威的情况下做出价值判断”（Sim，1998：3）。

结构主义可被以下几位学者的观点所概括：费尔迪南·德·索绪尔（Ferdinand de Saussure，1857—1913），克洛德·列维-斯特劳斯（Claude Levi-Strauss，1913—2009）及罗兰·巴特（Roland Barthes，1915—1980）。列维-斯特劳斯认为，结

---

① 译文引自让-弗朗索瓦·利奥塔：《后现代状况》，岛子译，长沙：湖南美术出版社，1996年，第28页。

② 译文引自让-弗朗索瓦·利奥塔：《后现代状况》，岛子译，长沙：湖南美术出版社，1996年，第30～31页。

构主义就是人类通过感官来定义和理解外部世界（这与经验主义类似）。因此，我们解释世界的方式和我们赋予它的特征都是秩序化的或结构化的，秩序或结构由我们解释后续经验数据的方式决定。实际上，通过将事物或空间分类、将时间分 102
为连续的独立事件，经验数据获得了秩序或结构。因此，在我们创建人类世界或安排我们的社会时，我们对自然的理解只是一种模拟。文化也以同样的方式被分割和结构化，正如我们相信自然具有结构一样。

结构主义理论在索绪尔的著作中得到了进一步发展。索绪尔主张，语言是一个系统，该系统的规定或规则决定着语言如何操作。语言包括能指（signifier，语词）和所指（signified，概念或观念），这两种要素构成了语言或意义的符号。实际上，尽管能指与所指之间并不存在自然关系，但我们却通过约定使这种关系具有了某种程度的确定性，这种确定性在语言社会中产生了可预言的意义。它可以对所有专业领域进行普遍概括，同时也减少了变化出现的可能。叙事变得异常相似，对任何既定情境的分析都可能是前决定的（pre-determined）。实际上，这正是后结构主义对结构主义的机械论进路提出的主要批评。结构主义进路鲜有机会能够进行超预期或创造性活动；你可以判定系统间的相似性，但系统间的差别和不可预测性则难以确定。在结构主义看来：

> 一个系统或叙事看起来与其他系统或叙事极其相似，对其语法的分析变成了一件颇为可预言的活动，几乎像是你已经提前知晓自己将会发现什么一样；你甚至可以主张，并且后结构主义者也的确主张，结构主义者所使用的分析技巧已经决定了结果会怎样。（Sim，1998：5）

在从事研究分析时，结构主义进路具有某种程度的决定论色彩（Sim，1999）。

不同的学者以不同的方式利用后结构主义和后现代主义去挑战结构主义及现代主义观点。一种方式将后结构主义当作后现代主义的一部分，它关注与主体性和同一性有关的话语及语言模式。德里达（Derrida）及其解构（deconstruction）思想可被视为属于后结构主义或后现代主义。解构辨析了文本的给定意义（proposed meaning，即文本希望描绘的意义），之后揭示出一项矛盾：我们找到了已被假定存在的意义。接下来解构向我们表明，对意义进行描绘的基础既复杂又不稳定。文本不是具有单一意义的统一实体，而是具有许多不同的、相互矛盾的意义和解释。

米歇尔·福柯（Michel Foucault，1926—1984）也被视为后结构主义者和/或后现代主义者。例如，马戈利斯（Margolis，1989）就认为，福柯是“典型的后现代主义者”，因为福柯主张对文本的解构是依附的（parasitical）和反应性的（reactive），我们需要对历史、权力和控制观念做出更为整体而全面的解释。不过，福柯本人却拒绝接受别人给他的“标签”，他并不希望被当作后现代主义者（Foucault，1983）。罗兰· 巴特关注单个语句的结构与更为一般的叙事之间的关

系，他认为这种结构主义进路是有用的，但他追随德里达及其解构思想主张，不
103 仅标志和符号有局限性，整个西方对永恒终极标准这一观念的依赖都具有局限性。

问题

结构主义、后结构主义与后现代主义

- 列维-斯特劳斯
- 巴特
- 福柯
- 德里达

请分析这些思想家是否为结构主义者、后结构主义者或后现代主义者，并辨析结构主义、后结构主义和后现代主义之间的区别。

有人可能会主张，后现代主义主要从事更为一般的文化批判，而后结构主义则重点关注方法。“比如，后结构主义者注重解构、语言、话语、意义和符号，而后现代主义者的关注范围更大，他们从总体上思考社会存在和社会现象。”（Rosenau，1992：3）

后现代主义

后现代主义是一种怀疑主义（scepticism，即对权威的怀疑），它质疑并且打破了那些主张终极真理和知识的理论框架。怀疑主义是“反基础的”，它拒绝接受“话语具有有效基础”的观点。“怀疑主义本质上属于一种消极的哲学形态，它破坏了那些声称拥有终极真理，或拥有判定终极真理的标准的哲学理论。”（Sim，1998：3）反基础主义（anti-foundationalists）怀疑真理之基础的有效性，并探究在何种程度上真理之基础可能存在。“什么能反过来保证你的基础（也就是你的起点）也是真的？”（Sim，1998：3）

反思栏

反基础主义与怀疑主义

- 反基础主义或非基础主义（non-foundationalism）包括下列观点：知识并非建立在某种基本信念的基础之上。“建立在某种基本信念的基础之上”也就是，*x* 被一个基本信念所证明，或被一组/一系列信念所证明，而这一组/一系列信念则是被一个基本信念所证明的。
- 怀疑主义首先怀疑已有的不容置疑的真理，之后着手探寻一种基本原理，

以便对这些真理的基础提出质疑，怀疑主义方法表明，那些被认定为基础的东西并不能为我们拥有的信念提供证明。

也就是说，真理和知识的基础如何能够得到保证呢？弗里德里希 · 尼采 104
（Friedrich Nietzsche，1844—1900）在许多著作中都分析了这种进路，他号召我们要“重估价值”（revaluation of values）。

> 我们内心的这个“真理意志”究竟是什么？的确，我们曾长久地停下来思考这种意志来自何处——以致我们最终一动也不动地伫立在一更为根本的问题面前，我们质询这种意志的价值。假定我们需要真理，那为何不需要虚妄？不需要不确定性？甚至无知呢[①]？（Nietzsche，1984：18）

从根本上讲，所有的东西都需要努力争取。除极个别情况外，尼采否认求知是哲学和科学的原动力，“而认为另一种冲动，在此处同在别处一样，把知识（以及错误的知识！）当作一种工具”[②]（Nietzsche，1984：19）。实际上，尼采对现代主义观点表示怀疑，他认为，如果某事已经得到了解释，我们为什么还要进一步去关注它呢？“上帝劝告我们：‘了解你自己！’这究竟是什么意思？意思也许是：‘别再关心你自己了！要客观而不带偏见！’——变成苏格拉底？——变成‘科学家’？”[③]（Nietzsche，1984：74）尼采怀疑由基础主义、科学知识、宏大理论和现代主义观点所构筑的大厦；他采取了怀疑主义立场，并开始驳斥西方的知识观和霸权主义。

后现代主义“应该是一种情形，它不再从完美的形式获得安慰……后现代寻求新的表现方式……传达我们对‘不可言说的’认识”[④]（Lyotard，2004：81）。秉承后现代传统的艺术家和作家扮演了哲学家的角色，他们的作品或文本“原则上并不受先在规则的限制，因而也不能用普通的文本或作品分类去予以归类，更不能根据决定性的判断来评价”[⑤]（Lyotard，2004：81）。后现代主义并不产生实在而只是给出暗示，它对追求完备的存在者进行了质疑。黑格尔的整体幻象（illusion of the whole）已经在 19 世纪和 20 世纪造成了巨大恐慌，而与在现象学基础上形成的建构论和参与论研究范式都有密切关系的后现代主义又对实在和现代主义权威观提出了挑战。

---

① 译文引自弗里德里希 · 尼采：《善恶的彼岸》，朱泱译，北京：团结出版社，2001 年，第 1 页。

② 译文引自弗里德里希 · 尼采：《善恶的彼岸》，朱泱译，北京：团结出版社，2001 年，第 6 页。

③ 译文引自弗里德里希 · 尼采：《善恶的彼岸》，朱泱译，北京：团结出版社，2001 年，第 73 页。

④ 译文引自让-弗朗索瓦 · 利奥塔：《后现代状况》，岛子译，长沙：湖南美术出版社，1996 年，第 209 页。

⑤ 译文引自让-弗朗索瓦 · 利奥塔：《后现代状况》，岛子译，长沙：湖南美术出版社，1996 年，第 210 页。

利奥塔（Lyotard，2004）指出，知识产生和传播的实质乃是权威性，他主张，任何控制知识的人都具有政治控制力。从根本上讲，利奥塔致力于确保知识的传播尽可能是开放的，他对声称能够解释一切的宏大叙事和宏大理论进行了批判。宏大理论是权威式的，而且坚不可摧，因为它们包含的是无法进行批判的永恒真理。因此，利奥塔支持小理论或小叙事的概念。小理论或小叙事由小群体建构，这些小群体并不打算解决所有的社会问题，而是专注于完成具体的目标。建构论
105 和参与论范式以这样的方式打破了宏大理论的知识垄断，并使知识得到了发展和传播。小理论和小叙事寻求对悖论及不确定性的理解，而不是建构普遍性解释理论。它的主要目标是摧毁抑制个人创造力的权威式宏大理论。无论是在公众还是个人层面，宏大理论都不再能够为我们的行动提供指导。不过，我们在放弃宏大理论或中心权威时会出现有关价值判断和主体性的难题。我们如何构建他者也认为是公平合理并能够接受的价值判断呢？利奥塔进一步主张，即便不依靠宏大理论，只利用具体问题具体分析（case by case，一种归纳性小理论产生进路）也可以实现价值判断。我们在具体问题具体分析的基础上形成自己的理解，它与实体理论和经由实践所形成的理解有关，正是实践为后现代进路提供了支撑。

我们不可能探知信念或真理的基础或绝对标准，但正如宏大理论的倡导者所主张的那样，这并不意味着社会秩序应当瓦解。反基础主义拒斥的观点只是：思维和信念系统的基础真实存在，并且是价值判断的必要条件。实际上，这属于一种相对主义，它与某些古代的论证有关；例如，在《泰阿泰德篇》的对话中已经提到了将相对主义或人作为一种尺度。西奥多勒斯（Theodorus，普罗泰戈拉的崇拜者）曾主张，“真理和谬误取决于个人的想法”。然而苏格拉底认为，如果每个人都相信实际情况是这样的，那人们就是在接受与自己的信念或真理相反的东西；换言之，人们正在承认他们所坚信的真理是错误的。

如果“人是万物的尺度”为真，那么该陈述就会遭到这条真理的驳斥。这是一个有关权威真理或客观知识的问题。苏格拉底认为，终极权威确实存在，人类之外存在一位终极仲裁者，而普罗泰戈拉则采取了唯我论立场，认为每个人都拥有自己的真理。正如我们在现象学家那里看到的，相对主义和绝对主义之间的关系对本体论的界定以及研究者与研究对象之间的认识论关系都至关重要。

反思栏

后现代主义

- 建筑风格
- 文学和艺术运动
- 对西方文明的评价

- ●知识和理解的状况
- ●对科学和科学研究的看法 106
- ●哲学进路
- ●广义文化观
- ●狭义文化观
- ●战后社会时代
- ●媒体驱动的运动
- ●大众消费驱动
- ●高雅文化和通俗文化的差别
- ●强化分工

请思考上述每个问题对后现代主义出现的影响。请综合各种观点并确定一种理解后现代主义的融贯框架。

后结构主义

后结构主义并不是指某种独特的具体文体，而是指由一些迥然不同但又相互联系的观点编织而成的网络，我们很难对它进行精确描述。实际上，后结构主义与结构主义有密切关联，二者间的差异也不易确定。在后结构主义者看来，包括文学或著作本身在内，所有的范畴（category）都应当被进行再评价和彻底的怀疑。如果这些范畴或研究本身并不指向任何事物，并且所有的事物都是差别化建构的，那么为使这些差别更加清晰而进行的批判就与研究本身同样重要。德里达认为，没有批判，文本就没有意义，无论是文本中的范畴还是作者本人都应接受这样的评判。后结构主义对范畴这一概念是否可以成为独立的实体提出了质疑。

索绪尔（Saussure，1974）主张，符号由能指和所指构成，它们是通过社会契约（social contract）被任意设定的。一旦被设定，能指和所指就固定下来，并且不可分离，符号的形式和意义同一。语言对现象进行了划分，一旦任意的能指和所指被固定，它们就会形成一种稳定的一一对应关系。后结构主义驳斥了这种假设，因为意义并不像上述观点认为的那样能够在能指或所指中清晰地呈现。任何辨析语词意义的尝试都是对能指的循环追求。以“意义”（meaning）一词为例，在《牛津英语词典》中，“意义”的意义是“所意味之事；意指……”（what is meant; significance…）；“意味”（meant）指的是“意味着”（to mean）、“意指着”（to signify）、“意指”（significance）、“具有意义”（to have meaning）。“意义”的意义也不过是能指的循环。后结构主义认为，符号不是固定的，而是不确定的实体，当能指出现转移时，意义也会发生滑动（slippage）；意义具有相对性、不固定性。结构主 107

义主张，作为基础的结构才是事物的核心，结构主义正是通过揭开核心的面纱去解释事物表面的形式的，后结构主义对这种观点提出了挑战。结构主义使用元语言（meta-language）形式，元语言虽然能够产生意义，但却不能避免滑动或不确定性；意义最终的完整在场仍然不可能实现。实际上，一种元语言本身对另一种元语言来说总是开放的。因此，对符号进行科学研究就可以完成关于世界的解释，这种观点只是折中的结果。

后结构主义的核心特征是同一性的去中心化（de-centring），相对于所指，它更强调能指的作用。具有内在联系的观念和概念形成一个网络，这些观念和概念主要来自两条轨迹。它们被称为语言轨迹（language trajectory）和话语轨迹（discourse trajectory）。前者的提出和使用者是德里达，后者则是福柯。前者主要关注抽象的语言，而后者主要关注语言在世界中的物质意义。德里达主要关心对秩序原则的解构和语言中内嵌的“在场的形而上学”（metaphysics of presence）。所有语言都由能指构成，能指总是与文本性（textuality，文本性是存在的条件，在文本中能指总是指向其他文本内容而不是前文本）紧密结合在一起。福柯倾向于话语问题，他认为语言是一种实践关怀，这种实践关怀与语言出现的语境密切相关。两种轨迹中产生的符号都是不稳定的，但在话语中，符号可以在此时是固定的，在彼时又是不固定的（关于福柯的内容将会在第11章详细讨论）。

德里达与解构

“德里达的解构……目的在于反对结构主义构建的体系，他还对下列观点提出了异议：所有现象都可被还原为系统的操作，它意味着我们可以完全控制我们的环境。”（Sim，1998：5）解构使用诸如反语、悖论和归谬这样的方法将文本的边缘转变为中心。作为一项方法论技能，解构使隐藏于文本中的、破坏了文本应有的整体性的那些缺陷与断裂变得更加清晰。实际上，解构表明，文本不可能在原有的前提下得出结论。因此，每本著作都是有瑕疵的，每道断裂都标示着整部著作中的一个瑕疵；给定文本真正的整体性不是它所宣称的东西，而是隐藏在文本中、通过拆解文本才能揭示的东西。这种观点与结构主义相矛盾，因为文本旧的整体性已被之前隐藏的东西所取代。解构的另一项任务是确定了一个能够使它进一步发展的更深层次的问题；解构是一项由文本承担的活动，“文本最终必须承认它们自己也部分参与了对它们的抨击”（Norris，1993：48）。每个文本都是破坏或
108 抨击文本的同谋，因此文本自身也应当对类似的处理持开放态度；也就是“最严谨的读物……能够使自身暂时对进一步的解构（对读物本身的操作性概念的解构）

持开放态度”（Norris，1993：48）。

反思栏

解构

步骤 1：我们从不同视角审阅文本，或者说我们完全反转了世界，从而使含糊不清的意义得以澄清。这是对主流解释的破坏。

步骤 2：文本中相互对立的两种意义都被破坏，两种意义都被其他概念或思想所取代。这不仅破坏了解释、解释的替代物，还破坏了更宽泛的新实体的建构——之前的实体至多只包括几个特殊情形。

请在一个文本或你选择的一项研究中使用上述过程。

反思栏

文字

说到文字（writing）的时候，塞乌斯（Theuth，一位埃及的副神）说：“这种学问可以使埃及人更加聪明，能改善他们的记忆力。我的这个发明可以作为一种治疗，使他们博闻强记。”但是那位国王[萨姆斯（Thamus of Ammon，埃及主神）]回答说：“……如果有人学了这种技艺，就会在他们的灵魂中播下遗忘的种子，因为他们这样一来就会依赖写下来的东西，不再去努力记忆。他们不再用心回忆，而是借助外在的符号来回想。所以你所发明的这贴药，只能起提醒的作用，不能医治健忘。你给学生们提供的东西不是真正的智慧，因为这样一来，他们借助文字的帮助，可以无师自通地知道许多事情，但在大部分情况下，他们实际上一无所知。他们的心是装满了，但装的不是智慧，而是智慧的赝品。这些人会给他们的同胞带来麻烦。”……（苏格拉底说）[①]“文字还有一个很奇特的地方，斐德罗，在这一点上它很像图画。画家的作品放在你面前就好像活的一样，但若你向它们提问，那么它们会板着庄严的脸孔，一言不发。书面文字也一样，你可以把这些文字当作有知觉的，但若你向它们讨教，要它们把文中所说的意思再说明白一些，那么它们只能用老一套来回答你。”[②]
（Plato，1976：《斐德罗篇》，96-97）

请将这段对话与解构联系起来。它对我们理解互联网有什么启示呢？

德里达批判言语中心主义（phonocentricism，即言语比文字更重要，言语更为直接，也更强调意义）的观点。此外，由言语中心主义衍生出的逻各斯中心主

① 译者注：括号中内容为译者所加。

② 译文引自柏拉图：《柏拉图全集》（第 2 卷），王晓朝译，北京：人民出版社，2003 年，第 197～198 页。

109 义（logocentricism）认为，所有事物都通向逻各斯（神的终极世界），西方对终极目的和目标的追求也源于逻辑理性。随后，在由言语和文字构成的等级结构中，言语的重要性被颠覆，同时，文字的地位也得到了提升。文字是脱离书写者而独立存在的，他/她最初的意义为统一书写的独立文本提供了基础。言语是直接的，它更直白地表达了作者的原意。言语中心主义引出了逻各斯中心主义观点，在这里，每个事物都成了神的语言或逻各斯，每个事物都倾向于确定逻辑和理性，以及目标和终极结果。在德里达看来，因为文字与意向的指示对象分离，所以言语超越文字的优先地位最终被颠覆了。

逻各斯在希腊语中表示理性或正义，它意指理性思维或逻辑是与言语捆绑在一起的。逻各斯中心主义决定了西方哲学如何使理性具有优先地位，任何不能被视为合理的东西都是非理性的，都会被边缘化。德里达主张，逻各斯中心主义假定了一位被命名的、永恒不变的基本实体如“神”或“存在”；真理总是起源于逻各斯（Derrida，1976）。逻各斯中心主义“是表音文字（如拼音文字）的形而上学”①（Derrida，1976：6），它将种族中心（ethnocentric）的权力强加于个人和社会，这种权力控制着文字的概念、形而上学及科学，即我们探索真理和知识的途径。这是借助理性选择、计算、演绎和测量进行推理以便形成理解的主流模式，任何不经由此过程而产生的东西都会遭到排斥。菲勒斯中心主义②（phallocentricism）不仅与男性的统治地位或父权制有密切关系，还与试图支配和掌握全部真理、知识及理解的逻各斯中心主义有密切关系。德里达认为，这种支配的基础是作为统一实体的计算和测量，正是这种支配导致了传播的瓦解和知识的持续崩溃。在德里达看来，关于什么是能指（语言）和什么是所指（对象）存在明显的误解，能指和所指之间并不存在明确的关系。语言并不能明确符合那个它试图阐明的世界，语言不是对实在进行精确描述的有效方式。实际上，该观点通过使在场（presence）高于不在场（absence）而使言语的地位得到了提升，它解释了为何这种观点“并不取决于本来可以避免的选择”，而是取决于“结构因素”（我们所指的是“历史”的“生命”或作为“自我关联的存在物”）③（Derrida，1976：7）。从根本上说，逻各斯中心主义就是“语音的特权”③（Derrida，1976：7）。

德里达利用解构评判这种预先构想的关于知识产生和理解的理性立场，即，使用了胡塞尔式的取消和海德格尔的删除文本项的活动的立场，因为它们的意义不能被精准地确定（删除）。德里达反对逻各斯中心主义并不是要攻击现代逻辑学，而是希望对“断言”和“对立”这些习惯用法可以保留的程度进行质疑；他并不

---

① 译文引自雅克·德里达：《论文字学》，汪堂家译，上海：上海译文出版社，1999 年，第 3 页。

② 译者注：菲勒斯中心主义可理解为男性中心主义。

③ 译文引自雅克·德里达：《论文字学》，汪堂家译，上海：上海译文出版社，1999 年，第 9 页。

希望否认所有的对立关系，比如，意识/物质、具体/一般、真理/谬误，而是要质疑为什么会存在这些区别或矛盾关系的物化（reification）。德里达将哲学看作是 110 一项批判实践，他强调，不但要注重对语言的批判，还要对语言如何产生、如何指导和遮蔽了我们对世界的关注进行批判。从根本上讲，几乎不存在客观的东西，因为主观倾向和我们所使用的语言——我们发展研究工作、确定我们关于世界的解释时使用的语言——总会参与其中。文本既与特定的时间或时代相关，又超越了时代。它们不是分离的实体，而是整体的一部分，或者说，它们并非只是与它们所意图描绘的实在截然不同的一些只言片语。此外，德里达还通过解构、借助他者性（otherness）以及尚未思考的问题对西方哲学进行了质询。实际上，作为实在之表征的文本受到了质疑，其断裂和缺陷也变得清晰起来。

解构包括*原初书写*（*arche-writing*），它是言语和文字的前提条件。所思、所言和所闻之间存在差别、差距或偏差。原初书写包括“一些超越了语词的传统意义的东西，以便释放迄今为止受到压制的意义，这些意义时常隐没于逻各斯中心理性的话语中”（Norris，1987：122）。*原初*（*arche*）是希腊语，译为原初（origin，原初的、与自我同一的，不与任何他物相似）。言语可被视为一种原初（自我在场且自我同一），然而，一旦原初被书写下来，它就变成了对那个原初的表征，因而不再是原初本身。因此，书写的东西与文本所传达的东西之间存在背离，所有传达意义的尝试，甚至是自我在场这个概念中都包含背离。文本总是延缓了意义——意义从不在场，因此也从不能为读者或批评者所捕捉到，意义总是屈从于未来，即使未来存在多种可能性，这些可能性总会使意义变得模糊。甚至对于作者本人来说，文本也不在场——在作者那里意义也被延缓了——“文本之外空无一物”①（Derrida，1976：158）。德里达在这个语境中有些自相矛盾，他一方面要求开放性、破坏封闭的系统；另一方面又认为文本之外空无一物，文本对外部世界是封闭的，文本只能指向自身。文字不是作为科学的奴仆而存在的，而是正如胡塞尔所言的，文字是“成为理想对象的可能性的条件，从而成为科学的客观性的条件。在成为科学的对象之前，文字则是认识的条件”②（Derrida，1976：27）。在德里达看来，问题的产生与文字和语言的起源有关，因为文字和语言是相互紧密联系在一起的：“‘什么是文字’意味着‘它从何处开始以及何时开始’……文字的起源问题与语言的起源问题难以分开。”③（Derrida，1976：28）在《费德罗篇》中，柏拉图利用在场和不在场的概念批评了文字：“文字引诱语言偏离了它在言语和自我在场中的真正起源。将思想置于文字之中就是将思想暴露于公众领域……任其遭受混乱

① 译文引自雅克·德里达：《论文字学》，汪堂家译，上海：上海译文出版社，1999 年，第 235 页。
② 译文引自雅克·德里达：《论文字学》，汪堂家译，上海：上海译文出版社，1999 年，第 37 页。
③ 译文引自雅克·德里达：《论文字学》，汪堂家译，上海：上海译文出版社，1999 年，第 38～39 页。

的、欺骗性的解释。”（Norris，1993：63）

111 **定义栏**

文本性和文本间性

文本性是根据读者对文本的理解而对语词进行的组织。它指的是这样一种特性，即赋予文本独一无二的本质（文本是交流过程）。文本性产生了意义，它以特定的具体方式存在于文本中；文本是一个意义网络中的一部分，这个意义网络超越了文本，并将文本置于一个更为抽象的语境之中。

文本间性①（intertextuality）探讨的是文本的意义如何借助其他文本的意义而形成。文本间性并非与主体间性一起被直接传递，而是通过其他文本移置的中间编码来传递。

文本间性可以被看作是德里达称之为延异（différance）的东西，延异包括延缓（deferral）和差异（difference）。在结构主义者看来，实体世界中的绝大多数都是生成文本的语言符号，文本使德里达能够寻找到符号之间的差异。而且，正如原初书写所指出的，所有的文本意义都被无限延缓了。德里达想要指明“通常情况下语言和实际系统的不确定性。符号并非可预言的实体……实际上，在能指和所指之间并不存在完全的联结关系可以保证无障碍的交流。意义的滑动总会发生”（Sim，1998：5）。

德里达认为，延异既指延缓又指差异，在场的观念支撑、吸纳了所有西方的形而上学思想，而延异则意味着不在场比在场重要得多。他认为，这包括了一个更根本的在场，一个存在物背后的东西，它是一个牵着引线的隐藏实体。实际上，奥兹国的魔法师就躲在门帘后面，他制造幻觉，一旦被发现，他就变成人的样子，并且表示根本没有什么隐藏的魔力存在，只有表面看到的东西，或者说，只有人的认识存在，这些认识通过因某些特性而获得的奖赏——勋章、证书和机器来实现②。“意义不能被纯粹的自我在场意识所把握的地方就是延异……开始起作用……的地方。”（Norris，1993：46）

社会科学领域的在场可以包括理性存在者的在场，理性存在者以特定的方式行动以确保自己的目的和成果。目的的在场与手段有关，而结果的在场与原因有关。语词的完整意义通常是不在场的，“在场的形而上学……是种幻觉：延异总是对交流造成侵扰，它妨碍了‘在场’或意义的完整性的建立”（Sim，1998：6）。

① 译者注：文本间性也被译为互文性。

② 《奥兹国的魔法师》（Wizard of Oz，中文译名为《绿野仙踪》）是美国儿童文学家莱曼·弗兰克·鲍姆的经典故事系列。故事中，胆小的狮子最终获得了一枚勋章以表彰它的勇气，稻草人获得了头脑，而铁皮人则得到了他想要的心脏，这就是他们因各自的特性所获得的奖赏。

> 符号指向不在场的事物，因此从某种意义上讲，意义（也）是不在场的……意义总是在一条由能指构成的链上滑动，我们不可能精确定位它的位置……没有人能够使手段（符号）和目的（意义）相同一。符号总是通向符号。（Sarup，1993：33）

总之，由于德里达支持“在场”的观念，他既对作为哲学观点的实证主义进 112
行了批判，也对作为西方普遍思想的实证主义进行了批判。

> **定义栏**
>
> **延异**
>
> 延异是下列要素的融合：
>
> ●差异：指实体彼此间的差别，这种差别造成了意义的对立关系和层级。
>
> ●延缓：符号和语词只能通过其他途径被定义。符号和语词的定义只能借助其他不同的符号和语词才能完成，意义总是被延缓。

正如上文所述，德里达使用了抹除（sous rature）或涂抹（under erature）的观念，当语词被书写又被划除时就会发生抹除，比如，海德格尔曾写下“存在”，然后又将其划除或删除掉，但这个划掉的语词又被印在了文本中，这表明该词虽未能准确传达需要传达的意义，但我们只有这个词，因此有必要保留它。海德格尔主张，存在是“所有能指涉及的终极所指，是先验所指”（Sarup，1993：33）。德里达将延异定义为“一场运动，语言或任何文献编码、文献系统一般都是根据这场运动被‘历史地’构建为一张差异之网的”（Derrida，1982：12-13）。延异与解构以这样的方式紧密地联系在一起，尽管二者都试图颠覆传统的形而上学陈述，人们最终还是得进行陈述。在研究工作中，无论人们希望经验数据能够提供多少内容，最终研究者和研究群体都会对经验数据展开评述；人们总会有话要说。虽然语言无论在逻各斯中心主义还是在言语中心主义语境下都不能完全传达意义，但通过意义、语言和符号之网，研究能够表达想要表达的东西。例如，与言语完全一致的文字是可以获得的，但“纯粹而严谨的言语文字”不存在；所有的文字都包括标点符号和空格（Derrida，1982：5）。总之，意义总是与历史性、个人语言、符号、经验和解释交织在一起。

科学知识和叙事知识：利奥塔

利奥塔（Lyotard，2004）质问知识的地位，以及科学知识和他所谓的叙事知识之间的关系。科学知识包含大量规则，这些规则决定或规定了某物是否是科学的。首先，陈述者应当言说真理，并且应当能够提出证据或能够反驳对立陈述。
113 其次，想获取真理的人或聆听者也将成为潜在的陈述者，因此他们需要决定是否赞成所听到的陈述，同时他们还被期望能够提出证明或反驳。最后，指涉物必须与真正的存在物相符合。然而，真正的存在物只能由言说的东西来确定，因此这里就会出现问题。

“解决此一难题的科学方法，包括了下列两项必须遵守的法则……这两种法则为 19 世纪科学界所谓的证实法和 20 世纪科学界的证伪法奠定了基础。”[①]（Lyotard，2004：23-25）然而，“科学说法，无法仅靠向外发布消息，就能获得承认……只能教授一些目前可以用论点和证据来证明为真理的理论，这样才能被人接受。科学知识本身从来不怕事实被曲解或反证”[②]（Lyotard，2004：26）。积累的知识通过可接受的陈述而被定义，这些知识可能会不断地受到质疑。叙事知识属于“非科学知识”，尽管叙事知识和科学知识属于不同的知识类型，二者“都由许多说法所组成，而这些说法，是由参与者在一般公认适用的法则所组成的架构下所采取的‘步法’。每一特别品类的知识都有其专门的特定法则”[③]（Lyotard，2004：26）。叙事知识并不优先考虑合理性，因而它不为实证主义话语和科学知识所接受。也就是说，利奥塔批判宏大叙事，他认为坚不可摧的理论并不存在，小叙事才是有吸引力的知识形式，小叙事提供了知识传播的最佳方式。“利奥塔告诉我们，后现代科学追求的是悖论、不确定性和未知的东西，而不是试图构建另一个适用于整个科学共同体的宏大叙事。”（Sim，1998：9）

反思栏

研究目标

提出证据……的目标不再是追求真理，而是追求一种生产的表达，也是最理想的输入/输出的等式。国家与公司都必须扬弃理想主义者和人道主义者的那种合法化的叙事论述，以便为新的目标找到根据。按照当今研究基金的投资人士的观点，他们坚信的唯一目标就是权利[④]。他们收买科学家、技术工程师和工具设备，用来争取加大权利砝码而不是追求真理[⑤]（Lyotard，2004：46）。

请思考真理和权力对知识发展的作用之差异。

---

① 译文引自让-弗朗索瓦·利奥塔：《后现代状况》，岛子译，长沙：湖南美术出版社，1996 年，第 89 页。
② 译文引自让-弗朗索瓦·利奥塔：《后现代状况》，岛子译，长沙：湖南美术出版社，1996 年，第 92 页。
③ 译文引自让-弗朗索瓦·利奥塔：《后现代状况》，岛子译，长沙：湖南美术出版社，1996 年，第 93 页。
④ 译者注：此处及下句中的“权利”应译为“权力”。
⑤ 译文引自让-弗朗索瓦·利奥塔：《后现代状况》，岛子译，长沙：湖南美术出版社，1996 年，第 139 页。

小　结

就社会科学研究进路而言，后现代主义和后结构主义可能更有洞见、更有益处。例如，这些进路中与意义有关的观念、对主体的强调，以及理论框架都强化了社会科学研究。而且，社会科学研究中存在的事实与文献之间的差别、文本的 114
生成都对语言的能力（分析、解释朴素实在论或批判实在论的能力，以及决定语言具有的意义的能力）提出了质疑。语言是不确定的、隐喻的和模棱两可的，它不能以明确的方式在文献中给出意义。相应地，由于语言在传达研究过程的意义时起着核心的作用，因此形成客观立场并在一种清晰合理的语境下对外部实在进行反思的基础就遭到了破坏。学者间的对话和指导是最关键的，而在社会科学研究和理论的生成过程中，证实和解释已经变得不那么重要了。由于采用了具有现象学传统的范式，真理不再是固定的、被发现的东西，它是借助群体反思性以历史的、相对的方式构建的，理论家和实践者，或者说研究者与研究对象的角色在研究和理论生成的过程中可以互换，当然这并不会对从事研究工作的研究者的地位造成什么困难。

关于理性、真理、理论或实在，研究者所说的东西能比情境的实际参与者所说的东西更深刻吗？关于解释，我们能够获得好的解释和深刻的理解吗？我们可以质疑人们是否真的说出了他们的心中所想吗？态度和行为有关系吗？个人对价值体系和明确表达的态度有确切的理解吗？考虑这样一个理想化情境，其中，诸如曲解、霍桑效应[1]（Hawthorne effect）、欺诈等情况都不存在，应答者能够在现有环境中公开清晰地表达自己的想法。困难在于要使应答者的想法有意义，就必须对偶然情况进行分析，人们会在不同的时间说不同的事情，人们会受之前说过的话的影响，人们还会受到问题如何提出、访谈或对话如何展开的影响。从根本上讲，后结构主义者认为，语言包含一种比喻性隐喻立场，这种立场是偶然的，不太能反映复杂的情境。实际上，语言不是实在的镜像，语言是个棱镜，被观察对象通过这个棱镜得到理解或解释。语言勾画出了理论，而理论则反映出真理的多面性。

话语分析也认为，个人是前后矛盾的，语言也是偶然的。仅仅因为某个人在情况 a 或 b 中言说了 x 或 y，并不代表就可以得出一个普遍结论，因为在其他不同的场合他可能会持不同的观点。个人的陈述总是有许多变化，不同的人以不同的方式陈述事情，即使是同一个人也会以不同的方式陈述事情。这种情况显然会对真理和普遍性造成影响，它会引导研究者如何对人们在具体情境下所言说的事 115

① 译者注：霍桑效应是心理学上的一种实验者效应，指当被试知道自己成为被观察对象而改变行为倾向的反应。

情进行理解和分析。在这种情况下，访谈或小组讨论（focus groups）就不只是收集经验数据的方法，而是成了研究的一部分。不过，信念具有偶然性，人们真正的想法也飘忽不定，但通过聚焦于特定的问题，我们还是可以确定一些反思性看法的，这些问题包括：

- 不同的观点在何时何处被表达出来；
- 这些观点是如何形成的；
- 特定的具体观点在特定的具体情境中履行何种职能；
- 某种特定观点属于哪种语境。

后现代主义和后结构主义分析了许多困难，这些困难不仅与理论主张的权威性、提出理论假设的方式有关，还与理论建构的方式以及理论所使用的语言如何使理论获得霸权地位有关。登青（Denzin，1989）指出，后现代主义应通过专注于人的生活和环境努力实现对研究对象的理解，随后提出个体成员或群体共同传播的文本性解释、局部的故事及局部的历史。这样做的结果是实现了多重话语，对话式解释理论是在局部解释中那些含混内容的基础上建立起来的（Denzin，1989：20）。后现代时刻“已经普遍存在于有趣的个人生活中”（Denzin，1989：189）。后现代主义、后结构主义辨析和例证了多重性、矛盾性、多样性和碎片性，它们没有框架，也不会提出可信的或永恒的真理。几种不同的观点都表征了实在，人类的经验是在语言和话语中构建的；经验并非外在于语言的，而是在语言中被体现出来的。“那么，究竟什么是后现代呢……要想成为现代作品，必须具有后现代性。因此，后现代主义并不是现代主义的末期，而是现代主义的初始状态，而这种状态是川流不息的。”[①]（Lyotard，2004：79）（表 7.1）

表 7.1 现代主义、结构主义、后现代主义及后结构主义

观点	内容
现代主义	通常表示高级（后启蒙运动的）或前卫的西方艺术和思想
后现代主义	挑战了那些源于启蒙运动，存在于哲学（二元论）、物理学、艺术和政治中的现代主义观点
结构主义	通常用来形容一种欧洲运动，它用结构语言学解释社会现象。结构主义认为社会和文化现象中包括的不是简单的物理对象，而是具有意义的实体
后结构主义	结构主义的目标是成为一个框架，将这个框架用于人文科学研究就能够提出对人类的通盘理解。后结构主义正是起源于对这种结构主义的批判

① 译文引自让-弗朗索瓦·利奥塔：《后现代状况》，岛子译，长沙：湖南美术出版社，1996 年，第 206～207 页。

扩 展 读 物 116

Denzin, N. and Lincoln, Y. (1994) *The Handbook of Qualitative Research*, 1st edn. Thousand Oaks, CA: SAGE Publications.

Denzin, N. and Lincoln, Y. (2000) *The Handbook of Qualitative Research*, 2nd edn. Thousand Oaks, CA: SAGE Publications.

Denzin, N. and Lincoln, Y. (2005) *The Handbook of Qualitative Research*, 3rd edn. Thousand Oaks, CA: SAGE Publications.

Lyotard (2004) *The Postmodern Condition: a Report on Knowledge*. Minneapolis, MN: University of Minnesota Press.

Norris, C. (1987) *Derrida*. London: Fontana Press.

Rosenau, P. M. (1992) *Post-Modernism and the Social Sciences: Insights, Inroads and Intrusions*. Princeton, NJ: Princeton University Press.

Sarup, M. (1993) *An Introductory Guide to Post-Structuralism and Postmodernism*. Hemel Hemstead: Harvester Wheatsheaf.

Sim, S. (ed.) (1998) *The Icon Critical Dictionary of Postmodern Thought*. Cambridge: Icon Books.

第8章 民 族 志

引 言

本章主要考察民族志，对于社会科学研究者而言，民族志是一种重要的方法论进路。此外，本章还列举了一些与民族志研究有关的案例，并讨论了与这种方法论进路相关的本体论和认识论问题。民族志可以被定义为一种方法论进路，它是在人们对文化和文明的起源产生兴趣的情况下出现的。民族志描述社会群体，它最初与人类学以及对所谓（原始）社会的研究分析有关系。人类学试图理解处于其他或异族群体社会环境中的人群。在传统民族志学者看来，研究是实地开展的，为的是把握和理解社会行动及社会行动的意义。研究者不是以构建的环境或实验为基础的，而是以自然的日常情境为基础的，因为那是他们的研究对象（或参与研究工作的人们）生活的地方。不是所有的定性研究都可以被称为民族志，民族志专注于研究人类事务或人类文化的作用。也就是说，文化本身是一个很难定义的术语，因为它有许多截然不同的用法。但在民族志中，它被用来表示理解群体社会交往的方式。实际上，我们可以把文化当作一种抽象物，它适用于或大或小的群体，比如，在一家小企业里工作的人们、一个地区甚至一个国家。

民族志研究试图通过其他文化立场的规范和价值观去理解某些群体或社会的价值观，以及某个群体或社会的规范（文化）。不过，某些分析者主张，即使民族志学者十分注重经验观察，他们通常也会使用理论框架，以确保研究者与研究对象之间保持一定的距离（Silverman，1985）。

总而言之，民族志进路旨在通过开展长期研究，寻求对社会和群体的生活世界（日常的存在）形成共识性理解并把握其意义。显然，如果研究场所与研究者本身的环境或情境有关，那么因为他/她已经对情境有所了解，所以研究周期就会大大缩短。

定义栏

文化

文化代表可接受的行为，文化从根本上决定着人们如何思考。文化指导行动，它由符号、规范和价值观组成，它包含着世界观，并且通常是内置的，以至于它总在变化，却又不被察觉。只有当我们把注意力转向文化这个概念时，

> 它才逐渐变得清晰；换言之，我们需要一个意向性层次。总之，文化刻画出了特定社会中什么样的行为和思想是可接受的。霍夫斯泰德[①]（Hofstede, 2004）主张，人们通过心理程序学习文化。心理程序贯穿我们的一生。然而，大部分心理程序都是在我们的个性形成期内开展的，那时，我们的学习更加容易，因为我们只有很少的前概念。文化与人类的本质和我们的社会存在都具有内在联系。
>
> 感觉、思维和行动的模式一旦建立就很难改变。

学习的来源是社会环境，学习始于家庭，随后由其他群体转向其他阶层。

> **定义栏**
>
> **民族志**
>
> ●对当地的社会环境和处于更宽泛的社会语境中的群体所具有的观念、规范符号及价值观进行评估和分析。
>
> ●聚焦于经验数据收集的方法和经验数据的数量、质量。
>
> ●承认理论存在，并使用这些理论来指导研究。
>
> ●以开放性思维去接触研究领域。
>
> ●对大量可理解的观察进行分析。
>
> ●参与到被研究对象中。
>
> ●近距离接触和个人参与。
>
> ●三角校正法（triangulation）以及将经验数据收集的定量法和定性法相结合。

阿特金森（Atkinson）和哈默斯利（Hammersley）（Atkinson and Hammersley, 2007）主张，民族志具有以下特征：并非通过演绎过程或假设检验，而是通过归纳过程研究社会现象的；倾向于处理那些在收集时就被归入某种范畴、主题或类型的经验数据；以非常详尽的方式研究数量较少的案例或单个案例；在对意义和行动做出解释的基础上进行经验数据分析，相对于定量技术，经验数据分析更注重采用定性解释。民族志是一种存在争议的方法论，因为它涵盖不同的本体论和认识论观点，不过它在所有语境中都对人类群体提出了深刻见解，它使我们能够 119
理解不同的人类习俗或不同的人类世界。也就是说，我们可以基于普遍的或常规的民族志立场，在研究工作中采用各种不同的观点，包括实证主义民族志、批判民族志及建构论民族志。

虽然在某些情况下，“社会科学”这个名称不太受欢迎，因为它使用“科学”这个字眼使它似乎具有实证主义内涵，但它的确提出了在社会领域描述研究活

① 译者注：霍夫斯泰德，荷兰社会学家、心理学家，曾提出著名的“文化维度”理论。

动的跨学科特征的方法。实际上，民族志可以超越学术范围，对政策和人们的日常生活产生影响——它为理论和实践的综合提供了契机。斯科特-琼斯（Scott-Jones，2010）主张，民族志应当研究如何改变人们的生活。实际上，尽管大量文本都对民族志进行了定义，但斯科特-琼斯（Scott-Jones，2010）从社会科学中搜集了各种民族志研究的实例，这些社会科学都使用或依赖于不同类型的实地研究（表 8.1）。虽然我们很难在一般的方法论文献中对此进行详细论述，但是，民族志并不只是从反思立场进行参与式观察的。本章将从以下几方面对民族志进行分析和描述：

- 历史渊源；
- 如何与社会科学研究相关联；
- 不同类型的民族志方法论；
- 民族志为何关注政治、权力和伦理行为。

表 8.1 民族志的类型

类型	内容
实证主义民族志	结合了实证主义的本体论和方法论立场，因此研究应通过与自然科学相似的流程来寻求知识的积累。应确保客观性，并与研究对象保持距离；任何与研究对象的互动都会对经验数据和研究结果造成破坏，因此非参与式观察是主要方法
批判民族志	利用了批判理论，注重分析，并且包含伦理关怀。批判民族志会询问，当研究者解释或传递关于他者的信息时，什么是最关键的东西
建构论民族志	需要对“形成”的现象流以及与这种“形成”相关的世界的持续变化采取无条件的超然立场（detachment）。世界是一个与人有关的社会建构物，它由意识形态、权力、政治和文化来定义及决定，这些内容都是隐含于这个建构物中的

120 **问题**

经验数据收集的方法

- 观察
- 参与式观察
- 文化和社会产物分析
- 日记和个人档案
- 生活历史
- 重点深入的访谈
- 小组讨论
- 话语和语言分析

民族志研究如何使用这些方法呢？

民族志的简短历史

民族志是对人的研究；*民族*（*ethnos*）是希腊语，意为人民，志（graphic）意味着澄清某些事情和/或研究某些现象。正如上文所指出的，民族志的基础是人类学。200 多年前，人类学成为支持民族志的方法，它为民族志开展研究、理解在自己的环境中生活的人们提供了独特的路径。19 世纪，人们提出了一种调查方法，它可以帮助非专业研究者记录他们在旅途中遇到的那些人的行为，因此“不是人类学家的那些人”可以为希望在家从事人类学研究的科学家提供各种经验数据（《人类学的笔记与质疑》，1874 年；引自 Tedlock，2000：456）。不过也有人认为，这种经验数据包含诱导性问题和以简易方式收集的经验数据，它们强化了人们的前概念和各种偏见。尽管这种进路受到了科学群体的质疑，但是到了 19 世纪末期，直接参与研究对象的生活已经成为理解他们生活的一种必要手段。马林诺夫斯基[①]（Malinowski，1922）主张，民族志学者应当理解“当地人的看法”，此时的民族志学者着重强调“参与式观察，通过实地工作者的学习——学习如何观察、思考，如何像内部人或当地人那样做事——来实现对人的理解”（Tedlock，2000：456）。也就是说，民族志的实地工作者应当成为“最低限度的当地人”、“对学术陌生的人”或“自我否定的使者”（Tedlock，2000：457）。

“当地人”这个术语在 19 世纪被认为是欧洲文明的对照物。那时的小说一般会对“土著化”进行负面描写，因为它有悖于纯粹的欧洲文化和欧洲精神。土著化包含一种“害怕”，害怕殖民者坠入其他堕落的（野蛮文化）会发生文化污染的 121
情形。约瑟夫·康拉德的小说《黑暗的心》就对这种堕落有过描写，书中的人物库尔茨最终经历了欧洲人害怕经历的那些事。《黑暗的心》刻画了欧洲殖民者文化与外来的、原始的非西方世界文化之间的界限。

非洲人则开始挑战欧洲殖民主义的合理性，适合欧洲的东西在非洲变得很荒谬。这种荒谬性质疑了殖民主义观点和殖民主义叙事，由此欧洲观点的权威性开始面临危机。库尔茨在象征着非洲荒原的“野蛮却又挚爱的情人”（Conrad，1986：137）那里迷失了自我，同时他也迷失在了荒原之中。然而，即使迷失了，他还是通过这次旅行窥见了自己的本性、欧洲的文化及人性。实际上，库尔茨通过土著化见识了人的可怕的本性或者说人的“恐怖”，这是对自我的一种根本性认识。库尔茨堕落为野蛮人，从而产生了“关于堕落的叙事，它揭示了殖民者在异国他乡的脆弱”（Tedlock，2000：457）。在研究语境中，土著化就是要尽可能接触被研究对象的观念、信仰及道德立场，这通常包含对自我和他者进行有限的反思。威

① 译者注：马林诺夫斯基，现代人类学的奠基人之一，倡导以功能论的思想和方法论从事文化研究。

利斯（Willis，1977）近距离接触了应答者的文化，但他因“过度联系”（over-rapport）而导致自己对研究工作过度参与，因此无法对研究中存在的问题进行评估。他基于对来自工人阶级的男学生进行的研究提出了一种亚文化观点，并将该观点推广到一般的工人阶级群体中。然而，他忽略了其他工人阶级的看法，因此他通过研究经验数据和解释所得出的关于工人阶级意识的观点是有缺陷的。威利斯在校园里发现了亚文化或反主流文化，并主张这种文化是体力劳动者的职场文化的基础。他还表示，遵守常规文化的人们不能很好地适应体力劳动。从根本上讲，民族志学者需要扮演各种角色，但如果研究想要确保“获得参与式立场”，在处理“过度联系”问题时，他们就必须保持一种边缘化地位（Hammersley and Atkinson，2007：88）。民族志学者遇到的主要困难是在开展实地研究时扮演哪种角色最合适。两个极端分别是完全参与者和完全观察者。尽管这两种极端观点对收集经验数据和开展分析来说都十分有用，但那种不太明确的角色，例如参与式观察者或者作为参与者的观察者，则使我们可以在“土著化”和科学或实证观点之间选择一种中间立场。完全参与式方法在开展隐藏研究（covert research）工作时比较有用，但太过于接近被研究对象（土著化）可能会使其在一定程度缺乏超然立场、客观性和反思性。

122 **反思栏**

土著化

“‘我有宏伟的计划’，他犹豫不决地喃喃低语……‘我就要去做一些大事’……他对着某个形象、某个幻影轻轻地喊了一声——他喊了两次，可声音比呼吸高不了多少。‘可怕！可怕呀！’”[①]（Conrad，1995：108-112）

请思考帝国主义、人类学和早期民族志研究之间的关系。想想库尔茨身上发生了什么，并思考这对理解民族志有什么启示。研究者应如何处理与“土著化”和过度联系有关的问题呢？

研究者不应当“土著化”，而应当确保主体与对象之间保持一定距离。土著化应当被避免，因为完全成为当地文化中的一员可能会损害研究成果，正如《黑暗的心》中的库尔茨的遭遇，以及电影《现代启示录》中的情节那样。在某个专制的语境中，完全的成员化可能会破坏其他人的思想，并且导致曲解、误解以及不正当或过度的概括。有人认为，早期民族志研究未能真正对“他者”进行深入探讨，它对西方社会与所研究的对象进行了同样多的探索。通常情况下，人们在涉及劳动、自然资源和领土的使用时才会对“他者”感兴趣。从根本上讲，早期民族志学者和人类学家关心的是如何向当地人反复灌输殖民主义和帝国主义思想。

① 译文引自朱炯强编选：《康拉德精选集》，济南：山东文艺出版社，1999 年，第 114、119 页。

实证主义民族志

人类学和民族志的实证主义立场一度在19世纪成为主流思想。该立场从主流社会结构中产生，它对“他者”的认识属于帝国主义殖民式认识，这体现出一种优越的文化态度和文化观。民族志研究最初由“西方传教士、探险家、海盗和殖民地管理者”开展，这些研究中体现着征服者和文明化的观点（Vidich and Lyman，2000：5）。文化是根据西方对世界的优越看法来解释的。实证主义民族志立场的困境在于，研究者的世界观和他/她对于经验数据的决定——哪些经验数据是重要的——指导着观察活动。民族志研究在收集经验数据时既可以采用实证主义立场，也可以采用现象学立场，也就是客位[①]（etic，研究者的价值观最重要）或主位（emic，被研究对象的价值观最重要）立场。采取哪种立场取决于被研究者或被研究的情境，研究者或者与情境融为一体，或者采取更为客观的认识论立场。对于早期实证主义民族志来说，西方关于世界的客位立场指导着研究活动、研究规范及研究 123
伦理，很明显它是基于当时主流的社会科学研究立场而形成的。

在西方社会眼里，民族志对人类、社会和文明的起源感兴趣不是源于对欧洲文化的分析，而是源于对（所谓的）缺乏文明的文化的分析。民族志这个概念来自探险家、传教士和早期的企业家们的帝国主义及殖民主义理解。实际上，西方人一开始把自己当作（利用自然和社会科学研究的）施惠者。之后，施惠者的概念被进化过程的观念所取代，这种进化观与查尔斯·达尔文在《物种起源》（1859年），以及赫伯特·斯宾塞（Herbert Spencer，1820—1903）在《第一原则》（1862年）中所阐述的理念息息相关。它使得实证主义的民族志立场——具有优越感的研究者从客观立场分析“他者”——得到了进一步强化。实际上，对人类关系的这番理解可以追溯到黑格尔的奴隶主-奴隶二分法观点，以及与自我和他者的相互承认有关的问题。

问题

进化

请辨析并解释什么是进化论？该理论如何成为帝国主义、殖民主义和实证主义的帮凶？

实证主义民族志坚持知识产生的经验主义观点。在实证主义本体观和认识观基础上，实证主义民族志相信社会科学面临的困难与自然科学相似。因而，社会

① 译者注：客位与主位是两种不同的实地研究立场，客位指从外部或观察者的立场进行研究，主位则是从社会群体内部或研究对象的立场进行研究。

科学研究也应当通过与自然科学相似的流程寻求知识的积累。我们必须坚持客观性，并同研究对象保持距离；与研究对象的互动不但会破坏经验数据，还会破坏研究结果。我们应当追求因果性，因果关系不仅是人类活动的基本原理，也是实现简化和理想化、运用演绎方法的基本原理。预测是最重要的工作，一旦我们可以预测结果，我们就获得了完备的解释，以至于可以通过最适合的方式控制结果或产生想要的结果。其中的每一道程序都对我们在第 3 章讨论过的“科学方法”的观念给予了支撑。实际上，就其本质而言，实证主义民族志的基础是一种从事社会科学研究的具体模式。

然而，尽管在有些方面坚持了实证主义立场，实证主义民族志却在许多方面未能遵循科学方法的流程，其中包括：

- 主客体（主体性和客体性）之间的互动；
- 参与了自然环境（生活世界）；
- 124 探求与日常（生活世界）有关的意义；
- 灵活的开放式研究方法（方法的三角校正法）；
- 研究过程不具有过多的结构（主要是归纳的）；
- 测量不是主要目的（意义和解释才是必要的）；
- 数字经验数据不是最合适的经验数据（语词是最重要的）。

因此，许多实证主义和后实证主义者对民族志的这些所谓非科学的观点进行了批判，在许多情况下，民族志只在研究过程尚处于探索阶段时才会被使用。这使得实证主义民族志更强调程序化、严谨性和客观性，并且主张这种民族志进路是科学的。外部实在需要得到解释，严谨的民族志学者可以确定什么是外部实在，并对它进行解释。通过严谨的程序，民族志学者可以把握和解释具有确定性的实在。另一些人则放弃了实证主义和后实证主义观点，转而将民族志定义为一种不同的社会科学研究形式，他们采用了批判理论范式，从而形成了批判民族志。

批判民族志

批判民族志学者使用了基于批判理论的社会科学研究模式，他们不只注重分析，他们还边分析边思考如何对人进行表征这样的伦理问题。如何表征人的问题就是如何对待人的问题，对群体社会和个人进行解释的那些人们手中既握有巨大的权力，同时又承担着巨大的责任（Hall，1997）。

在利用民族志研究从事社会科学研究时，我们与人打交道，通过解释者的解释视角了解他们的经历和文化。不过，批判立场会询问，在呈现和表征他者的生活及故事的过程中，对于研究者转变为信息的传递者和熟练的解释者来说，最关键的问题是什么。他们都是研究者已经了解的人，是他们允许研究者传播自己的生活、故事和文化。实际上，当批判民族志学者参与到社会科学研究中，对他者的生活进行解释和表征时，他们需要探讨许多伦理问题，这些问题包括：

- 对目的和意图的反思与评价；
- 确认结论和可能的伤害；
- 创建并维持研究者与研究对象之间的对话与合作；
- 就地方性（localism）和普遍性在人的状况方面之间的关系给予说明；
- 考虑研究如何保证公平性、如何对自由和平等产生影响。

实证主义“民族志受到了批判民族志拥护者的批判，理由是实证主义民族志 125
采取了不恰当的理论视角，忽视了压迫的存在以及产生压迫的原因，更为重要的是，实证主义民族志未能与旨在实现解放的政治运动联系起来”（Hammersley，1992：96）。批判民族志学者应当从批判视角审视人的行为，发展一种有利于解放运动的社会科学理论。他们应当聚焦于文化环境中那些代表不公正、不平等及控制的强迫和/或镇压现象。通过对立场、观点、规范、符号和价值观进行怀疑，批判民族志方法论可以在更宽泛的社会语境下记录、评价和分析当地的社会环境与群体。批判民族志以社会科学研究作为其坚实的基础，从根本上讲，它主要关注社会变革，关注对人类现状的批判。

批判民族志主要关注定性/定量经验数据，注重以非设定方式开展经验数据的收集和解释，包括经验数据收集的创新方法和对经验数据的创造性分析。举例来说，话语不应被认为是空洞无意义的，而应根据权力关系，以及研究者、研究对象和研究环境之间的关系来进行分析，研究环境中的权力关系和责任应当接受批判式评估。不仅如此，研究者对经验数据的影响和整个研究过程也应当接受批判式评估，我们应对研究的用途、汇报和研究的有效性做进一步的审查。

研究者应当承认社会理论存在，而且这些社会理论应当被用于指导社会研究，同时研究者应当以开放的批判态度接近研究领域（对于大部分社会科学研究工作来说，这是个有问题的二分法；个体研究者如何可能既具有理论性前概念又保持开放的态度呢）。批判民族志进路主要应当强调对大量可理解的观察进行反思性分析。研究者必须甘愿参与到研究对象中去，亲自参与和近距离的接触都是非常必要的。三角校正法也是批判民族志研究的一项重要方法，我们应当鼓励人们将经验数据收集的定量法与定性法结合起来。这些方法可以包括：非参与式观察、参与式观察、文化和社会产物分析、日记和个人档案、生活史、重点深入的访谈、小组讨论、话语和语言分析等。

定义栏

批判

批判民族志学者所使用的“批判”一词来自德国哲学，具体地说来自康德、黑格尔和马克思。马克思采用了康德与黑格尔的思想和著作中所提出的关于理
126 论与实践之关系的观点，并对这些观点进行了改造。这些观点与古代人所信奉的观点大相径庭，例如，亚里士多德认为理论与实践是彼此截然不同的；实践知识只是或然性的，并不具备确定的有效性。实践知识并不直接指向真理，而是专注于确定什么是善。相反，理论注重沉思和理解永恒的“真理及其本身的价值”。康德提高了实践知识的地位，他根据伦理行为和形而上学思维来考虑实践问题。这与实在非常不同，实在是自然科学理论所研究的对象。黑格尔通过将形而上学的实在与理论——作为世界中的存在（being）的理论——进行综合，从而消除了这些差别。启蒙运动提供了一个历史环境，使理论和实在得以调和。马克思质疑了这种调和，他主张，历史已经走到了这一刻，理论和实践的差异可以被消解，人类的解放使这一点变得非常明显，并且历史唯物主义或马克思的理论立场中已经表现出了这种调和（Hammersley，1992）。

批判民族志十分灵活，与施特劳斯的扎根理论不同，批判民族志并不设定经验数据收集的程序，这为在经验数据收集过程和持续分析方面进行实用主义研究提供了契机[正如格拉泽（Glaser）的扎根理论进路所指出的，详见第 9 章对施特劳斯和格拉泽扎根理论进路的评价]。不过，最主要的不是出现了一种完全的归纳方法，因为理论框架、本体论和认识论立场指导着批判民族志方法。就批判民族志而言，经验数据和理论可能并不总是完全对应的，但即便它们不相对应，这也仍然表明了理论在具体的经验研究和分析中的解释力。批判民族志不应当只注重经验数据，而应当确保批判理论的研究范式和具体的理论框架可以指导我们进行分析。也就是说，我们很难将理论与经验材料整合在一起，随着我们在批判民族志中更加强调反思、更加注重理论，涉及其中的许多经验数据都变得有问题了。因此，批判民族志学者应专注于特殊的经验数据，或那些关系到解放、关系到所分析情境的不公正现象的经验数据。

批判民族志学者在处理经验材料时应专注于近距离的解释和理论分析，应当坚持采取否定态度，否定的方式可以是引入反事实，或者引入某些本应涉及却并未涉及的东西，或者否定那些似是而非的东西。如果采用这样的研究过程和这种对待经验数据的态度，那么批判民族志就能够解决实证主义立场遇到的权威性难题。采用批判立场的民族志可能会允许人们持有非政治观点，但不会声称他们的
127 工作是完全客观的，它认可主观性或偏见的存在。我们可以从韦伯的观点出发进行价值判断，韦伯认为，现象远非价值中立，但是一旦现象得到确认，为了发现

真理，我们就应在悬置实践价值判断的基础上对现象进行研究。当然，这里的困难在于人们如何悬置自己的价值判断。价值判断不是始终伴随着人们吗？后现代民族志学者比批判理论范式走得更远，他们在建构论和参与论研究范式的基础上发展了社会科学的研究立场，建构论和参与论研究范式可能都不会采用批判立场，但它们都赞同将主观倾向包含进来。

后现代/建构论民族志

不同的社会科学研究进路之间存在差别，包括实证主义民族志与批判民族志以及建构论者之间的差别，这些差别产生了后现代民族志方法，该方法致力于理解它（后现代民族志）如何在引人注目的个人生活中实现普遍化（Denzin，1989，1994：42，120，原文中包含括号）。后现代民族志需要对世界保持一种无条件的超然立场。存在一个“形成”的现象流，根据这个“形成”，世界在不断变化。在这方面，世界是一个与个人有关系的社会建构，个人则由意识形态、权力、政治和文化这些隐含在建构中的内容所决定。

历史、价值观和伦理立场都被解构了，它们被视为由权力掮客或社会结构中的不同群体所选择的自利性事实。所有表征实在的普遍理解或宏大理论都遭到拒斥。通过解构，人的存在性得到了阐释，社会科学也在局部层面上得到了理解——它只能达到有限的普遍性。实际上，“局部”亦是相对的，可能会产生连续的变化。因此，普遍性被搁置在一边，我们应当追求“厚描述”（thick description）和“厚解释”（thick interpretation）（Geertz，1973；Denzin，1989）。此外，一般历史被推置于边缘地带，与所分析情境有关的局部历史则被赋予了更确切的意义。

定义栏

解构

解构辨析了文本的假定意义（文本希望表达的意义），之后揭示出这个假定意义其实是建立在一个矛盾之上的。随后，解构表明，建立意义描述的基础既复杂又不稳定。文本不是只具有单一意义的统一实体，而是包含着许多不同的相互矛盾的意义和解释。

一些研究者认为，后现代民族志进路只是记录了应答者的话语，并且接受了 128
应答者对实在的知觉，很少有社会科学研究涉及其中。其他人则主张情况不是这样的，后现代民族志也包括对应答者话语进行的分析。当然，接受分析的那些应答者的话语可能是非常出色的，但我们不能对这些话语进行未经批判的报告、分析和解释。显然，与对有效性的批判一样，普遍化的程度也应受到质疑。登青

（Denzin，1989），以及登青和林肯（Denzin and Lincoln，1994）为后现代主义民族志提供了一个反驳上述论证或走出两难困境的方法，它包括：

- 使自己融入研究对象的生活中；
- 通过严谨的工作实现对对象的深度理解；
- 对研究对象的故事做文本性重现和解释。

后现代民族志研究属于社会科学研究，因为它涵盖了理论和经验（实践和经验）的综合体。“最终的解释理论是多重话语和对话式的。它建立在局部化解释的基础上……并将隐含在那些解释中的东西明确地表达出来。”（Denzin，1989：120）后现代民族志认识到，世界上的人们共同分享着这个世界，每个人都以特定的方式对世界做出回应。因此，对一般情境的理解就变得很成问题，但也不至于像纯粹后现代主义所认为的那样完全不可能。

该语境下的社会科学研究最终包含着个人与研究对象在价值观（体现在研究环境中）方面的互动，以及个人与参与研究的其他人之间的互动。实际上，对于后现代民族志（以及现象学家海德格尔和梅洛-庞蒂）而言，其所研究的内容为研究和调查指明了方向。研究者身处他们自己的社会的、历史的及文化的历史中，我们需要在更普遍的语境中为这些历史赋予意义。从根本上讲，既涉及当前的理论框架，又与历史的理论框架有关的研究才是有意义的，当前正在进行的研究也只有在涉及个人研究者所开展的研究时才是有意义的。这种社会科学研究形式或者说建构论民族志的主要研究方法是参与式观察和反思，研究者借参与式观察和反思成为群体中的一员，并对自我和群体交往活动进行反思，这一点与行动研究十分相似。

定义栏

参与观察

参与观察（participant observation）最初作为一种研究方法而产生，用于研究相对由同种族人组成的小型社会。民族志学者在某个社会中生活一段时间，
129 学习当地的语言，参与当地的日常生活，并展开连续的观察。参与观察意味着在情感介入的同时保持客观的超然立场（Tedlock，2000）。

反思栏

对参与的观察[①]

库尔特·沃尔夫（Kurt Wolff，1964）在美国新墨西哥州北部的村庄进行实

① 译者注：“对参与的观察”英文表述为observation of participation。

地研究期间，描述了他如何与当地社群进行密切接触并完全融入其中，以至于他所见或所经历的一切都成为与他自己切身相关的，这甚至使他面临被伤害的风险。“多年以后我才明白在我身上发生了什么事：我坠入了文化模式之网，每一个概念网眼中都织入了我对他们的爱；我四处张望，忍受着饥饿和人们无情的目光。”（引自 Tedlock，2000：466）请将这里所描述的经历与约瑟夫·康拉德在《黑暗的心》中所描写的“可怕”进行对比和比较。

小 结

本章探讨了社会科学研究中几种不同的民族志解释（实证主义民族志、批判民族志和后现代民族志），并回顾了它们在西方的起源，以及它们与殖民主义、帝国主义、早期人类学的关系。最终，民族志认可了发展中国家的文化所具有的价值，并远离了鲜明的西方实证主义立场。实际上，随着实证主义进路的弱化以及批判立场和建构论立场的出现，人们已经认识到了“他者”的存在，认识到了主体与客体之间存在关联，也认识到了解释和理解是主观的、相对的。这种立场与民族志的现象学概念紧密相关，它将研究者视为研究过程的一部分，研究者并非远离和外在于研究过程的。

实证主义民族志学者认为，他们已经超越了对立场和行为的描述，他们提供的是对情境的深度解释。而且，他们不会考虑人类的解放，因为这样做会让他们变成批判民族志学者。批判理论家在价值论语境中对实证主义民族志进行了批判，他们认为后者依附于自然科学家所宣称的价值中立原则——在价值中立语境中，行为是从中立或价值中立以及客观立场被描述的。这种观点忽视了研究者的价值观在研究过程中的重要性，也忽视了政治和文化环境中所涉及的现有的价值观。

实证主义民族志立场的困境在于，研究者的世界观和他/她对于经验数据的决定——哪些经验数据重要、哪些不重要——指导着观察活动。从根本上讲，研究负载着价值观。问题是观察由谁的价值观来指导。正如上文所述，观察本身既可 130
以是客位的，也可以是主位的，那么更深层的问题就是，当人们的价值观各不相同时，如何对被观察对象进行理解（这也是从承载基督教价值观的立场出发，对所谓的原始活动进行殖民主义理解时所面临的困境）。不仅如此，人们还可以主张，后现代主义在普遍性和有效性方面也存在问题。

批判理论和后现代建构论民族志进路以现象学立场为基础，主张人的理解既具有主观性又具有相对性。民族志研究应当对人类进行定义，并且提供对人及其文化基础的社会科学描述，在这方面，我们可以根据“形成”来理解那个与“他者”相关的“自我”。建构论民族志研究应当表征一种理论与经验的完整综合体。

实际上,“最终的解释理论是多重话语和对话式的。它建立在局部化解释的基础上,并将隐含在那些解释中的东西明确地表达出来”(Denzin，1989：120)。如上文所述，登青认为，此时（后现代）的民族志方法应当“致力于理解历史时刻如何在人们的生活中实现普遍化”(Denzin，1994：189)。“经验具有主体间性，它不是个人的、固定的东西，而是社会的、过程式的。主体间性和对话是情境，人们在这样的情境中被打上了社会的烙印……也就是说，人与人之间存在差别……人们呈现出的可能只是他们的一部分身份。”(Tedlock，2000：471）批判民族志主张，实证主义民族志以常识的方式描述了基于微观的情境，它未能考虑到更宽泛的政治和社会框架。建构论民族志研究应当表征一种理论和经验的完整综合体。每种民族志进路都包含一个社会科学研究的独立立场，也包含对有效性和知识产生的不同理解，但每一种进路都在它们自己的、与其他进路不同的道路上努力奋斗着。除此之外，每种进路都不是完全独立的，将这些方法论进路或者说民族志进路综合起来可能更有助于加强社会科学的研究工作。

扩 展 读 物

Denzin, N. (1989) *Interpretive Interactionism*. Thousand Oaks, CA: SAGE Publications.

Denzin, N. and Lincoln, Y. (1994) *The Handbook of Qualitative Research*, 1st edn. Thousand Oaks, CA: SAGE Publications.

Denzin, N. and Lincoln, Y. (2000) *The Handbook of Qualitative Research*, 2nd edn. Thousand Oaks, CA: SAGE Publications.

Denzin, N. and Lincoln, Y. (2005) *The Handbook of Qualitative Research*, 3rd edn. Thousand Oaks, CA: SAGE Publications.

Hammersley. M. (1992) *What's Wrong with Ethnography?* London: Routledge.

Hammersley, M. and Atkinson, P. (2007) *Ethnography: Principles in Practice*. London: Routledge.

O'Reilly, K. (2009) *Key Concepts in Ethnography*. London: SAGE Publications.

第9章　扎根理论

引　言

本章将阐述扎根理论，并解释这种方法论进路如何建构理论、如何对所研究的领域或情境提出深刻洞见和理解。扎根理论通过收集和分析与先在理论及实践有关的经验数据来构建理论。扎根理论认为，人们过于强调定量研究，它希望降低“相关概念和假设的发现优先于研究活动”这一观念的地位。更多内容详见以下文献：Bryant and Charmaz，2007a，2007b；Charmaz，1983，2000，2006；Clarke，2002；Corbin and Strauss，1990；Cresswell，2007；Glaser，1978，1992；Glaser and Strauss，1967；Goulding，2002；Hood，2007；Strauss，1987；Strauss and Corbin，1990，1994。扎根理论指出，理论来源于经验数据，理论不能与产生理论的过程相分离。于是，问题、假说和概念都在研究过程中借助经验数据而产生（Glaser and Strauss，1967）。科宾和施特劳斯（Corbin and Strauss，1998）主张，扎根理论是观察和理解世界的方法论立场，主要包括以下特征：首先，它一方面是从客观立场对事件和情境进行批判分析的方法，另一方面则是识别主观倾向的能力；其次，它具有抽象思维，对有益的批评保持开放态度，它对研究中涉及的行为和话语具有共情及敏感性；最后，它使研究者完全投入并专心致力于研究、分析和经验数据收集过程。从根本上讲，扎根理论允许获得授权的研究者自己决定研究和经验数据分析的方向。实际上，由于扎根理论的研究方法相当灵活，所以该理论往往被来自不同研究领域和学科的学者所使用，使用的方式也不拘一格、各具特色。扎根理论在诸如商务学、护理学、政治学、心理学、社会学以及诸多一般性社会科学研究领域都得到了广泛应用。此外，在使用扎根理论时，大量有关本体论和认识论观点的哲学问题也得以澄清。笔者赞同扎根理论主要关注经验数据收集、经验数据分析和理论建构的观点，但鉴于这种被广泛运用的方法论进路的产生离不开相关的哲学基础，因此我们很 132
有必要对作为定性研究工具或机制的扎根理论的起源和发展进行一次梳理。

扎根理论的哲学基础

除现象学基础之外，格拉泽和施特劳斯（Glaser and Strauss，1967）还借鉴了杜威（Dewey，1950）的美国实用主义传统以及米德（Mead，1962）与布鲁默（Blumer，1969）的符号互动方法。杜威（Dewey，1950）主张，“花是土壤、空气、水分和种子相互作用的结果，我们可以在不了解这些相互作用的情况下享受花的芬芳。但不考虑这些相互作用，我们就无法了解花，理论就是关于理解的问题”。理论无法回答问题，“除非我们愿意在经验中找到它的萌芽和根源”（Dewey，1950：12）。

定义栏

实用主义

实用主义将真理定义为对信仰者或使用者有用的那些原则。只有在现状或事物与陈述或思想相符合时，真理才存在可证实性。客观真理不可能存在，因为真理必须与实践联系在一起，真理的主观维度和客观维度都是必要的。

在获取知识的过程中，一个至关重要的部分“是对关系的知觉，尤其是对我们的行动与行动的经验结果之间关系的知觉”（Scheffler，1974：197）。我们周围的世界和我们周围的人由此具有了更深层的意义，在这样的背景下，人们既需要经验，也需要保存那些经验的方法。然而现象学指出，经验不只是“被动地记录或观察现象，它还包括主动与环境条件进行相互作用，这一过程的结果被批判地记录下来，并作为反馈用于对未来行为的控制”（Scheffler，1974：197）。实用主义认为，从“孩童对周围环境的探索，到科学家对自然界的理论化解释，智力思维的模式如出一辙：以问题为契机开始最初的探询……实验……是富于教育色彩的经验”（Scheffler，1974：196）。

借助这些实用主义基础，我们可以根据符号互动来理解扎根理论：“个体这样
133 进入他自己的经验，只是作为一个对象而不是作为一个主体；而且他只有在社会关系和相互作用的基础上、只有借助于他在一个有组织的社会环境中与其他个体的经验交易，才能作为一个对象进入他的经验。”[①]（Mead，1962：225）我们通过使用语言、扮演不同的角色成为一个普遍化的他者，并且获得了作为普遍化他者的自我意识。这使得个人在成为一个普遍化的他者或者说一个自我反思的对象时，能够采取无偏见的一般立场观察和评价自己的行为。人们正是在这一点上成了他们自己，这也反映出黑格尔式承认以及“在世”的现象学基础。

布鲁默（Blumer，1962，1969）也将自己的工作建立在实用主义传统之上。他认为，“通常情况下，就像进行对话那样，人们以这样的方式对他者做出回应——解释他者的行动或言辞，进而在解释的基础上做出反应”（Blumer，1969：71）。扎根理论以这种观点为依据，提出研究应当建立在实在的基础上，研究者应当深

① 译文引自乔治·H．米德：《心灵、自我与社会》，赵月瑟译，上海：上海译文出版社，1997年，第200页。

入实地去发现/理解所发生的事情。人们在创造世界的过程中扮演着主动角色，借助在意义、行动和环境方面的相互关系，经验的本质得以不断发展，它产生了对现象的连续再解释（Corbin and Strauss，1990）。实际上，扎根理论主要是归纳方法，它不仅寻求对参与到所研究情境中的那些人们的解释，还寻求对收集经验数据的研究者的解释。扎根理论经由这一过程而形成，并被构建为一种实体理论。符号互动是人的独特行为，它是使我们成为人的一部分因素，因为我们“解释或定义彼此的行动，而不只是对这些行动做出反应”（Blumer，1962：179）。而且，人类具有指向自我的行动，人类也能够实施指向自我的行动。米德认为，对自我做出反应的能力是我们的核心生存机制。

该机制使人类能够针对环境中的事物对自我做出指示，进而通过他所注意到的东西去指导他的行动。“人类所意识到的任何东西……都会对自我做出指示……人类的有意识的生活……即是连续的自我指示流。”（Blumer，1962：180）这种观点与现象学的在世和意向性观点颇为相似。从根本上讲，“个人通过……自我指示产生的行动通常都发生在社会语境中”（Blumer，1962：183），背景或环境（先行结构）亦是如此，它指示可能的提问方式（Heidegger，1962/1984）。此外，斯特恩（Stern）认为，扎根理论是一种解释方法，其基础是“现象学这一描述人的世界或被研究者的方法”（Stern，1994：213）。

此外，它与海德格尔和梅洛-庞蒂的思想也有明显的关联性，解释“奠基在一种先行具有之中……解释活动……向着已经被领会了的因缘整体性去存在”①。背景或环境有效地决定了可能提问的方式。不过，解释已经“奠基在先行见到 134
（foresight）之中”②（Heidegger，2004：191）。解释基于与研究者的互动而产生，在这种语境下，个人既是主体又是客体。通过自我指示，与社会有关联的自我和与自我有关联的社会都对研究者做出了解释。“自我指示是持续的交流过程，在这个过程中，个人觉察事物、评价事物，为事物赋予意义，并决心根据意义采取行动。”（Blumer，1962：183）然而，实现这一点需要某种先见，即使这种先见只是对语言或文化的理解。先见会考虑到那些已经存在的或更为成形的理论。另外，研究者则会运用自己的分析技能、知识和理论敏感性（theoretical sensitivity）。我们可以通过识别主体对研究过程的影响来高效地达到客观性。根据现象学，实在与人的心灵之间存在关联。实际上，“研究成果建构的是所研究之实在的理论形式，而不是一堆或一群关联性不高的主题”（Corbin and Strauss，1990：24）。

“你现在通常采用无偏见的一般立场去观察和评估自己的行为……（然

① 译文引自海德格尔：《存在与时间》，陈嘉映，王庆节译，北京：生活·读书·新知三联书店，1987年，第183页。

② 译文引自海德格尔：《存在与时间》，陈嘉映，王庆节译，北京：生活·读书·新知三联书店，1987年，第184页。

而）……有组织的群体或社会团体——它使个人获得了自我统一性——也可以被称为普遍化的他者，这是整个群体所具有的态度”（Blau，1952：162-163，原文中包含括号）。对情境的解释随个人的变化而变化（其中既包括研究者也包括被研究者）。实际上，尽管我们无法达到纯粹的客观性，但研究仍然可以变得相对更加客观，比如，人们可以通过承认主体性变得更加客观。扎根理论试图理解社会模式并构建社会理论。“在确定人们为他们的行动归属何种意义和目的时，扎根理论寻求获得主位立场的帮助。”（Guba and Lincoln，1994：110）“扎根理论的方法论包含……与我们所研究的行动者的人类地位有关的……假设。他们对自己、对其他行动者的行动产生各种看法并提出各种解释。作为研究者，我们必须尽可能地去了解他们的解释和他们的看法。”（Corbin and Strauss，1994：280）

反思栏

实用主义、现象学和符号互动

请说明实用主义、现象学和符号互动理论之间存在哪些相似性。

135 实际上，这正对应于海德格尔和胡塞尔所说的在世及意向性。本章将在其余部分描述扎根理论的内容以及扎根理论如何使用。本章还将讨论格拉泽与施特劳斯各自不同的扎根理论观点，以及由此发展出的其他扎根理论形式。

扎根理论的运用

扎根理论既是经验数据收集的方法，又是通过比较分析和编码形成或构建实体理论的方法。扎根理论探讨如何通过收集、分析大量经验数据构建理论，那些经验数据隐藏在被研究的社会实体的表面之下。要收集丰富的经验数据，就需要在研究过程中保持毅力和创造力。研究者最先需要解决的问题如下：

- 应当研究什么问题；
- 应当如何开展工作；
- 应当使用什么方法收集经验数据。

研究问题应当来源于早期研究中产生的思想或观点；这些议题随着报告、短文、论文或学术文章的撰写变得更加清晰。而且在确定研究问题时，我们需要对通达问题的方式和参与的人数这样的议题有所考虑。如果已经定位了合适的参与者，并且具备了通达问题的途径，那么积累丰富经验数据的首个障碍就被克服了。这些经验数据将揭示出有关研究问题或议题的更多细节，进而使我们能够对最初看似平常的概念产生新的见解。扎根理论以社会科学为基础，它既是对人的研究，也是与人一起开展的研究。丰富的经验数据不但可以使我们对参与者所具有的内隐或有时比较模糊的感觉、观念和信念进行理解，还可以使我们了解那些研究者无疑也具有的感觉、观念和信念。扎根理论是通过对大量的分散经验数据（从不同地方、用不同方法收集的经验数据）进行比较分析而发展或构建的。通过在实地记录、观察、私人日记和事件描述，以及访谈和二手经验数据的基础上撰写“厚描述”，我们可以形成更细节化的叙事。

从根本上讲，扎根理论试图改善理论，因为人们只能用改善的或加强的理论去代替现存的理论框架（Glaser and Strauss，1967）。“扎根理论的基础是从经验数据中系统化生成理论，而扎根理论本身也由社会研究系统化获得，经验数据为理论发展提供了严谨的、秩序化的指导，理论发展的每一阶段都与社会研究的方法论紧密联系在一起”（Glaser，1978：2）。通过比较分析，扎根理论创建出由一般 136
范畴构成的理论。你无须了解关于研究对象的更多经验或具体情境，研究者只希望提出能够被运用于相关行为的理论。理论固然不可能是完善的，但是理论一直在发展。理论产生于经验数据，这意味着观点或假说不仅来源于经验数据，而且作为研究工作取得的进展，它们还会产生新的相关经验数据。

实证主义寻求对演绎性假说的证实，而扎根理论则表明，在构建各种与研究领域相关的概念和假说之前，我们应当首先明确一些工作流程。最终，类属与研究过程中发现的亚类属之间的关系应当成为一种信息成果，它或者被包含在经验数据中，或者通过演绎推理得到——这些演绎推理已经获得了经验数据的证实，它们并非来自先前没有得到证据支持的假设（Howell，2000）。

扎根理论提出严谨研究方法的依据包括：

- 经验数据收集与分析的互动迭代本质；
- 比较法（comparative methods）；
- 借助备忘录的概念分析；
- 通过样本改进现有观点；
- 源于并整合于经验数据和理论中的理论框架。

格拉泽（Glaser，1978，1992）制定了以下标准：

- 适用性（fit）
- 可行性（work）
- 相关性（relevance）
- 可修改调整性（modifiability）。

理论范畴必须在经验数据分析中产生和发展，它们必须具有适用性。扎根理论应当合理安排经验数据以便解释社会现象，它应当具有可行性。它还应当具有相关性，能够处理研究环境中存在的实际问题和过程。此外，扎根理论还可以通过解释差异性而获得持久性和灵活性。

格拉泽和施特劳斯（Glaser and Strauss，1967）对割裂理论与经验数据以及轻定性、重定量技术的做法提出了质疑。不仅如此，他们还将经验数据的收集与分析综合在一起，并对“定性研究是非系统化的，它严重依赖于印象”这一观点进行了批判。总而言之，他们主张，定性研究能够超越描述性案例研究，从而促使理论得以发展。格拉泽将其接受的实证主义训练用于产生一种严谨的定性分析形式。施特劳斯则引入了一种实用主义立场，该立场形成的观点与符号互动密切相关。格拉泽（Glaser，1992）明确指出，他使用统计分析方法作为扎根理论中定性方法的模型。于是，一种定量分析的模型成了一种独特的定性方法的基础。

137 符号互动论也为扎根理论提供了各种理论基础。其中包括：

- 实用主义（理论与实践之间具有密切关系）；
- 与一般（nomothetic）研究相对的个案（idiographic）研究；
- 作为主要而非次要方法的定性研究；
- 作为核心功能的探索；
- 借助敏感概念对世界观进行创造（共情和判断是最重要的）；
- 主要焦点是社会行动而非结构；
- 符号通过媒介在行动者之间传递；
- 主体间性最为重要；
- 对于人类而言，最核心的内容是自我与他者间的互动；
- 自我是一个意义世界而不只是外部的结构（主要是认知的）。

开放式编码（open coding）和轴心编码（axial coding）借助对经验数据的比较及归类来考察现象。本书将对编码流程进行分解，并解释每个流程中包含的过程和活动。扎根理论最初的目标是确定与理论相关的范畴和属性，并在某种程度上对其进行整合。“分析的目的是产生一组新的范畴和属性，它们具有适用性和可行性，并且关系着理论的整合。为了达到这个目的，分析首先得从开放式编码开始。”（Glaser，1978：56）我们应当将注意力集中于某个持续出现的范畴和某些持续出现的属性上，它们作为最初的基本步骤应得到编码和分析。从根本上讲，研究者需要对经验数据和概念进行持续比较及归类。

理 论 抽 样

开展理论抽样（theoretical sampling）的前提是“概念已经被证明与正在发展

的理论具有理论相关性”（Strauss and Corbin，1990：176）。理论抽样包含三个过程：开放性抽样（open sampling），它与开放式编码有关；关系性和差异性抽样（relational and variational sampling），它与轴心编码有关；区别性抽样（discriminate sampling），它与选择式编码（selective coding）有关（编码过程将在下文中被讨论）。已经被证明的理论相关性（proven theoretical relevance）确定了那些足够重要、足以被认为是范畴的概念：

> 它们被认为是重要的，这是因为：①当我们逐个对事件进行比较时，或者它们反复出现，或者我们能够显然注意到它们没有出现；②通过编码流程，它们赢得了范畴的地位……理论抽样的目的是对事情、事件等进行抽样——这些事件暗示了范畴及其性质和维度，以便你能够对它们进行概念化的陈述和发展。（Strauss and Corbin，1990：177）

我们有目的地进行抽样，抽样包括选择那些能够展现范畴中的差异性、能够在出现变化时有所显示的个体和文件。关系性和差异性抽样与区别性抽样之间的差别随着编码（见下文）而变得越发模糊。区别性抽样是直接的且经过深 138
思熟虑的。“在区别性抽样中，研究者选择的场所、人员和文件能够在最大程度上证明范畴间的线索与关系。”（Strauss and Corbin，1990：187）扎根理论研究中的抽样关注的是“概念在各种变化形式中所具有的代表性。每次进行经验数据收集时，我们都在寻找代表性在那些重要的地方出现或没有出现的证据，并且询问‘为什么是这样’”（Strauss and Corbin，1990：190）。扎根理论研究寻找“能够指示现象的事件或事情”（Strauss and Corbin，1990：187）。它们追求稠密性（density），并且：

> 访谈、观察和文献获得的越多，积累的证据就越多，也就越能发现差异性，从而实现更大的稠密性。于是，理论将获得更广泛的应用，因为它覆盖了更多影响现象的各种条件。（Strauss and Corbin，1990：190-191）

开放式编码、轴心编码与选择式编码

扎根理论家边收集经验数据边从事经验数据编码。编码对经验数据进行了定义和归类。编码随着经验数据的分析而被创建。我们应与经验数据进行持续互动，我们也应在分析过程中不断地提出问题。经验数据不应适用于预先构想的编码，而应适用于研究者通过解释经验数据获得的新编码。编码是重复的、互动的，逐行编码可以确保研究者的信念不会强加于经验数据和解释。

格拉泽（Glaser，1978，1992）强调持续比较法，也就是说，要比较：

●观点、行动环境、叙事、话语、信念和情节；
●同一群人在不同时间提供的经验数据；
●情境与情境的差别；
●事件与事件的差别；
●经验数据与范畴的差别；
●范畴与范畴的差别。（Charmaz，1983；Glaser，1978，1992）

施特劳斯和科宾（Strauss and Corbin，1990）则更具条理性，他们提出了新的流程：

●维度化（dimensionalisation）；
●轴心编码；
●条件矩阵（conditional matrix）。

他们期望这些流程可以使新出现的理论“更厚”（thicker）或更稠密、更复杂、更严谨。

139 借助备忘录，编码为扎根理论提供了基石；经验数据与理论最基本的关系就是编码，它将经验数据的内在模式进行了概念化。接下来，借助“通过发展概念编码（范畴及其性质）间的假设关系而形成的理论——这些理论从作为指示物的经验数据中产生——我们便获得了扎根理论”（Glaser，1978：55）。

卡麦兹（Charmaz，1983）认为，编码属于“分析方法的初始阶段，（而且）它只是归类和排列经验数据的过程。之后编码就会成为标记、分离、编制和整理经验数据的快速途径。编码既包括简单具体的局部类属，也包括新理论所需要的更一般的抽象概念化类属”（Charmaz，1983：111）。实际上，在“扎根理论研究中，存在三种基本的编码类型：开放式、轴心式和选择式”（Corbin and Strauss，1990：9）。编码要求研究者借助备忘录重新评估看似理所当然的研究视角，经验数据应当从不同角度得到分析，而且应不断受到批判和质疑。比较法是一项核心技术，研究者应当持续在备忘录与编码、经验数据与经验数据、经验数据与编码之间进行比较。通过对访谈、文件、观察、小组讨论以及二手经验数据进行编码，范畴从设置了标签的经验数据片断中产生。编码既包括对经验数据的解释，也包括从具体概念转向更为抽象的概念，人们通过编码向理论概括迈出了尝试性的第一步。编码所包含的正是分析过程的框架，编码在经验数据与新兴的实质性理论之间架起了一座桥梁。编码包含微观分析（microanalysis，详细而近距离的逐行分析）和一个动态的流动过程；范畴、性质通过开放式编码和轴心编码得到创建，它们的关系也由此得到评估。

定义栏

微观分析

微观分析是逐字逐句对经验数据进行编码，它迫使研究者将注意力集中于文本所包含的具体意义之上，也就是语句在不同语境中建构和流动的方式。逐行编码由对阅读到的每一行（不是一句而是一行）所做的标签组成，这引出了意料之外的主题和观点，这些主题和观点很可能是人们在进行逐句编码时未能觉察到的。当我们解决观察、小组讨论、访谈或文件中存在的难题时，逐行编码显得特别有用，因为它揭示并详述了那些含糊的问题、难题和情境。这一编码流程考察了潜在的意义和行动，并通过确定和比较经验数据中的缺陷明晰了观点的重要性。

实际上，在形成范畴和性质的过程中，开放式编码与轴心编码总是同时使用 140
的，不过出于解释的目的，我们会把这两种活动分开，并逐一解释每种编码过程。

备忘录和开放式编码：一个实践案例

扎根理论最初从对现象的研究中归纳得出——这些现象正是扎根理论所表征的。经验数据的收集分析和理论之间是互惠关系，人们不是以一个需要检验的理论作为起点的，而是以一个研究领域为起点的，与该领域相关的东西都通过经验数据收集过程产生。归纳的基础是社会现象或观察和经验，于是，归纳过程与扎根理论之间就具有了非常紧密的关系。格拉泽和施特劳斯（Glaser and Strauss，1967）以及卡麦兹（Charmaz，1983）都提出，经验数据的收集和分析同时展开，解释在经验数据的发现过程中形成。该过程同时又被反馈回经验数据中（研究者处于发现领域），并且由于它为进一步的经验数据收集提供了指导，因而新的观点能够产生。扎根理论方法的一个主要优势在于，经验数据和观点都来源于研究，而不是来源于先验的演绎。证实相对于理解是次要的，因为我们不是简单地理解现象，而是把社会生活作为一个过程来理解。

> 同样，理论分析也可能会被早期或后期理论家的后续工作所超越。扎根理论家保持了他们的实用主义根基，他们的目的是对经验数据提出新的理论解释，而不是明确提出任何终极或完善的解释……尽管每位研究者都会使用在专业技术、理论、方法和经验中获得的普遍性前概念，但运用扎根理论方法要求研究者从尽可能多的视角去观察经验数据。（Charmaz，1983：111-114）

经验数据在其出现或被收集时就得到了分析，并通过编码被“有序地创建”（Charmaz，1983：114）。事实上，研究者已经借助专业知识、经验和理论框架形成了前理解，这对于扎根理论来说既是处理经验数据时的重要分析要素，也是需要认真考虑的重要观点，我们需要从许多不同立场或观点出发对经验数据进行考察，这一点非常重要。

运用扎根理论，经验数据收集的流程和策略会得到不断完善，描述指导方针的方式是概括式的而不是教条式的。我们应当以调查的方式来决定和执行解决研究问题的方法，经验数据收集的方法对现象的重要性程度，以及现象何时、何地、如何被观察到都产生着影响。实际上，经验数据收集的方法决定着我们如何理解所研究的现象。扎根理论的编码也包括提出分析性问题。备忘录提供了研究过程
141 的记录，它包括的内容有“分析、思考、解释、问题以及对下一步经验数据收集的指导”（Strauss and Corbin，1998：110）。

施特劳斯和科宾（Strauss and Corbin，1998）列举了一个他们对毒品使用者（drug user）进行访谈的案例，之所以用“使用”这个词，是因为它是人们在谈及毒品时特别会用到的词。通常，被使用的词语得到了人们的使用，这意味着某物以一种特殊的方式得到了使用，“以便一个对象或人的使用是出于某种目的的”（Strauss and Corbin，1998：110）。当你使用某物时，你会认为是使用者在控制局面，当你在这样的语境下对“毒品使用者”进行再评估时，即使它的特殊意义是“消耗”，但先前那些观点的残余部分仍有可能被包含在这个短语中，“例如，出于某种原因而使用，控制自己的行为”（Strauss and Corbin，1998：111）。相较于单指服用毒品，“毒品使用者”这个短语还具有更多内涵，“对过量使用的自我控制……其目的是……指导行动并获得某个想要的结果”（Strauss and Corbin，1998：111）。接下来，尽管这些问题最初在经验数据中可能不是很明显，但这种编码或观点很可能已经留在了人的脑海中，并且被用于分析过程和进一步的经验数据收集过程中（Strauss and Corbin，1998：111）。因此出现了备忘录“使用者”，他们引导研究者更深入地思考这个短语，比如，人们通常不会使用“酒精使用者”（alcohol user）这个短语，如果人们用了这样的短语，它的实际意义是什么呢？试想你可能会使用酒精的理由：你用它烹饪、用它帮助你入睡、用它买醉，还是把它拿到晚宴上或是送给你邀请来家中做客的朋友？你是在酒吧、公园，还是家里喝酒？你喝什么酒，烈酒还是红酒？你是独饮还是与友人同饮？酒精可以使你放松、助你睡眠吗？某人饮酒多长时间了？他多长时间喝一次酒？每个问题都会引出关于酒精使用的某些性质，“比如频率、持续时间、类型、目的、使用的方式和地点”（Strauss and Corbin，1998：111）。因此，在接下来的访谈中，与这些性质有关的问题可能会得到进一步的探讨，如使用的原因、地点、类型、环境和使用程度。实际上，分类使用或分类用户刚刚开始出现，与此相关的性质一方面可被置于一个我们称之为“使用”的维度中，另一方面可被置于“理由”的维度中，两个词语代表维度的两个极端。用户出现

在范畴中，范畴具有性质，这些性质代表它们在连续体中所处的位置。例如，确定酗酒者和社交饮酒者的根据是酒的使用频率及类型（某人醉酒的次数和酒的浓度），这些性质将在这一范畴中得到确认。不过，我们可能希望明确社交饮酒者的意义，并根据是否独饮以及酒的类型对他们进行区分。可能会出现"豪饮"这样的描述，并阐明它与酗酒或社交饮酒者有何区别。凭借这一过程，性质的模式开始显现出来，并且聚集于维度之上。维度是"一个范围，范畴的一般性质在这个范围内变动，它对范畴进行说明，并使理论具有差异"（Strauss and Corbin，1998：101）。显然，这种维度化可以通过进一步的经验数据收集及分析得到进一步的发展和/或改进。

轴心编码和选择式编码 142

轴心编码是通过寻找经验数据间的联系进行再构造（re-structuring）的整个过程。轴心编码将各种分析汇集在一起，并提出了一种将经验数据统一为一个融贯整体的方法。轴心编码指明了由开放式编码创建的范畴如何相互契合，以及它们如何聚集于一个核心范畴之下。由于轴心编码分析深入理解了主要或核心范畴的发展过程，因此它也能够提供组织大量经验数据的方法。从根本上讲，轴心编码是在发展实体理论的过程中借助图表将范畴和亚范畴联系在一起的。它使用一套术语来表示以下过程：因果条件和现象，它们既包括研究的环境或具体情境和被分析的实体，也包括开展调查研究的语境，或者说更为普遍的历史/文化环境。我们需要回答"为什么""在哪里""是什么""何时""如何"等问题，中介条件则将这些问题的答案汇集起来。这表明实体需要行动/互动，才能产生某些观点或发生某些事件，比如，这些是对特定条件、现象或问题的策略性回答还是常规性回答，与行动和互动相对应的问题则是"谁"和"如何"。最终的结果就是这一过程的产物，它尤其受到实体间行动/互动是否成功的影响。结果以问题的形式表示，问题则与行动和互动的产物有关，例如，若 x 或 y 出现会发生什么事情？在"轴心编码中，我们继续寻找范畴的其他性质，标示每个事件、事情或发生之事的维度位置"（Strauss and Corbin，1990：114-115）。

定义栏

轴心编码

轴心编码通过以下内容得到阐明：

- 因果条件；
- 现象；
- 语境；

●中介条件；
●行动/互动；
●结果。（Corbin and Strauss，1990：96-97）

轴心编码可作为一个促使范畴产生的框架，它提供了关于核心范畴和实体理论的深刻见解。

143 格拉泽认为，轴心编码“破坏和混淆了他（施特劳斯）试图构建的方法”（Glaser，1996：61）。该过程抬高了经验数据的地位，而忽略了理论编码。扎根理论家应当对范畴和性质进行编码，并促使理论编码生成。施特劳斯和科宾（Strauss and Corbin，1990）则主张，轴心编码是更集中于发现和关联范畴的方法。施特劳斯和科宾发展的范畴与基础条件相关，正是这些条件确保了范畴的发展，通过明确性质，现象在维度中的位置（维度化）、语境和行动/互动策略可被用于“对现象进行处理、管理和应答”（Strauss and Corbin，1990：61）。

选择式编码阐明了现象如何与核心范畴相适合，它包括一个过程——新出现的范畴在这个过程中被组织和统一在核心范畴周围（Corbin and Strauss，1990）。核心范畴覆盖了研究工作的主要现象，它由问题确定，这些问题包括：此项研究提出的主要分析性观点是什么，以及全部行动/互动关涉的是什么。经验数据的选择和其他范畴的创建都依靠头脑中的核心范畴来进行处理，核心范畴则由轴心编码确定和统一。

在这三种编码流程中存在一个“过程”，我们借助该过程对经验数据的变化进行处理和清晰化。过程也被构建在理论中。过程分析包括“将现象分解为时期、阶段或步骤。过程也可以指示有目的的行动/互动，这些行动/互动不一定是革新式的，但必须能够对主流环境的变化做出反应”（Corbin and Strauss，1990：10）。尽管扎根理论最初以归纳形式出现，但它也同样包含演绎成分，演绎主要被用于对过程进行寻找和鉴别。“正如你在编码时可能已经注意到的，我们持续在归纳和演绎之间进行着转换。”（Strauss and Corbin，1990：111）当过程难以鉴别时，研究者可以转向演绎分析，以便确定可能出现的情境变化，“之后再返回经验数据或实地情境中寻找证据，以支持、反驳或修正那个假说”（Strauss and Corbin，1990：148）。

理论敏感性

我们应当秉持客观的态度和开放的思维，着重通过归纳过程来从事扎根理论研究。即便如此，人们必须承认客观性、开放的思维以及完全的归纳立场是很难实现的。每个人都具有自己的主观倾向和前概念，既然如此，识别这些倾向也是一种处理方式。要克服这些倾向，人们可能需要运用自身的理论敏感性，它使研究者始终保持敏感，“不会因已有的假说和偏见导致未能记录事件或觉察变化，或者将事件与变化归入已有的假说中”（Glaser，1978：3）。正如海德格尔和梅洛-庞蒂的现象学所指出的，人们具有先定的观念和不同程度的敏感性，它们依赖于“之前所学、所经历，或与该领域相关的各种东西……理论敏感性是具有洞察力的特性，是为经验数据赋予意义的能力，是理解力，也是区分相关物与不相关物的能力……正是理论敏感性使我们能够发展一种以稠密度为概念基础的理论”（Strauss and Corbin，1990：40-41）。格拉泽将他早期的理论敏感性定义进行了扩展，他主张，理论敏感性“指的是研究者所具有的促成范畴及性质产生的那些知识、理解和技能”（Glaser，1992：27）。 144

问题

理论敏感性

什么是理论敏感性？理论敏感性如何关系到某些现象学立场所陈述的观点？

扎根理论中的问卷调查

问卷调查和定量研究在扎根理论方法论中的作用一直不甚明确。“那些旨在提出理论的社会学家当然可以自己收集问卷调查经验数据，但是出于各种原因，他们往往更愿意分析前人收集的所谓二手（经验数据）。”（Glaser and Strauss，1967：187）不过，研究者应当赋予他/她自己“灵活使用定量经验数据的自由，否则他/她将不能提出恰当的理论……在享受这份自由时，他/她必须清楚他/她正在放宽的规则是什么”（Glaser and Strauss，1967：186）。这种灵活性显然会使定量经验数据变得更为丰富：

> 并且引出定量分析的新模式和新策略，以及有待发现的新规律……例如，在证实研究中，定量变量交叉表总会在不经意间发现新的社会模式和新的假说，它们并不是研究的目的，因此往往会被忽略。（Glaser and Strauss，1967：186）

扎根理论放宽了证实规则、降低了证据的精度以进一步促进理论的生成，“之所以放宽，是为了提出能够用于多种分析模式的理论”（Glaser and Strauss，1967：187）。“人们可以使用定性经验数据来表明或阐明由定量分析产生的结果，或者也可以对人口统计学结果进行量化，或者还可以使用某种形式的定量经验数据来部分地验证其定性分析。”（Strauss and Corbin，1990：18-19）我们可以通过三角校正法获得这个结果。因此，尽管问卷调查从纯粹的意义上说并非扎根理论的特有技术，但以特定的方式使用问卷调查却有益于理论的生成。在这种情况下，问卷 145

调查可以在扎根理论研究中得到使用，最终它们也将被看作是扎根理论的某种技术。我们可以猜得出，这就是格拉泽和施特劳斯（Glaser and Strauss，1967）所指出的方向，并且格拉泽（Glaser，1992）对此做了进一步阐明。“再重复一次，定性分析可以处理由定量或定性，甚至定量、定性混合的方式获得的经验数据。”（Glaser，1992：11）所有的方法都可以被接受，如何“有效地”使用这些方法“由研究本身所决定”（Glaser，1992：12）。

举例

问卷调查的运用

为了补充范畴并提供进一步的编码，我们可以开展问卷调查，以考察更多的观点。问卷调查的问题可以围绕……范畴的维度和性质（由之前的编码产生）展开，并着重强调一些基础性问题，比如何时、何地、何物及如何。（Howell，2000）

实体理论和形式理论

格拉泽和施特劳斯（Glaser and Strauss，1967）主张，扎根理论关注两类理论：实体理论和形式理论。他们强调，理论经由经验数据的收集、编码和分析产生，这三种操作应尽可能同时开展。收集、编码和分析应在调查过程中保持互动，如果它们彼此分离，将会阻碍甚至扼杀理论的生成。

定义栏

实体理论

实体理论必须符合四项核心标准，即适用性、可理解性、普遍性和控制性：首先，理论应当从多种经验数据中归纳产生且忠于实在（它应当具有适用性）；其次，适用性应是可理解的；再次，经验数据应具有广泛性，并且解释应具有概念上的宽泛性（应具有普遍性）；最后，我们应当澄清实体理论可用于具体情境和现象的条件（应具有控制性），这一点与普遍性相关。（Corbin and Strauss，1990）

扎根理论通过比较分析和编码产生实体理论。它不是要破坏理论，而是要改进它，“理论唯一的替代者是更好的理论”（Glaser and Strauss，1967：28）。

扎根理论从经验数据中系统地产生理论，它本身也是在社会研究中系统化形
146 成的。于是，扎根理论为理论的发展提供了严谨而有序的指导，理论发展的每个阶段都与社会研究的方法论紧密结合在一起。（Glaser，1978：2）

扎根理论希望借助比较分析这一普遍方法创建一种由普遍范畴构成的理论。

> 形式理论由模型和数量不定的解释组成，模型与解释之间存在明显的区别。模型不受解释影响，但可以从全部解释中得到抽象的理解和研究……实体理论……是……关于实在世界中的存在物的理论。（Diesing，1972：31）

因此，实体理论需要得到证实，并且必须以经验为依据才能对理论做出改变，而形式理论“可以用抽象的方式进行理解和研究……人们可以……进行演绎，寻找前后矛盾之处，研究那些基本假设的变化所产生的影响，并且添加一些不指涉任何经验之物的新术语”（Diesing，1972：31）。形式理论更为抽象，它可以被分为中观理论（中等范围）、宏大理论或元理论（哲学），我们之前已经详细探讨过这个问题。实体理论与实践情境相关，实体理论通过积累可以发展为中观理论、宏大理论，以至最终成为元理论。

在这里我们承认，只要确定某些特定经验数据的缺失就很容易发现理论概念存在问题。这可以对大多数分析提出质疑。不过，正如格拉泽和施特劳斯所指出的："如果揭发者考虑到了比较分析的潜在价值……他就会意识到他仅仅只是抛出了另一组比较经验数据来形成另一种理论性质或范畴。"（Glaser and Strauss，1967：22）无论那些关注证据的人们会怎么说，他们都反驳不了任何东西，只是创建了另一组比较而已（Glaser and Strauss，1967）。理论永远不可能是成品，它总在发展。由经验数据产生理论意味着大多数观点或假说不仅来源于经验数据，而且是作为关于经验数据的研究进展产生的。

问题

扎根理论

请分析你为什么以及如何在将来的研究工作中使用扎根理论方法。你认为该方法的主要优缺点各是什么？

在现象学传统或现象学方法中，理论构建是一个重要环节。定性研究在扎根理论中变得更加明确，它可以借助经验数据的范畴化形成实质性框架。实体理论关注具体的研究范围或领域，它与实践情境密切相关。发展实体理论是为了表明 147
人类交往过程中的细微差别——这些细微差别体现在理论与实践的关系中。

我们不断地将各种范畴综合在一起，通过持续关注备忘录与现有理论观点之间的关系，我们可以构建一个理论框架。我们不断地对备忘录和观点进行编码，这些编码交织在一起就逐渐产生了实体理论。编码经验数据和书写备忘录是扎根理论构建实体理论的核心技术，备忘录的书写形式包括文字表征、图示、表格、模型、插图等。实体理论在这一过程中逐渐形成。不仅如此，边缘范畴所围绕的核心范畴也可以得到确认。核心范畴具有以下几个维度：它们必须在定性（关系的深度）和定量（关系的数目）语境中以这样或那样的方式与其他范畴产生关联，它们必须在经验数据中反复出现，它们使差异最大化，并且构建出对现存的形式理论有所影响的理论。实体理论还可以包括与这些方法有关的框架模型或图表，该模型或图表由核心范畴及其相关的边缘范畴所确定。实体理论应当明确如何在理论中将独立的范畴整合起来，它在概念上必须是稠密的、完整的。不过，稠密度和完整性需要与经验数据保持密切关系，并近距离接触那些被研究、被分析的对象，否则一不小心就会落入“只见树木，不见森林”的陷阱中。因此，实体理论或新兴理论必须与形式化或现存理论框架产生关联。“由经验数据产生的实体理论必须是形式化的，以便发现在各种形式理论中，哪些可能适合促进其他实质性构想的产生。”（Glaser and Strauss，1967：34）

实体理论的发展与经验情境有关，而无论是现有的还是正在构建的形式理论，它们关注的都是形式领域或概念领域。格拉泽和施特劳斯（Glaser and Strauss，1967）主张，无论实体理论还是形式理论，都是介于模型与宏大理论之间的理论形式，但它们主要以中观理论的形式出现，它们在低层次理论和哲学理论之间架起了桥梁。形式理论可以直接从经验数据中产生，不过它更有益于发展实体理论，并因此获得更多的合理应用。

扎根理论中的争论：巴尼·格拉泽与安塞尔姆·施特劳斯

格拉泽与施特劳斯的争论持续了很多年，争论的焦点集中在经验数据的产生方式和是否将编码强加于经验数据方面。格拉泽认为，施特劳斯和科宾的“宠物式理论编码（pet theoretical code）[①]违背了关联性，是将理论编码强加于经验数据”（Glaser，1992：28）。他争辩道，这种构建立场给关联实质性编码的无数新经验
148 方法的出现造成了阻碍。“研究者必须注意到大量的理论编码，以提高他对经验数据中出现的编码的敏感性。”（Glaser，1992：28）但施特劳斯和科宾在其著作中将他们的书介绍给“那些在研究工作中首次从事定性分析的人，以及那些想在实质性层面构建理论的人”（Strauss and Corbin，1990：8）。换言之，这是一种简化，它可以引导研究者进入那些扎根理论中更为困难的细微之处。

证实看似也是学者之间的一个争论点。不过，细究之下就会发现，没有人追求纯粹的证实，每个人都希望将证实添加到自己的理论中，但不是为了否定或反驳什么，“而是增加理解的深度和差异性”（Strauss and Corbin，1990：109）。格拉泽主张，“我们应当以顺序关系来看待两类方法论。首先，我们发现它们的相关性

① 译者注：宠物式理论编码指对待某种理论编码像对待自己的宠物一样，格拉泽借此讽刺施特劳斯和科宾对某种编码的过分喜爱。

并提出假说，其次，相关度最高的假说可以在任何需要使用它的地方接受检验”（Glaser，1992：30）。而施特劳斯和科宾则将证实视为扎根理论方法的一个方面，他们认为陈述应当由经验数据证实，不是“必须否定或反驳我们的问题或陈述……而是增加理解的深度和差异性”（Strauss and Corbin，1990：108-109）。“发现区别和差异与发现证据以支持我们原来的问题和陈述”同等重要，“反例或其他案例告诉我们，有些东西是不一样的，因此我们必须靠近一些，做近距离观察”（Strauss and Corbin，1990：109）。不过，他们都认为可以使用证实作为理论生成的一部分，理论生成是扎根理论的功能，证实则是一种独立的方法论（见 Strauss and Corbin，1990：107-109；Strauss，1987：11-15；Glaser，1992：27-30）。

施特劳斯（Strauss，1987）更为清晰地阐述了他的观点，他主张，归纳、演绎和证实都是扎根理论的基础。“由于在之前的《发现》（1967 年）一书中我们批判了投机理论（speculative theory）——它不以经验数据为基础——许多人误以为扎根理论是‘归纳理论’，（然而）正如我们所指出的，研究的三个方面……都很重要。”（Strauss，1987：12，括号中的内容为原作者所加）“扎根理论当然是归纳的，在经验数据收集工作开始之后，理论被归纳出来或者说归纳出理论。扎根理论中的演绎被用于从归纳产生的编码中获得概念指导——这些概念指导与下一步选择哪个比较群组或亚群组有关——以便抽取更多的经验数据来形成理论。”（Glaser，1978：37-38）

格拉泽和施特劳斯的分歧来自他们对归纳与演绎过程的重视程度不同。施特劳斯认为，归纳、演绎和证实都是扎根理论的重要内容。归纳主要以过去对相同现象在相同问题上的经验为基础。因个人经验、对现象的探索性研究、早期研究或理论敏感性（对技术性文献的知识）不同，归纳可能是因人而异的。“对于演绎来说，它的成功不仅取决于逻辑思维能力，还与思考特定研究经验数据的经验有关。”（Strauss，1987：12）这意味着演绎不仅要利用经验，还要对现象进行思考，
它可能还包括使用比较分析来增强演绎的效力（Strauss，1987：12）。他还指出， 149
经验与习得的技能对于证实来说非常重要。“如果……经验与所习得的从事证实、演绎和归纳的技能对于研究的成功而言非常重要，那么天赋对取得那些成功没有贡献吗？”（Strauss，1987：13）

施特劳斯和科宾（Strauss and Corbin，1990）指出，在扎根理论中，归纳思维与演绎思维之间不断在转换，他们的陈述是以演绎的方式提出和证实的。我们不断对事件进行比较，“提议与检验之间存在持续的相互作用。这种往复运动正是理论构建的基础”（Strauss and Corbin，1990：111）。格拉泽则指出，正是在这一点上，施特劳斯和科宾沉迷于“通过将理论强加于经验数据获得完全的概念描述，完全没有考虑扎根理论的出现”（Glaser，1992：71）。问题的症结在于归纳和演绎之间存在混淆。格拉泽指责他（施特劳斯）“将归纳与检验演绎假说混为一谈——演

绎假说是被强加于经验数据之上的。说‘经验数据反驳了某个假说’，这不是归纳，而只是一种证实”（Glaser，1992：71）。不过，施特劳斯和科宾却争辩道，我们有必要不断地证明“借助演绎思维获得的概念和关系必须在现实经验数据的背景中被反复证实……我们正在构建扎根理论，正是这种奠基过程或者说证实过程使这一理论构建模式变得与众不同”（Strauss and Corbin，1990：111-112）。格拉泽对此进行了回应，他认为施特劳斯和科宾正在发展一种证实方法。“它只是检验了强加的概念假说。”（Glaser，1992：92）它不是产生理论的方法，而是证实理论的方法；它是一种强迫经验数据出现而不是允许经验数据出现的理论。在格拉泽看来，施特劳斯和科宾创建的是一种证实方法，这一点是显而易见的。

格拉泽主张，“扎根理论是多元化的。它可以依次出现，也可以同时出现；它可以被偶然发现，也可以被有计划地发现”（Glaser，1998：1）。扎根理论适合处理许多研究问题，它需要研究者放手（寻求归纳），不要试图将模型强加于经验数据之上。“在最初寻找主要关注点、核心范畴和亚范畴的时候，扎根理论要求我们容忍某些失控状态。”（Glaser，1998：11）这是一种循环式阶梯法，它使研究者从一开始“对如何成为专家一无所知，到后来成长为著书立说的理论家——他的理论将能够解释大多数实体领域的行动”（Glaser，1998：13）。

格拉泽（Glaser，2001）进一步主张，作为社会科学中应用最广的方法论，扎根理论提出了一系列步骤，这些步骤或者与那些严谨的“好科学”有密切关系，或者以其为基础。格拉泽（Glaser，2001）将扎根理论作为收集和分析定性与定量经验数据的方法，以便回击那些将理论强加于经验数据之上的实证主义尝试——这种尝试只能产生不适用和不相关的经验数据。格拉泽（Glaser，2005）还对扎根理论分析进行了重新评估，他辨析了收集日常经验数据与收集科学研究数据的区别。格拉泽和霍尔顿（Glaser and Holton，2007）最关心的问题是他们所谓的“案
150 例化”（exampling，即从事可以运用扎根理论的案例研究或实例研究），以及案例化如何提供一种学习经验——无论研究者在扎根理论中获得的是何种经验。案例化明确了“经典扎根理论的效力和使用范围……方法论的总体覆盖面以及不同使用者在方法论成熟度方面所具有的不同层次……案例化……提供了大量丰富的理论，这些理论大部分都是初学者努力使用方法论的结果。所有人都可以从这些理论中学习如何运用扎根理论”（Glaser and Holton，2007：1）。

问题

格拉泽与施特劳斯

请讨论格拉泽与施特劳斯之间的主要分歧点。哪种扎根理论方法最适合你的研究工作？

卡麦兹（Charmaz，2000）认为，尽管格拉泽和施特劳斯的方法不是定量法，但他们的立场却属于一种后实证主义本体观。尽管格拉泽和施特劳斯在关于扎根理论的一系列问题上存在巨大分歧，但二人都认为存在一个外部客观实在和中立的观察者。二人都主张进行无偏见的经验数据收集，并对不同层次的表征应答者的技术流程和方法做尽可能精确的区分。也就是说，当希望对应答者进行表征时，格拉泽和施特劳斯都承认应答者与研究者持有的观点不同，二人在这方面具有相似的批判理论和建构论立场。他们也都认为艺术和科学应当成为一种分析工具。

建构论的扎根理论主张多重实在的相对主义和知识的共创（co-creation）。它强调自然环境，并发展出一种非后实证主义立场。要使用这种扎根理论，研究就不应是僵化的、限定的，而应当聚焦于意义，这样才能增强解释性理解，并且不再使用纯粹的后实证主义方法。卡麦兹（Charmaz，2000）将建构论立场和后实证主义立场同时作为理论的基础，但仅当她承认这种方法论进路可以与上述两种研究范式的要素一起使用，并且两种范式的差别构成了一个连续体时，这种共同基础才是有效的。

鉴别扎根理论的本质：进一步的区别

在确信某人坚定地支持现场经验数据或实地经验数据时，卡麦兹（Charmaz，2006）邀请他与自己一起提升分析和理论概念化的层次。她根据实证主义和实用 151
主义来辨析格拉泽与施特劳斯之间的差别：格拉泽更接近前者，而施特劳斯更接近后者。格拉泽主张经验主义和严谨的编码，他强调新出现的性质和发现，而施特劳斯则强调人的行动力、主体性和新出现的过程。尽管如此，二人都相信理论会涌现，也相信主客间存在联系。格拉泽更注重归纳，缺少严谨性，或者可以说，他更偏向现象学，施特劳斯和科宾的研究过程更具规范性和实证性。不过，施特劳斯的立场以符号互动（见上文）为基础，正如我们所讨论过的，符号互动吸收了实用主义和现象学的成分。大部分扎根理论都是实体理论，因为它们都是在限定的范围内探讨具体问题的。不过，“通过产生抽象概念以及详细说明这些概念之间的关系，从而理解各种实质性领域中的问题”（Charmaz，2006：8），这些理论可以成为形式理论。

随后，其他人陆续介入格拉泽与施特劳斯和科宾之间关于扎根理论本质的争论之中，他们也设想了自己对扎根理论的理解。例如，登青和林肯（Denzin and Lincoln，1994）认为，扎根理论可以是后实证主义和/或建构论的。安奈尔斯（Annells）主张，我们对扎根理论的理解建立在“对方法的本体论立场、认识论立场和方法论立场的认识”基础上（Annells，1996：379），这些立场又可以被分为四种研究范式：实证主义、后实证主义、批判理论和建构论。实际上，对方法论和扎根理论的理解取决于人们的形而上学假设。学者借助自己的认识论观点形成对扎根理论的理解，大多数人都承认它不是一个统一的框架。实际上，扎根理论应被视为一个方法论族群，该族群既与其他定性方法论有所区别，又与它们共享某些特征（Bryant and Charmaz，2007a，2007b；Charmaz，2006；Creswell，2007；Goulding，2002；Hood，2007）。扎根理论之间的这些差别构成了人们所认为的“三位一体”，即任何扎根理论研究都需要进行理论抽样，需要借助持续的经验数据比较来获得新范畴，并且通过范畴的理论饱和（theoretical saturation）来发展实体理论（Hood，2007）。

定义栏

扎根理论

一种扎根理论的方法论进路需要：

●理论抽样；

●借助比较分析获得新范畴；

●实体理论的发展。

152 扎根理论中存在许多观点，但对扎根理论的发展趋势产生影响的三种观点分别来自社会建构论立场（Charmaz，2000，2006）、后现代情境分析（Clarke，2002）以及反后实证主义（anti-post-positivist）立场（Bryant，2002；Bryant and Charmaz，2007a，2007b）。其中的每一个都超越了格拉泽和施特劳斯所主张的后实证主义维度，每一个都高度重视研究者与研究对象之间的关系，以及实在或理论建构中所包含的多样性（Charmaz，2000，2006）。不仅如此，情境分析还聚焦于社会情境、知识的共建以及研究者和研究对象之间的互动（Clarke，2002）。

小　结

本章对扎根理论进行了探讨，指明该理论是通过经验数据收集和分析来发展理论的；它主要使用定性经验数据，并承认理论与实践之间的密切关系。本章还指出了关于扎根理论的本质所存在的一些争论，格拉泽和施特劳斯认为，“我们可以对扎根理论进行灵活的解释，研究者应当以自己的方式运用扎根理论，也就是，使它适用于自己的研究”（Glaser and Strauss，1967：9）。卡麦兹视扎根理论为“一系列原则和实践……它不是定性经验数据分析的对立面，而是可以为定性分析补充其他方法……扎根理论既是我们理解世界的方法，也是我们发展理论的方法，我们用理论去理解世界和现象”（Charmaz，2006：9）。格拉泽和施特劳斯（Glaser and Strauss，1967）主张，理论因从经验数据中涌现而被发现。在卡麦兹（Charmaz，2006）看来，“理论和经验数据都不是被发现的，它们与我们一样，是这个世界的一部分，我们根据过去和现在的经历、与人们的交往、自身的立场和研究实践来构建扎根理论”。理论立场只提供了关于我们所研究和分析的世界的解释素描，而不是一幅现成的画作（Charmaz，2006：10）。实体理论是本体论构建物，扎根理论中包括了现象学、解释主义观点以及作为基础的实用主义立场。卡麦兹（Charmaz，2000；2006）对与方法论有关的理论的意义或解释进行了重新评估：实证主义扎根理论与建构论扎根理论被并置在一起，以表明不同的分析模式如何从不同的起点产生出来。最后，我们对扎根理论的过程进行了反思。

此外，扎根理论还引出了一些难题，这些难题不但关系着归纳和演绎的精确定义，还关系着前者的起点，同时也是后者的终点（反之亦然），以及归纳和演绎之间的灰色地带。阿尔弗雷德·马歇尔声称，“对于我来说，你的对比太尖锐了。你谈到了归纳和演绎方法，而我认为它们是相互蕴含的，历史学家总是在演绎， 153
而即使最擅长演绎的学者却也总是暗地里以观察事实作为基础”（Marshell，引自Coase，1995：169）。马歇尔的最终目的是强调归纳和演绎的相互依赖性。施特劳斯和格拉泽怀抱相同的目的，但二人的侧重点不同。与描述归纳和演绎时遇到的问题一样，涌现和强制之间也是如此。人们最终可能会认为扎根理论应当是格拉泽所解释的那样，“就其本质而言，扎根理论在某一领域产生的理论总是开放的，它会随着更多经验数据、更多新观点的出现而不断发展演变。而它的方法和方法论的本质亦是如此”（Glaser，1978：ix）。扎根理论是一种灵活的方法论进路，它应当被用于具体的研究工作中。鉴于人类存在的本质以及人与现象的本体论、认识论关系，人们在进行解释和提出新观点时必定会使用某种程度的强制，主体性也必然会存在。也就是说，扎根理论已经考虑到了这些难题，并提出了一种方法论进路，该进路在后实证主义、批判理论或建构论/参与论范式中都可以得到运用。

扩 展 读 物

Bryant, A. and Charmaz, C. (eds) *The Sage Handbook of Grounded Theory*. Thousand Oaks, CA: SAGE Publications. pp.1-28.

Charmaz, K. (2006) *Constructing Grounded Theory: A Practical Guide Through Qualitative Analysis*. London: SAGE Publications.

Denzin, N. and Lincoln, Y. (1994) *The Handbook of Qualitative Research*, 1st edn. Thousand Oaks, CA: SAGE Publications.

Denzin, N. and Lincoln, Y. (2000) *The Handbook of Qualitative Research*, 2nd edn. Thousand Oaks, CA: SAGE Publications.

Denzin, N. and Lincoln, Y. (2005) *The Handbook of Qualitative Research*, 3rd edn. Thousand Oaks, CA: SAGE Publications.

Denzin, N. K. (2007) "Grounded theory and the politics of interpretation", in A. Bryant and K. Charmaz (eds), *The Sage Handbook of Grounded Theory*. Thousand Oaks, CA: SAGE Publications Publications. pp. 454-471.

Glaser, B. and Strauss, A. (1967) *The Discovery of Grounded Theory*. New York: Alpine.

Glaser, B. (1998) *Doing Grounded Theory: Issues and Discussions*. Grounded Theory Institute: Sociology Press.

Howell, K. E. (2000) *Discovering the Limits of European Integration: A Grounded Theory Approach*. New York: Nova Science Publishers.

Strauss, A. and Corbin, J. (1998) *Basics of Qualitative Research: Techniques and Procedures for Developing Grounded Theory*. Thousand Oaks, CA: SAGE Publications.

第10章 解 释 学

引 言

本章将探讨解释学。“解释学”一词来自这样一个传说：赫尔墨斯（Hermes，希腊诸神的信使）能够解释诸神的愿望，因此“解释学”就表示能够澄清所分析的问题。不过，赫尔墨斯除了能够明晰人类与现象或人类与世界的关系，还可能说谎或误导他者。解释学一词来源于希腊语 *hermeneuin*，其意义为做出解释；正如海德格尔所说的，解释学就是“解释工作”（Heidegger，2004：7）。此外，亚里士多德的《解释篇》（*Peri hermeneias*）关注的也是理解和解释语句、语词的方式。解释学注重解释，它是“研讨对本文的理解技术的古典学科”[①]（Gadamer，2004：157）。弗里德里希·施莱尔马赫（Friedrich Schleiermacher，1769—1834）主张，解释学原理可被用于所有的人文科学研究，而不是仅限于研究经典或《圣经》。实际上，他认为解释学“与语言一样普遍”（Vedder，1999）。

伯林认为，詹巴蒂斯塔·维科（Giambattista Vico，1668—1744）发现了一种认知方法，该方法明确定义了萌芽期的“德国历史主义……理解（*verstehen*，意为理解、解释和参与式考察）——同情的洞察（empathetic insight）、直觉的同情（intuitive sympathy）、历史的 *eifuhlung*（移情，feeling into），等等”[②]（Berlin，1979：116）。不过，“直到狄尔泰和马克斯·韦伯的时代，维科关于想象性地再现过去的论点……的全部（新颖）之处，才开始引起一些人的注意，并使他的思想得到了复兴”[③]（Berlin，1979：119）。威廉·狄尔泰关心的是自然科学与人文或社会科学的区别，以及研究和分析这些学科的方式。他拒绝使用自然科学方法论理解社会现象，因为自然科学探索因果关系，探讨如何从特殊到一般，而社会科学则对部分与整体间的关系更感兴趣。狄尔泰认为，社会科学分析将受益于综合性方法，不过他也认识到，尽管自然科学与社会科学都从现象生活世界中产生，

---

① 译文引自汉斯-格奥尔格·伽达默尔：《真理与方法》，洪汉鼎译，上海：上海译文出版社，1999 年，第 215 页。

② 译文引自伯林：《反潮流：观念史论文集》，冯克利译，南京：译林出版社，2002 年，第 139 页。译者注：本书作者将 *verstehen* 诠释为理解、解释和参与式考察，将 *eifuhlung* 诠释为感同身受（feeling into）。

③ 译文引自伯林：《反潮流：观念史论文集》，冯克利译，南京：译林出版社，2002 年，第 143 页。

但它们对现象生活世界的反应却不同：自然科学否定、否认生活世界，社会科学
155 则信奉它。狄尔泰对胡塞尔的观点进行了重释，他勾画出意识在理解历史存在时的基本结构；其解释学的基础是以历史的方式经历的生活经验。狄尔泰追随弗里德里希·施莱尔马赫的思想，进一步发展了“解释循环”（hermeneutic circle）这一术语——其中包含着内隐与外显、部分与整体的持续互动。实际上，在从事社会科学分析和研究时，解释循环可以成为一种非常有用的工具。狄尔泰认为，解释学是社会科学的工具。换言之，他主张，解释学包含了一种一般社会科学所需要的方法论，其与自然科学所使用的更为经验的方法形成了对比。他在因果解释和理解之间进行了明确区分：因果解释是自然科学的目标，而理解则是社会科学的目标。从根本上讲，狄尔泰希望通过在情境和心灵中的“沉思”（immersion）来理解“他者”，同时又要保证“他者”和研究者之间有所区别。此外，存在不是一个抽象物，而是以历史语境为基础的，通过时间过程和卓越意识的内外部要素，自我得以实现。个人与文化或社会存在之间的关系仍是自我发展过程中的关键点（Dilthy，1989）。通过客观精神（一个从黑格尔那里继承的术语），即作为人类的意义，如沟通的表达、人的行动、人的思想以及这些行为发生的方式，我们得以对人类进行理解（Dilthy，2002；Makkreel，1999）。马克斯·韦伯对《新教伦理与资本主义精神》（2004 年）进行历史评价时使用了“精神”一词，他在著作一开始就解释道，我们需要了解关系到或作为分析成果的“资本主义精神”意味着什么。它是由“各种历史的本性所决定的，因为从历史概念的方法论意义来说，这些概念并不是要以抽象的普遍公式来把握历史实在，而是要以具体发生着的各组关系来把握，而这些关系必然地具有一种特别独一无二的个体性特征”[①]（Weber，2004：14）。在这部著作中，个人的伦理、宗教性存在与资本主义精神在历史中的出现有紧密关系。

定义栏

马克斯·韦伯与方法论

韦伯的方法论观点产生于德国历史主义思想传统的基础上。他强调，主体性是研究过程的必要条件，也就是说，人类的文化和行为应当被包含在研究发
156 现中，而不应被忽略。与狄尔泰一样，他也认为解释和理解必须在历史语境中产生，它们包含一系列演变序列。每一序列都被看作是独特的，序列之间不能相互比较。他并不否认理论范畴的存在，并且认为这些理论范畴无论对社会科学还是自然科学都是必要的。

---

① 译文引自马克斯·韦伯：《新教伦理与资本主义精神》，于晓，陈维刚，等译，北京：生活·读书·新知三联书店，1987 年，第 33 页。

实际上，人和意义都是社会实体，描绘的都是对社会活动的理解。在分析文本时，我们应将文本当作产生那个文本的社会的一部分，并且是对具体社会文化活动的更深层的理解。因此，为了全面理解狄更斯（Dickens）或安东尼·特罗洛普（Anthony Trollope）[1]所述的细节，我们有必要对19世纪英格兰的具体文化传统、活动和事件有所了解。只有充分探讨了这些内容，狄尔泰才能开始思考作者[2]的内心。总而言之，狄尔泰的解释学目标不是试图像作者的自我理解（假如他们曾经进行过自我理解）那样去理解文本的作者，而是要比他们的自我理解更好地（更深层地）理解他们。通过历史产生的距离感（即事后的回顾，或者说得益于后见之明），研究者在对小说、戏剧或其他艺术作品进行理解时，处于一个更为有利的地位。回顾可以使我们更深刻地认识艺术家和历史环境的关系，回顾可以对作品的意义做出全面的解释（Makkreel，1999）。

狄尔泰追求某种层次的客观性，因而招致那些在发展解释学方法时更倾向于主体性的学者对他的批判，比如伽达默尔就主张，狄尔泰未能跨越社会科学（诱发现象或事件的动机）和自然科学（一般规律）之间的方法论鸿沟。尽管海德格尔最终也对狄尔泰进行了批判，但他还是受到了生活世界这一观念的深刻影响。海德格尔认为，此在或在世的概念不能完全决定生活世界所包含的内容。实际上，早期的海德格尔和后期的伽达默尔都认为生活世界是历史的、有限的，因而也是文化绑定的（culturally bound），所以它们不能产生绝对的科学。

辨析解释学

解释学最初研究的是古代的各种手稿，在解释文本时，它特别关注围绕在行
动周围的历史和社会环境。解释学有两条路线：一条来自神学传统，另一条来自
人文主义传统。每条路线都包含对隐藏意义的重新发现，“古典文学虽然经常地作
为教材出现，但完全被归并入基督教的世界；同样，《圣经》（虽然）也是教会经 157
常阅读的圣书，但对它的理解则是由教会的独断论传统所规定的，而且……被教
会的独断论传统所掩盖”[3]（Gadamer，2004：175-176，括号内容为原作者所加）。
不过，解释学要想成为真正有用的构建理解的工具，就需要超越这种狭隘的应用
范围，以便发展对历史文本的普遍理解。此外，理解文本的依据是“历史实在，而
个别的历史文献正在构成这种实在整体的部分”[3]（Gadamer，2004：178）。解释学
最终将涵盖历史研究，因为每个语句都只能根据语境来理解（Gadamer，2004）。“世

① 译者注：安东尼·特罗洛普（1815—1882），英国作家，代表作为《巴塞特郡纪事》。

② 译者注：这里的“作者”也就是前句中的狄更斯或安东尼·特罗洛普。

③ 译文引自汉斯-格奥尔格·伽达默尔：《真理与方法》，洪汉鼎译，上海：上海译文出版社，1999年，第226页。

界史……是用过去的语言所撰写的一部人类精神的集体著作，它的文本应当被我们所理解。”[①]（Gadamer，2004：178）不仅如此，解释学还包括使用包含书写文字和话语的文本进行的“与文本解释有关的理解操作”（Ricoeur，2008：51）。

解释学假定，有意识的陈述与社会结构有关，文本的意义会参照语境不断得到解释。解释学可用于分析法律、文学或任何需要揭示其历史意义的学科。辩证法和解释学均是传统文化话语的形式，但它们也是反文化的。因为根据基德尔（Kidder）的观点，它们“致力于从内部把握文化的意义，不过它们也致力于发现那个文化意义世界中的重要资源”（Kidder，1997：1191）。辩证法将历史视为一个过程，过去的情形和未来的种种可能性亦存在于当下。

反思栏

辩证法

请思考“辩证法”这一术语，并将其用于一项研究或你经历过的日常事件中。请确定一种现象并探索它的历史语境。

解释学寻求不同文化视角之间的相互理解，它“将局部叙述中最局部化的部分与整体结构中最整体化的部分进行持续的辩证联结，以便能够同时对二者做出审查”（Geertz，1973：239）。可以说，在这样的语境下，局部中最局部化的部分与整体中最整体化的部分的相互融合实现了超越，产生了整体化解释，因为不同的文化视角与不同的文化时代同时进入了我们的视线，同时构成了对历史经验数据的解释。

解释学使人们能够通过设置特定语境来解释历史经验数据，在特定语境中，人们借助解释过程来开展解释工作。利用解释学，我们可以解释和理解过去，解
158 释的有效性和真理性也得以实现。解释学认为，理解是一种解释，它是人文环境的基础而不是某个程序化过程的产物；形成理解的基础不是某个单独的人类活动，而是人们的社会生活经验。我们总是将某物视为某物。那是我们的世界原初的既定方向，我们不能将其还原为任何更简单或更直接的东西（Hess and Palmer，1970）。此外，在研究过程中，历史理解和文化存在不应被剥离出去，而应被融合进来，以便与整个解释和理解过程形成互动。试图从文化和历史中剔除传统，就像试图从研究过程中剔除自我一样。因此，理解需要自我的参与，包括那些前概念、主体性和各种偏好。前概念使我们能够理解人们的日常思维和话语。“重点不是要消除我们的所有偏见，而是要考察我们在历史中承继下来的、不假思索就坚持的那些偏见，并对那些妨碍我们理解他者、理解自我的偏见加以改正。”（Garrison，1996：434）在这种情况下，解释学体现出某种批判理论范式，当我们

① 译文引自汉斯-格奥尔格·伽达默尔：《真理与方法》，洪汉鼎译，上海：上海译文出版社，1999 年，第 226 页。

采取批判理论立场时，解释学是一条相当理想的方法论进路。

不仅如此，理解还是通过互动和参与式对话过程发展起来的。理解的产生需要我们与这样一些人——和我们意见相左的人、向我们提出要求的人，以及揭露我们的偏见、主体性、偏好和前概念的人——进行互动。我们通过这一过程发现和产生理解。意义就是对情境、文本或社会行动进行理解，意义是时间性的、过程性的（它正在形成），或者说，意义正在通过理解而形成；过程则是现象的。文本或行动的意义在人们的相互交往中协商产生；解释也是相互协商的产物，而不仅仅是发现的结果。

共情也是解释学的一个重要内容。若要实现产生理解的语境并形成理解，研究者必须像在那个环境中那样生活，或者说将自己置于那个环境中，像那个环境中的人们那样行动，这样才能完全理解行动或文本的意义。如果要对被研究的人、情境或文本形成深刻认识，研究者必须与研究对象产生共情。“解释学关注正被使用的语言，譬如说参与者达成共识或分享观点时使用的语言。”也就是说，语言观察将提供意义，这一观念“模糊了一个事实，即就其表述用途而言，语言是体现在关系之中的”（Habermas，2007：25）。解释学的主要目标是比行动者本人更好地理解社会/个人，要实现这个目标，研究者应当利用直觉去理解个人内心最深处的东西。直觉和共情是一种自我意识；人们必须先理解自己，才能理解他者，理解了他者，才能更好地理解自己。实际上，主体与客体、共情/直觉与自我意识，以及部分与整体之间的差别导致出现了三种不同的解释学进路：客观主义解释学（objectivist hermeneutics）、辨伪解释学（alethic hermeneutics）和现象论解释学（phenomenological hermeneutics）（表 10.1）。

表 10.1　解释学进路 159

类型	内容
客观主义解释学	客体与主体间存在显著差别；客观立场存在
辨伪解释学	客体与主体总是融为一体的；研究者是历史文化绑定的，因而不可能存在客观立场。理解已由我们的前历史文化条件预先决定
现象论解释学	拒斥主体、客体立场的概念；研究者持续存在于这个世界。世界和个人在反思、思想和结构产生之前已经融为一体

客观主义解释学

基于文艺复兴时期对宗教文本和古代文献的分析，客观主义解释学要求将文本这一整体的各个部分联系起来（语句、章节以及整个文本之间存在迭代的互动过程）。客观主义解释学包含对部分与整体之间关系的理解。这意味着《圣经》中的某一节内容只能根据《圣经》的整体内容来理解。解释循环表明了一种持续的二分：部分只能根据整体来理解，整体也只能根据部分来理解（图 10.1）。而且，随着解释学被用于研究宗教文本或古籍以外的文献，部分与整体的观念也得到了延伸。最终，解释学吸纳了对口头语言、一般文本的研究，最后还将作者也涵盖其中。一旦涉及作者，我们就不能忽略他们的社会文化背景。最终，在解释学研究和分析中涵盖世界史就成为一项必要内容。

160

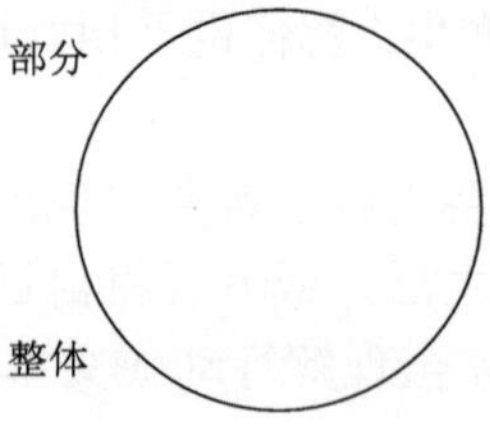

图 10.1　解释循环

解释学通过发展一种螺旋式方法——研究者不断在部分与整体之间进行转换——来处理上述二分问题。这需要集中于部分与整体间的关系，通过这一关系我们可以获得有关整体的某些启示。之后研究者再次转向所分析的部分，并重复上述过程。部分与整体间的转换使研究者逐渐形成了更深刻的理解。该方法被客观主义解释学所采用，而辨伪解释学则基于前理解和理解提出了自己的方法。

客观主义解释学以新康德主义（neo-Kantian）或反实证主义（anti-positivist）立场为起点。在该语境下，实证主义应当仅限于在自然科学中使用，社会科学和人文领域应禁止使用实证主义。因果性应成为自然科学的主要目标，而社会科学的主要目标则是理解对象的意义。在解释学的发展过程中，各门科学被赋予了相同的价值。社会科学将借助比较法、概括和直觉提出洞见和理解。不过，客观主义解释学家还是保留了客体立场和主体立场间的区分。客观性在某种程度上仍然存在。利科（Ricoeur，2004）主张，我们应该废除这种区分，因为这种理解方法保留了客观知识的观念。解释学应当采用现象学立场，跳出“令人困惑的主客体问题和存在问题的怪圈”（Ricoeur，2004：7）。为此，人们必须质疑存在的此在（dasein of the being）——那个理解总体存在的此在。“于是，理解不再是知识的模式，而是通过理解获得存在性的那个存在的模式。”（Ricoeur，2004：7）

问题

历史语境

解释学应当重构过去，或者将其与所研究的现象整合起来吗？也就是说，我们应当尝试重构作品并认为它是原本就存在的内容吗？文本在它原本所属于的语境中就具有真正的意义吗？或许这样的尝试根本没有用，因为过去就是过去，它永远不可能被重构吗？

反思栏 161

历史语境

黑格尔认为，历史语境的重构是无用的，他主张，文本和艺术“现在就是它们为我们所看见的那样，——是已经从树上摘下来的美丽的果实，一个友好的命运把这些艺术品给予了我们，就像一个姑娘端上了这些果实一样。这里没有它们具体存在的真实生命，没有长有这些果实的树，没有土壤和构成它们实体的要素，也没有制约它们特性的气候，更没有支配它们成长过程的四季变换——同样，命运把那些……作品给予我们，但却没有把那些作品的周围世界给予我们，没有把那些作品得以开花和结果的伦理生活的春天和夏天一并给予我们，而给予我们的只是对这种现实性的朦胧的回忆”[①]（黑格尔，《精神哲学》，引自Gadamer，2004：160）。

辨伪解释学

辨伪解释学强烈反对客观主义解释学立场。主客体之间的差别对应于研究者（主体）和研究对象（客体）间的差别，因为这反映了实证主义解释和实证主义的因果关系，其最终提出的是通过科学流程获得的理解。在辨伪解释学者看来，理解不能通过流程获得，而要在日常存在的基础上产生。因此辨伪解释学最基本的立场是，研究者要开展研究就必须明白，在社会或自然科学范围内形成理解或解释只是次要目标。

研究者是历史文化绑定的，因为他们都是特定时空中的存在。罗蒂主张：

> 认为存在有一种哲学能显示其“结构”的永恒中性构架，就是认为，与心相对照的对象或限制着人类研究的规则，乃是一切话语共同具有的……这样，认识论是根据这一假设来进行的，即对某一话语的一切参与活动都是可公度的（commensurable）。一般说来，解释学就是为反对这一假设而进行的一种斗争。[②]（Rorty，2009：316）

罗蒂用“可公度的”意指我们可以借助设定程序或规则达成一致意见。这表明，解释学应当实施无规则的行为，并脱离客观主义立场。

定义栏

辨伪

辨伪指某物可能为真的程度，比如，可能或不可能、很可能或不大可能。那么，我们在多大程度上可能揭示或揭露真相呢？

---

① 译文引自汉斯-格奥尔格·伽达默尔：《真理与方法》，洪汉鼎译，上海：上海译文出版社，1999年，第219页。

② 译文引自理查·罗蒂：《哲学和自然之镜》，李幼蒸译，北京：生活·读书·新知三联书店，1987年，第277～278页。

162 辨伪解释学关注的是将隐匿的东西揭示出来，而不是与之相符合。辨伪解释学拒绝主客体二分，而现象论解释学则认为，隐匿或隐藏的东西是我们存在的核心物，它被深埋于存在之中，这已经被人们遗忘了。真理就是发现和揭示这个核心性质，它是我们存在的本质。尽管客观主义解释学与辨伪解释学之间存在分歧，但在从事某一具体研究工作时，在有些情况下两者可以被同时使用；也就是说，它们可以互补的方式被共同使用。这种观点与现象学，尤其是海德格尔的现象学以及“真理是此在的核心”这一思想有直接关系。

现象论解释学

现象论解释学以伽达默尔和利科的著作为基础，而其发端或者说更深层的理论支撑则来自胡塞尔、海德格尔和梅洛-庞蒂。正如我们在第 4 章探讨过的，海德格尔的现象学方法构成了社会科学方法论进路的基础（Heidegger，2004；Ricoeur，2008）。对解释主义的一种理解是，研究者以旁观者的视角从事对人（人的行动）或文本的批判分析。现象论解释学对此提出了质疑：它主张，理解原本就不是基于规则的，或者说理解不是一个流程，事实上，对于人来说，“理解就是解释”（Ricoeur，2004：194）。伽达默尔主张，理解不是“人的孤立活动，而是我们生活经验的基本结构。我们总是将某物看作某物。那是我们的世界原初的既定方向，我们不能将其还原为任何更简单或更直接的东西”（Gadamer，1970：87）。伽达默尔在这里重申了海德格尔的观点，认为人的经验是由前概念和偏见来表达的。实际上，伽达默尔是从海德格尔那里“接受了这样的信仰，即我们称为偏见的东西传达了人类经验之期望的结构”（Ricoeur，2008：70）。

海德格尔通过此在的暂时性阐明了理解的先行结构和循环特性。在海德格尔看来，解释循环不应被“降低为一种恶性循环……即使降低为一种可以容忍的恶性循环也不行”，循环揭示了理解的基本模式，这只有当我们在“不让向来就有的先行具有、先行看见与先行把握以偶发奇想和流俗之见的方式出现”①的情况下进行解释时才能实现，“先行结构会损害科学流程，结构应从所研究的现象中产生”（Heidegger，2004：153）。海德格尔认为，解释循环“具有一种本体论的积极意
163 义”，并且一定要防止思维的全部解释局限以及“随心所欲的偶发奇想”，研究必须专注于现象或事物本身，它是“首要的、经常的和最终的任务”②（Gadamer，

① 译文引自海德格尔：《存在与时间》，陈嘉映，王庆节译，北京：生活 · 读书 · 新知三联书店，1987 年，第 187～188 页。

② 译文引自汉斯-格奥尔格 · 伽达默尔：《真理与方法》，洪汉鼎译，上海：上海译文出版社，1999 年，第 342～343 页。

2004：269）。所有的提问和理解都包含解释循环，因为试图提出问题需要与所研究对象或情境的性质有关的概念；也就是说，我们必须首先对问题中有关研究对象的概念有所理解。问题不会凭空产生，它们不会在人们完全忽视的地方产生，它们已经在我们将要研究的地方存在，自我及这些问题的答案促使我们对之前持有的观点进行反复评价，这样又会形成新的问题。因此，我们拥有了一个解释循环，它体现在时间性此在的本体观之中。

“谁想理解某个文本，谁总是在完成一种筹划。”①（Gadamer，2004：269）一旦开始阅读和解释，最初的意义就出现了，读者会为整个文本提出筹划意义（Gadamer，2004）。每一次先行筹划（fore-projection）都能够提出一种新的筹划，正是这一持续的筹划过程构成了理解和解释活动（Gadamer，2004）。在世和理解都是借助循环来发展的，因为循环是意义的一部分，是我们对事情进行必要的理解和解释的方式。因此，当我们看到某物像是一辆机动车，或者更具体地说，像是一辆小轿车的时候，我们不是从某种客观视角去看，然后才将其解释为一辆小轿车的。我们将实体当作在世的事物，这些事物已经由不同现象所具有的相关可能性构成的网络做出了解释，也就是说，那辆车是一辆机动车，是一辆有具体型号的小轿车，但我们在将那辆车解释为轿车、解释为有具体型号的轿车之前，我们已经了解了由可能性构成的这张网络。在所有的情境和案例中，“这种解释一向奠基在一种先行具有之中②——先行具有、先行见到、先行把握或先行概念”（Heidegger，2004：191，150）。实际上，正是这种二分法——根据已有知识产生的预期符合或不符合现实——形成了循环机制或者说解释和理解机制。针对实体本身进行的评估和分析筹划是一项经常性的理解工作（Heidegger，2004：267，252）。

同样，维尔纳·桑巴特（Werner Sombart，1863—1941）认为，所有的理解都包含内在的领悟，人们只能借助既定环境中现存的东西进行理解，环境是理解的联结点。桑巴特提出了“理解意味着什么”这个问题，他认为这个问题是对意义的深入了解。然而问题出现了，什么是意义呢？意义是与精神整体产生的联结，精神整体需要与主体和客体形成对应。主体和客体都由精神来确定，文化属于客体精神，而个人的动机、目标和思维则属于个人精神的内容。一方面是内在的领 164
悟，另一方面则是个人和文化之间的关系，而这两方面之间的关系决定了一个循环过程，它反映了伽达默尔对个人和文化之间关系的认识。他主张，每一个由自然存在上升到精神存在的人“在他的民族的语言、习俗和制度里都发现一个前定的实体，而这个实体如他所掌握的语言一样，他已使其成为他自己的东西了”③

① 译文引自汉斯-格奥尔格·伽达默尔：《真理与方法》，洪汉鼎译，上海：上海译文出版社，1999年，第343页。

② 译文引自海德格尔：《存在与时间》，陈嘉映，王庆节译，北京：生活·读书·新知三联书店，1987年，第183页。

③ 译文引自汉斯-格奥尔格·伽达默尔：《真理与方法》，洪汉鼎译，上海：上海译文出版社，1999年，第17页。

（Gadamer，2004：13）；（前定实体）[1]通过循环运动返回自身。实际上，人类正在通过解释循环生成、形成理解，这一观念是伽达默尔的核心思想。

伽达默尔对解释学实际包括什么进行了研究，他提出了一套论证，其中包括两种形式的异化：第一种是审美意识的异化，第二种是历史意识的异化。前者包括具有艺术形式的人类关系，以及人们如何根据这些关系做出判断。后者是一种途径，人类通过该途径以递增的方式“使一门技艺——在处理过去的生活经历时使自己保持批判的态度——愈加完美”（Gadamer，1966/2008a：4）。当我们认为一件艺术作品堪称经典时，这是否意味着它能够经受得住时间的考验？“我们不是经常以这样的方式来决定什么是重要的东西吗？”（Gadamer，1966/2008a：8）关于历史意识，我们也可以提出相同的论点，尽管历史研究和分析显然需要某种形式的批判态度，但过去仍影响着我们对现在和未来的思考。实际上，海德格尔认为，未来对于我们回忆和回想与解释循环有关的历史是非常重要的，在解释循环中，“构成我们存在的东西不是我们的判断，而是我们的偏见”（Gadamer，1966/2008a：9）。譬如说，如果我们试图“从对我们的诠释学处境具有根本性意义的历史距离出发去理解某个历史现象时，我们总是已经受到历史的各种影响。这些影响首先规定了：哪些东西是我们研究的对象”[2]（Gadamer，2004：300）。在此语境下，偏见不仅不会有损于真理，反而是我们引导和理解历史经验的有效途径（Gadamer，2004）。“偏见是我们对世界保持开放时的存在的某些偏爱。它们只是我们经验某物的前提条件——我们经历的事情通过这些条件告知了我们一些东西。”（Gadamer，1966/2008a：9）

伽达默尔（Gadamer，1970）分析指出，解释主义立场大体上聚焦于解释者的作用。在这里，个人对自我的理解对研究没有任何影响，因为它被认为是某种形式的偏爱，解释主义方法将研究者作为未涉观察者（uninvolved observer）。现
165 象论解释学对这种认识论立场提出了挑战：首先，理解是一种解释，是人类情境的基础，而不是某一程序化过程的产物。伽达默尔（Gadamer，1970）在海德格尔著作的基础上进行了说明，理解不是人的孤立活动，而是我们生活经验的基本结构。我们总是将某物看作某物。那是我们的世界原初的既定方向，我们不能将其还原为任何更简单或更直接的东西。

现象论解释学应当阐明我们的理解存在于其中的那个情境。然而这些情境并不包含用于研究情境或文本的方法论流程，现象论解释学借助行动和理解过程阐明了被理解的东西是什么。它的目标是把握“理解”这种行动本身具有哪些内容。总而言之，现象论解释学主张，主观立场和客观立场之间的二分完全是多余的。

---

① 译者注：括号中内容为译者所加。

② 译文引自汉斯-格奥尔格·伽达默尔：《真理与方法》，洪汉鼎译，上海：上海译文出版社，1999年，第386页。

小 结

解释学要求与文本进行对话，我们不应对文本敬而远之，而应将其作为平等的事物来接近。研究者既要倾听文本之所言，同时又要保持审视的态度。每种技术都可以使我们与文本形成互动，也可以产生解释行为并发现意义。我们必须用灵敏的双耳去倾听本文，以便在回应出现的时候能够觉察到。理解正是在持续反复地提出相同或不同问题的过程中形成的，我们不断地审视文本，直至不再出现新的观点。也就是说，我们不是要找到最终的答案，而是通过这样的过程使答案得到不断的发展；我们开启这一旅程并从中进行学习。此外，在全面审视文本的同时，提出关于自我的问题也势在必行。现象论解释学对文本进行了逐行审查，并不时地提出同一个问题；该技能最终造就了更深层次的见解，正所谓“有志者，事竟成”。

洞察力是解释学的一个重要内容。“一个好的解释应具有洞察力，因为它发掘出了作品的根本性、导向性意图，通过将作者的各种作品或陈述看作是尝试解决一个核心问题，就可以使那些内容变得浅显易懂。”（Madison，1988：29）海德格尔却认为这种技术对文本造成了损害，因为我们向文本提了一个未曾提过的问题，我们所说的东西已经超出了文本的内容。相对于倾听和审视，研究者应当走得更远，他们需要超越文本的原有界限。这里的解释可以被认为是随心所欲的，但在某些情况下，文本中隐藏的内容也会随之呈现出来。实际上，大部分文本中都存在未曾言说或心照不宣的东西。

与批判理论、建构论和参与论范式一样，解释学也反对朴素实在论，反对可 166
以实现永恒定律或可以通达终极解释的观点。意义在协商中产生，它始终处于“正在形成”的状态。理解因而也是一种实践经验。它是经验的，因为我们根据自己的历史情境来决定在这个世界上我们究竟是谁。理解“能够以独特的方式拓展我们的人生经历、我们的自我认识，以及我们的眼界，因为……理解在我们身边起着综合作用”（Gadamer，2008b：110）。

另外，同批判理论范式一样，解释学也认为，在寻求清晰理解的过程中，历史环境不应被忽视。我们认为，历史情境、文化和传统不是应当被无视的外在物，它们应当被我们接受，并在分析过程中得到使用。一些分析过程塑造、决定着我们为什么以及如何解释这个世界，我们可以在这些分析中运用传统。“效果历史意识”（consciousness of the history of effects）就是“暴露在历史中的存在意识及其行动”（Gadamer，2008b）。我们存在于历史之中，因此我们不能以客观立场看待历史，我们不能在摆脱历史洪流的情况下进行观察。脱离文化和传统就是脱离我们自身。主体性和偏见提供了对情境的前理解与敏感性。我们不应试图从历史环境中解脱出来，而应反思历史环境如何影响意义和解释。从某种意义上讲，我们所归属于的那个历史情境和文化传统决定着我们的解释。

理解是参与式的，它包含话语；它与语言捆绑在一起，研究者通过分析、解释经验数据形成，而不是复制理解。意义具有时间性，它是一个过程；意义总是处于形成的状态中，因而它表现为意义的非客观主义立场：人、行动、文本等都不是需要以客观解释主义立场来解释的外在实体，而是一种结构，解释者持续地就意义和理解问题与这种结构进行协商。理解不是被我们“发现”的，而是相互协商的结果。理解活动最终包含两个层面：首先，理解本身是一种实践经验，它确定了在这个世界上我们属于什么类型的实体；其次，理解与存在性有关，或者说，理解是我们的一部分存在性。我们定义自身为存在先于本质。这种现象学寻求对理解发生的条件和理解本身包含的内容做出澄清。意义就是对情境、文本或社会行动进行理解，意义是时间性的、过程性的（它正在形成），或者说，意义正在通过理解而形成。文本或行动的意义经由彼此的互动而协商产生，解释也由协商产生，而不仅仅只是被发现。实际上，它是此在，是在世生成（becoming-in-the-world）。

167 扩展读物

Bauman, Z. (1978) *Hermeneutics and Social Science*. New York: Columbia University Press.

Critchley, S. and Schroeder, W. R. (1999) *A Companion to Continental Philosophy*. Oxford: Blackwell.

Denzin, N. and Lincoln, Y. (1994) *The Handbook of Qualitative Research*, 1st edn. Thousand Oaks, CA: SAGE Publications.

Denzin, N. and Lincoln, Y. (2000) *The Handbook of Qualitative Research*, 2nd edn. Thousand Oaks, CA: SAGE Publications.

Denzin, N. and Lincoln, Y. (2005) *The Handbook of Qualitative Research*, 3rd edn. Thousand Oaks, CA: SAGE Publications.

Gadamer, H.-G. (2008b) *Philosophical Hermeneutics*, trans. D. E. Ling. Berkeley, CA: University of California Press.

Ricouer, P. (1987) *Hermeneutics and the Human Sciences*, ed. and trans. J. B. Thompson. Cambridge: Cambridge University Press.

Ricoeur P. (2008) *From Text to Action*. London: Continuum Press.

第 11 章　米歇尔·福柯

引　言

米歇尔·福柯的一个主要目标是构建一种考古学方法，该方法既摆脱了实证主义的符合论，又远离了解释学所谓的“更深层意义”的观点。考古学旨在描述或揭示一些未曾意识到的观点或思想，福柯称这些思想为*知识型*（*epistemés*）。他重点考察了知识和权力的关系，并试图追踪那些他认为与时代话语密切相关的知识型。这些话语并不符合真理（与胡塞尔一样，福柯也给真理加了括号），并且借助彻底的现象学，话语通过聚焦于意义延续了这一胡塞尔式的观点。实际上，作为梅洛-庞蒂的学生，福柯倾向于现象学这一点并不令人惊讶。

知识型包含特定时代（一段时期）的历史先验，它用理论维度将常识或日常实践中发生的事件汇集起来。考古学正是要发掘不同时代的历史思想，通过从知识型中辨析的历史变迁来追寻意义，而知识型正是借助话语进行迁移和转换的。通过对人类经验的三个方面进行考察，福柯的考古学对“历史是无规律的”这一观点提出了挑战，这三个方面是：

- 生物学语境中的人，作为活的生命（自然史）；
- 社会-经济语境中的人，作为生产实体（对财富进行分析）；
- 文化语境中的人，作为具有语言的物种（一般语法）。

实际上，这些领域之间最大程度的规律性致使它们在结构的相似性方面实现了同构，在每一个认识情境或认识阶段中都存在结构的综合体。也就是说，知识型不仅仅是关于世界的看法，它们还存在于我们内心最深处那个无意识的层面之中。与现象学立场一样，我们寻找和发现的东西恰恰居于生命最核心的部分，要理解世界，我们必须首先理解自我。

定义栏

考古学分析

考古学分析是在局部领域对具体问题进行比较。相较于确定普遍性，考古学更加注重澄清与个别有关的问题。18 世纪，考古学分析通过将作为生物实体、生产实体和交流实体的人进行对比，揭示出了几种彼此相关的话语构成（discursive formation）。这些构成并不提出普遍的“古典精神”，而只是在被说明的领域或情境中才具有有效性。“这些关系不越过毗邻的范围，因而我们不能把它们……转让给当代话语的整体，更没有理由把它们转让给我们称之为‘古典思想’的东西，因为这些关联被紧紧地固定在被研究的三段式上，而且只在被说明的范围中才具有价值。”[①]（Foucault，2002a：175）

福柯（Foucault，1981）主张，世界或实在并不具有我们所发现或破解的意义。我们通过将话语强加于世界之上才寻找到秩序或规律性，是我们创造了意义和秩序。因此，实在的规律性不是没有出处的，它是我们将话语强加于世界的产物；话语在这个语境中制约着立场，所有的一切都是透过话语的镜头进行构建和理解的。

反思栏

话语的单位

话语的单位（unity of discourse）提出了一种将迥然不同的事件与“组织原则”（organising principle）联系起来的方法，它使我们能够发现一致性原则的雏形，以及有关未来单位的一些微弱提示。在起源与终点之间存在某种始终可逆的关联，终点从来就不是既定的，它却一直在发挥作用，我们通过确定这种关联来控制时间。特定时代的精神或一个特定时期的集体意识可能作为一种统一的解释而出现，这种解释已经通过意义和符号集得以实现（Foucault，2002a）。

请思考，福柯的“集体意识的主权”（sovereignty of collective conscience）的意义是什么呢？

福柯观点的发展

福柯的早期著作集中于探讨人文科学，或者按照当今更常识性的认识来说就是社会科学。他在著作中主要关注的问题是社会科学在何种程度上是可能的，社会科学的存在又会产生什么样的结果。福柯是思想体系史（history of systems of thought）教授，他用思想一词表示“在社会科学哲学领域提出的理论化、概念化反思的形式，以及体现在日常管理实践中的理性形式和方法”（Patton，1999：537）。
170 通过研究18世纪的社会现象，福柯评价并批判了现代社会背景下，根据人既是知

① 译文引自米歇尔·福柯：《知识考古学》，谢强，马月译，北京：生活·读书·新知三联书店，2003年，第175页。

识的主体又是知识的客体来构建社会科学的方式。例如，在《疯癫与文明》（Foucault，2002b）中，疯癫、贫穷、残疾及失业的观念开始在国家中出现，它们都是社会问题，都需要国家来解决，于是人们对于国家的作用有了新的理解。文艺复兴期间，所谓的疯人四处流浪，就像《李尔王》（*King Lear*）中的汤姆・白德兰（Tom Bedlam）[①]那样生活在城市的边缘。17 世纪和 18 世纪，疯癫者或精神病人成了最棘手的问题，国家用监禁或侮辱的方式对待他们，他们是道德的替罪羊。人身监禁有两个目的——掩盖失业者所忍受的贫穷以及否认社会剧变。监禁表明疯癫和贫穷都是不被接受的社会存在形式，人们被迫出去工作，因为伦理价值是与劳动紧密联系在一起的。在这种价值观中，疯癫、贫穷和失业都是不可接受的，它们必须被禁止，它们必须被掩盖。国家并未严禁人们失业，也没有明确规定失业的惩罚措施，但失业的代价则是国家对个人的自由采取了限制措施，并强迫他们去（济贫院）工作。在这一系列的变化中，我们发现了某些理性看待疯癫、失业和贫穷的观念，这些理性观念自然而然地渗透到了集体意识中，不依赖于任何先前的概念体系，因为那些概念体系在当时看来已经相当不合理了。

福柯思想的发展与 20 世纪发生的政治变革有关。实际上，19 世纪 60 年代的学生以及他们所崇尚的反独裁主义对福柯的思想和理论构想的演变产生了巨大影响。反独裁主义开始拓宽自己的政治边界，许多社会科学，如心理学、社会学等，都具有了鲜明的政治色彩。作为法国共产党员，福柯本人显然也是政治参与者。像许多 19 世纪 50 年代早期的学者一样，福柯亦是一位支持苏联的马克思主义者。然而，他对苏联的支持却因 1956 年苏联入侵匈牙利，以及谴责同性恋是资产阶级行为而产生了动摇。可以这样说，在福柯的余生中，他与马克思主义思想的关系始终复杂而纠结。他关于权力、不平等和社会结构的思想深受马克思主义影响。然而，他并不赞同苏联马克思主义所坚持的国家中心论和经济决定论。福柯认为，马克思主义的许多观点都是在 19 世纪产生的，这些观点原本只适合当时的社会状况。福柯的政治立场并不明确，他本人也不希望别人对他的政治立场进行评判和归类。他主张，若要取得政治上的进步，就必须理解历史和实践环境，只有那样，政治才能带来合理的改革，进步的政治反对早期的目的论终点，并抛出了主权问题。福柯抛弃了政治话语中的抽象概念，他在局部日常交流的基础上构建话语；一切都是政治的，一切都是在无处不在的政治语境中进行的权力运作。实际生活 171
中的权力运作发生在那些明显存在压迫的政治领域中，包括教育、监狱、突尼斯学生、巴斯克分离主义者（Basque separatist）、种族主义、越南工会制度、波兰工会制度（Polish trade unionism）、同性恋游行及人权等方面。不过，他仍然强烈反

① 译者注：汤姆・白德兰是《李尔王》中葛罗斯特伯爵的长子爱德伽的化名。爱德伽遭其弟诬害，被父亲驱赶，他乔装为疯子后化名汤姆・白德兰，在父亲眼瞎之后继续服侍他并最终成为国王。

对苏联以及苏联宣扬的共产主义观念。

这些信念就像一块画布，福柯在这块画布上勾画出的思想是在新生的、彻底的社会融合中对价值观、行为、常识和政策制定等理念进行的理性评价。实际上，福柯很可能被视为 19 世纪 60 年代挑战权威的先锋，通过对已建立的行为和思维方式进行彻底的评价，福柯在著作中明确表达了对权威的异议。不过，一方面，他并不想利用他的私人经历与文本进行互动，因为他认为批判的目的不是为了确定文本与作者的关系；另一方面，他又解释道，他专注于具体领域的原因不仅只是出于理论兴趣，而更主要是缘于个人的历史经验。个人的经验和经验过程始终影响着他的理论工作，在他看来，属于实践情形中显而易见的东西与他所专注的制度之间总是存在某种相互作用。人们可能会认为，他的大部分著作都含有自传的成分。实际上，他不仅专注于分析社会环境和社会制度，还专注于探讨这些问题的分析方法以什么作为基础——（研究者的）经验在这些问题中存在关联性——以及接触研究工作的方式和我们将会发现的东西。在这方面，对个人的经验分析模式和研究的课题进行剖析就是十分必要的。存在某种形式的前理解，它决定着研究工作或研究者主要关注的内容，以及接下来的分析——研究工作能发现什么主要取决于分析。

福柯后期主张，他的工作计划是对现代性进行历史-哲学批判；他鉴别了西方社会发展的历史条件和西方理性思维的历史根源，以及这些内容如何在现代西方文化的精神之中表现出来。福柯并非试图追溯过去与现在之间的必然联系，他意在辨别历史经验数据与历史经验数据的当代解释之间存在的分裂和区别。福柯以尼采哲学的方式提出，历史学家应以当前的情境为起点，一路沿历史回溯，直至锁定了差异（或断裂）；之后由此交叉点继续回溯，以确保不连续性（discontinuity）和连接性都得到澄清。我们理所当然地认为理性受到了破坏，并以这样的方式对实践和话语进行了区分，曾被认为不合理的那些我们关于过去的看法也受到了质疑，在许多情况下，我们往往会发现，现今对过去的现象所做的假设是错误的。实际上，在不同的知识型中，以及在反映各个时代的主流观点的话语当中都可以
172 找到这类差别。人类不是万能的永恒实体，而是随着历史情境和既定知识型的话语形成或出现的。

福柯、知识型和话语

福柯主张，知识型的历史与科学史或一般历史非常不同，历史上存在的四种知识型对不连续性都有不同的理解，这些历史思想不能相互融合。这四种知识型包括：

- 前经典知识型（古代至 17 世纪中期）；
- 经典知识型（17 世纪中期至 18 世纪晚期/19 世纪早期）；
- 现代知识型（19 世纪早期至 20 世纪中期）；
- 当代知识型（20 世纪中期至今）。

福柯在《事物的秩序》一文中只详细讨论了前经典知识型和经典知识型，对后两种知识型则是一带而过，因为他对知识改变的原因不感兴趣，他更关心描述，而不是因果关系。

福柯对因果关系不感兴趣，这表明他不喜欢构建系统，他更强调那些（在具体情境中）被社会变革和社会话语边缘化了的东西。他主张，自文艺复兴时期以来，统治阶层通过强加社会规范的方式使差异性遭到了边缘化。福柯在《性史》中指出，希腊和罗马文化中用于描述同性恋和异性恋的话语并无差异。实际上，人们对待不同性取向的态度是相同的。这与现代社会形成了鲜明的对比，在现代社会里，异性恋的地位得到了提高，成为社会规范，其他性取向则被视为离经叛道。在福柯看来，这种权威式的方法就是现代社会的写照，也就是现代社会的知识型。以什么是合法的配偶为例，“与希腊和罗马社会中的所作所为对比，基督教似乎是确立了一夫一妻婚姻制度……另外还有对于同性间关系的禁止，基督教严格禁止这种关系，但在古希腊人们则颂扬这种关系，在古罗马人们也予以认可”[①]（Foucault，1992：15）。然而，从最根本上讲，关于同性恋的看法仍然是受历史约束的，是语境的。

定义栏

知识型

知识型并不期望使某个概念合法化。比如，在评价某个科学观念时，知识型只是认可该观念存在，然而它并不探询科学之所以被视为科学的依据是什么。知识型探讨了“科学开始从其他知识形式中分离出来”这个问题。知识型接受 173
了这个事实，但它询问的问题是“科学之为科学，这究竟意味着什么”。知识型从不质疑科学之所以被当作科学的原因，但它要问：为什么科学会存在？科学如何得以存在？科学从其他知识形式中分离出来，这一点与原初的赠予行为（original act of giving）的权力毫无关系（Foucault，2002a）。

福柯（Foucault，2002a）主张，人类通过话语或话语实践变得自明。人类既不是万能的，也不是永恒的，而是随着历史情境和既定时代的话语而出现的。同样，在历史中建构、由话语定义的人类很容易消失不见，或被不断变化的、

① 译文引自米歇尔·福柯：《性史》，张廷琛，林莉，范千红，等译，上海：上海科学技术文献出版社，1989 年，第 169 页。.

由历史限定的（以话语为内容的）实践活动重塑。实际上，这样的实践活动不仅产生了主体，还产生了划分主体的方法。正如上文所述，福柯在《疯癫与文明》中提出了这一点——那些被认为是疯子的人们都遭到了排斥。他在《规训与惩罚》中也谈道，那些违法者被排斥到了社会边缘。事实上，现有的话语不仅包括了已经言说的东西，更重要的是还包括了未曾言说的东西、被遗漏的东西；“第一种动机使话语的历史分析去寻找……某个脱离一切历史规定性的起源；而第二种动机则使话语的历史分析解释或者倾听某个已说过的东西……不应该把话语推回到起源的遥远出场；而是应该在审定它的游戏中探讨它”[①]（Foucault，2002a：28）。

定义栏

话语和陈述

●话语“时而是所有陈述的整体范围”[②]，它指的是性（sexuality）或女性主义这样的话语。

●话语也包括“阐述一些陈述的被调节的实践”[②]，也就是，未以书面形式表达，但却对我们的对话、陈述及日常存在起支撑作用的规范和价值观。

●话语是一系列陈述的可预言、可调控的结合体，它导致了特定观念的传播和言论的结合。（Foucault，2002a：90）

话语就是此时能言说的东西与彼时实际言说的东西之间的差异。哈耶尔（Hajer）将话语定义为“一组具体的观念……它在特定的实践环境中产生、复制和转换，我们通过这组观念将意义赋予物质实体和社会实体”（Hajer，1955：44）。话语不是中立的，也不是可选择的，而是已经作为思想或实体存在。“根据明确制定的规则，某些东西在话语中形成……这个‘某些东西’又依据同样制定的规则存
174 在、持续、转变、消失；总之……与社会的一切产物相伴随（伴随是指与某物具有确定关系）的是这些事物的形成和转换。”（Edkins，1999：46）

知识型是历史的先验，它是特定时代的知识和话语的基础。不同的知识型可以共存，同时产生相互作用，并构筑权力-知识体系。它就像一根无形的支柱，其根基是一些生活在那个特定时代的人们未曾留意过的基本假设。知识型就是一个时代的“认识论的无意识”（epistemological unconsciousness）。在流行的观念中能看到这一点吗？或者说与此相对，它更为深刻，它是由时代精神构成的吗？不仅

① 译文引自米歇尔·福柯：《知识考古学》，谢强，马月译，北京：生活·读书·新知三联书店，2003年，第25～26页。

② 译文引自米歇尔·福柯：《知识考古学》，谢强，马月译，北京：生活·读书·新知三联书店，2003年，第85页。

如此，话语还借助反话语的形成对流行观念产生了反作用。话语专注于探讨为什么出现的是此陈述而非彼陈述？

福柯试图描述陈述（尤其是包含人文科学的话语中的陈述）之间的关系。实际上，他已经借助谱系学（genealogy）完成了这个任务。谱系学是一种历史分析，它辨别和追溯社会历史的发展。这不仅需要一个概念体系，还需要对特定的时代以及在那个时代具有意义的话语有所了解。谱系学还包括对那些我们认为不借助历史过程就得以存在的事物进行考察，如“性”。谱系学并不寻求某个既定实体的来源或某种线性发展模式，而是试图阐明多重性（plurality），以及权力在多大程度上影响、决定着我们对真理的理解。不过，福柯也敏锐地指出，“谱系学不是实证主义以一种更细致或更精确的形式进行的回潮[①]。谱系学，准确地说是反科学……它……是指知识的造反”[②]（Foucault，2004：9）。科学必须接受质疑，如果某种知识形式自认为是科学，那么什么类型的知识不是科学呢？也就是说，什么知识降级到了知识理解的第二层次。福柯提出了这样的问题：我们所说的科学究竟意味着什么、科学与非科学之间的区别是如何划分的。

权力/知识：个人与机构

福柯根据个人与机构之间的关系来剖析权力，他撰写了许多论文，包括《临床医学的诞生》《性》《规训与惩罚》《权力/知识》，通过这些论文，他评估了机构对个人行使权力的程度，以及这种权力涉及的人的地位（接受或反抗这种权力）。从根本上讲，他分析了在日常情境中，权力以何种方式对机构中的人们产生作用。“福柯考虑的是具有历史文化定位的权力/知识体系如何掌控主体及主体的世界”（Gubriem and Holstein，2000：493），这些体系中包含的话语“不仅是观念、意识形态或其他符号结构，还是在社会实践中的工作态度、提出职责范围的模式，175 以及行动路线”（Gubriem and Holstein，2000：494）。话语是机构（救济院、监狱、医院）中的社会实践，对这一点的强调突出了主体在意义和理解的形成过程中具有的重要作用。

舒茨（Schutz，1970）以胡塞尔思想为基础，通过话语构建了生活经验（生活世界）。“日常生活世界意指主体间的世界……在任何既定时刻（人类）发现了大量知识……它们为解释提供方案……这些知识本身具有独特的历史。它由我们先前经历的意识活动构成，而这些活动最终变成了我们的习惯。”（Schutz，1970：73-74）正如胡塞尔所指出的，这一过程包含意义的沉积。德勒兹（Deleuze）主

① 译者注：这里的“回潮”指回归某种科学形式。

② 译文引自米歇尔·福柯《必须保卫社会》：钱翰译，上海：上海人民出版社，2000 年，第 8 页。

张，福柯的社会本体论包含“时空中混沌的社会原始能量的无定形物。这些物质被构筑在自由漂浮（free-floating）策略和权力游戏中，自由漂浮策略和权力游戏接着会沉积到‘可视并可述’这一层次中，该层次是实践的话语和非话语形式，知识和权力正是渗透于其中的”（Alversen and Skoldberg，2009：256）。

福柯将现象学转变为认识论，他认为，当我们看和说的时候，我们不必看我们所说的东西，也不必说我们所看的东西，在我们观察实体的时候，实体通常是根据它不是什么来定义的（Deleuz，1999）。不存在意向性，一切都是知识，“知识具有不可化约的双重性——看与说、语言与光线，而这则是何以没有意向性的理由……（因为）现象学……已超越作为意识与其对象关系的意向性”①（Deleuz，1999：90）。意向性向着存在的观念转变，它向着“存有的皱褶”（fold of being）不断运动，并逐渐成为“存有的皱褶”（Deleuz，1999：90）。最终，现象学家将无法区分皱褶和存在（存在就是皱褶），“对梅洛-庞蒂而言，必须展示出一种彻底与‘垂直的’可视性如何被褶皱成自我观看（self-seeing），而且从此使观看与被看的水平关系成为可能”①（Deleuz，1999：91）。梅洛-庞蒂主张，他不是由任何外在物决定的，这不是因为没有事物作用于他，而是因为他就是起点，他外在于自身并且“向世界开放”（Merleau-Ponty，1999：456）。“我们完全是真实的，只是因为我们在世界上，不仅仅像物体那样在世界中，所以我们带着在我们看来应超越的一切东西。”②（Merleau-Ponty，1999：456）

福柯主张，权力并不只存在于压迫中（比如通过阶级或国家），它渗透于社会各个阶层（各种社会关系），社会关系是对常规性日常环境的解释和理解，这些日常环境正是权力发挥作用的地方。它使我们能够在具体情境下将个人作为积
176 极行动者，而不是行动作用的对象实体进行分析。权力在这样的语境下成为一个行动过程，而不再是一种被拥有的东西。“权力在话语中通过话语进行运作……话语不只是将语词添加到作品中，它还为语词赋予意义，它建构知觉并形成理解及相互作用的路径。”权力不仅表征了实践主体，“同时还构成了各种各样的主体，它们在话语中以有意义的方式表现出来”（Gubriem and Holstein，2000：294-295）。权力以链式发挥作用，它既通过网络进行传递，也借助网络“得到运用和实施”。在福柯看来，“个人是权力的工具，而不是权力的作用点”（Foucault，1980：98）。

权力包含人与人之间的社会关系，权力不仅与压迫者和被压迫者有关。根据黑格尔的奴隶主-奴隶二分法，权力并不只在奴隶主一方，权力关系存在于二者之间。因此，个人并非权力所在之处，而是权力得以在其中实现的实体。个人是权

① 译文引自吉尔·德勒兹：《德勒兹论福柯》，杨凯麟译，南京：江苏教育出版社，2006年，第114页。
② 译文引自莫里斯·梅洛-庞蒂：《知觉现象学》，姜志辉译，北京：商务印书馆，2001年，第570页。

力实施的地方，在机构环境下，人们在与他者的关系中扮演了某种角色。这意味着权力不是被拥有的，而是作为充斥着社会的一系列关系在持续上演着。“福柯指出……权力……是一种策略而非所有物，其效果并不能被分派占有，‘而只是一些配置、操练、战术、技术、运作’，‘它被运作而非被拥有……简言之，权力不具同质性，只被特异性、权力所通过的特异点所定义’。”①（Deleuz，1999：22-23）福柯主张，尽管现代社会建立在惩戒的基础上，但惩戒并不归属于某些机构，因为它包含的权力形式已然超越了国家机构。权力不只源于某个特权阶层或某个有特殊限制的地方，权力不再是本地的或局部的。权力具有两层不同的意义：权力是具体到语境的而不是普遍化的；但权力却又无法具体到语境，因为它是弥散的（diffuse）。“简而言之，这是我们对一种权力观念如何适应的问题。这一观念用客观的看法来取代法律的特权，用战术有效性的观点取代禁令的特权，用分析一个多元、多变的力量关系领域取代专制的特权，在这一领域中产生着深远却永不稳定的统治后果。”②（Foucault，1998：102）。

权力并不支配个人，也不会将自身强加于个人，但它却是固有的，它借助组织或机构的结构渗透到我们日常生活的家庭关系中。权力关系藏身于社会之内，要理解权力关系，我们就必须发掘、揭示那些存在于经济体系、政府结构和日常生活中的关系。相对于体现在国家层面的权力，福柯对局部权力更有兴趣；相对于某些持续拥有的权力，福柯对偶然行使的权力更着迷；相对于个人自由所具有的结构，福柯对促进人的行动和行为的权力更为关注。

福柯认为，在特定语境下，权力可以成为一股积极的力量，正是“这些积极的机制需要我们去探索，在这里，个人必须摆脱权力先前所有本质特征中的司法图式。 177
于是出现了一个历史问题……西方国家为什么坚持认为它们运用的权力是司法的、消极的而不是技术性的、积极的”（Foucault，1980；引自 Rabinow，1991）。实际上，权力的积极面使福柯将注意力放在了革命以及人们如何在特定情境中取得权力这两个问题上。我们可以看到，这样的事情当前正在非洲国家发生的暴乱中出现。在突尼斯、埃及、利比亚、叙利亚、巴林，成千上万的民众走上街头要求民主，看似所有的独裁者一个接一个被推翻了，然而这些都不是马克思主义的无产阶级革命，也未能作为意识形态对资本主义构成威胁。人们只是希望将专政或独裁统治中存在的、具有法律效力的权力关系变为民主的和精英式管理的权力关系。这样一来，国家就不应被视为是拥有权力的实体，而应被视为构建权力关系的结构或渠道。

① 译文引自吉尔·德勒兹：《德勒兹论福柯》，杨凯麟译，南京：江苏教育出版社，2006年，第26～27页。

② 译文引自米歇尔·福柯：《性史》，张廷琛，林莉，范千红，等译，上海：上海科学技术文献出版社，1989年，第100页。

人们在实际情况下把什么当作或理解为认知的条件，福柯对这个问题并不太感兴趣。在某一特定时间点上，是什么导致某物被认识或理解呢？为什么有些概念的地位升高了、成了描述事实的知识，而其他认识却销声匿迹了呢？福柯重点探讨了体现在知识中的权力关系，离开知识，那种权力关系就无法实施或运行，知识总在产生权力。个人通过创造知识而为权力投标竞价，权力和知识虽不同一，却是同一枚硬币的两个不同面，任何一方离开另一方都无法存在。因此，当存在权力的不平衡时，这个或那个团体会比其他团队拥有更多知识。这种视角总体上于社会科学研究有益，特别是在需要进行反思、需要将作为主体的人纳入考虑范围的时候。知识借助权力能够区分事物，并决定哪些是正常情况、哪些是非正常情况。因此，理解和自我管理都是由（作为知识体以及理解世界的方式的）科学和其他社会权力机构决定的。权力存在于知识之中，通过某种层次的机构控制，权力的运用与权力的发展发生了相互作用。我们可以在机构内部，如监狱、医院、私人或公共企业、社会或自然科学学科等，确定权力和知识之间表现为控制形式的关系。这类研究的目标是在权力与知识的互动关系中发现真理，而不是在（作为真理）的科学知识与意识形态，或取向与偏见之间进行区分。福柯（Foucault，1998）提出了四项规则[方法论规则（methodological imperatives）]来支持他的方法：

- 内在的规则（rule of immanence）；
- 不断变化的规则（rule of continual variations）；
- 双重条件作用的规则（rule of double conditioning）；
- 话语在战术上的多价规则（rule of the tactical polyvalence of discourses）。

178 **内在的规则**

正如上文所述，权力和知识是同一枚硬币的两个不同面。“在知识的技能和权力的战略之间，没有外在之物，尽管它们有特殊的作用，并在它们之间差别的基础上相互联系。”①（Foucault，1998：98）只有当权力产生了分析域时，分析域（知识范围）才会存在。“不应这样假设：如果不是由于权力在经济和意识形态方面的要求使性成为禁忌的机制的对象，性的某一方面就可成为一种自由、客观和科学研究的合理对象。”①（Foucault，1998：98）研究始于话语，话语描述权力和知识之间的局部关系，话语以反思性的形式呈现，即“自我检查、质问、认可、解

① 译文引自米歇尔·福柯：《性史》，张廷琛，林莉，范千红，等译，上海：上海科学技术文献出版社，1989 年，第 96 页。

释、面谈”[①]（Foucault，1998：98）。

不断变化的规则

权力和知识的关系在行动指导下不断转换，它们是“变换矩阵”（matrices of transformation）。研究者应当注重与权力有关的过程和关系，而非权力为谁占有，“我们不应该……寻求谁拥有权力……我们……应当探求力量关系过程的根本性质所隐含的限制形式”[②]（Foucault，1998：99）。

双重条件作用的规则

局部中心最终必须关系到全局，全局也必须持续关系到局部。“它们之间并不像两个不同的层面（一个微观，一个宏观）那样互不关联；但二者也不像一个只是另一个放大或缩小的投影那样同一。”[②]（Foucault，1998：99-100）局部研究所使用的战术必须考虑到与更宏大的战略之间的关系，更宏大的战略也必须与局部情境具有某种同一性。福柯（Foucault，1998）分析了（作为局部中心的）家庭与作为宏观（全局或战略性的）马尔萨斯人口控制之间的关系。家庭并不完全代表一般的国家或社会，社会也不是家庭的镜像。但是“家庭……由于其对其它权力机制的独立性和异态性，被用来支持……马尔萨斯式的对出生率的控制、控制人口论者的煽动、性的医疗化和它的非生殖器形式的精神治疗化”[③]（Foucault，1998：100）。

话语在战术上的多价规则

权力和知识经话语产生内在关联，话语是多重的，并不存在层级结构。话语既不是“一致的，也不是稳定的”存在者，话语没有“被接受和被排斥……或…… 179
主宰和被主宰之分。我们应当设想这个世界由众多迂曲的因素构成，它们可以在不同的战略下起作用”[③]（Foucault，1998：100）。我们不能只把话语当作权力的工具，而必须将它视为挑战权力的途径。福柯指的是与同性恋有关的话语，以及 19 世纪所发生的变化。“19 世纪……出现了……关于同性恋……的话语，这毫无疑问促进

① 译文引自米歇尔·福柯：《性史》，张廷琛，林莉，范千红，等译，上海：上海科学技术文献出版社，1989 年，第 96 页。

② 译文引自米歇尔·福柯：《性史》，张廷琛，林莉，范千红，等译，上海：上海科学技术文献出版社，1989 年，第 97 页。

③ 译文引自米歇尔·福柯：《性史》，张廷琛，林莉，范千红，等译，上海：上海科学技术文献出版社，1989 年，第 98 页。

了‘性异常’领域的社会控制的有力进步……它也有可能造成一种‘相反’话语的形成：同性恋经常运用同样的词汇……要求承认其合法与‘合乎自然’。”[①]（Foucault，1998：100）实际上，社会控制和对合法性的要求可以使用相似的词汇，二者在边界处的差别显然相当模糊。“一边是没有权力的话语，而在另一边，却又有话语与之对立。”[①]（Foucault，1998：100）我们已不再将话语看作只是对全局性的表述，我们需要对偶然性观点以及话语的局部战术与全局策略性观点之间的关系进行持续考察。

小　　结

福柯描述了话语的单位与话语的不连续性中存在的问题。我们如何分离出话语的单位呢？我们需要借助这些单位来回答下列问题：“什么是科学？什么是理论？什么是概念？什么是文本？”（Edkins，1999：46）“不连续性不仅仅是所有构成历史地质上断层的重大事件之一，而且已经存在于陈述的简单事实中；人们使它出现在它对历史的介入中；我们试图揭示的东西……经常是极其微小的——不可抑制的出现。”[②]（Foucault，2002a：31）

福柯对分类和划分方式提出了质疑，即使那些分类看似如书籍一般显而易见。“书籍从来就不是边界分明的：在标题、首行和最后一个句号之外，在它的内部结构和它的自主形式之外，它卷入了一个指涉其他书籍、其他文本、其他语句的体系中——它是网中的一个节点。”（Edkins，1999：46）通过把话语从我们假定的“自然的、直接的和普遍的单位”中解脱出来，“我们就能够描述其他单位”，“分析它们的并存、它们的连续、它们的相互作用，它们的相互确定和它们的孤立的或者对应的转换”[③]（Foucault，2002a：32）。

福柯的研究方法是在偶然性语境中揭示人们的经验。这种方法不是反理论的，而是前理论的，因为它探讨了理论观点如何产生、理论观点是什么以及它可能有什么转变。福柯的另一个目标则是确认理论反映的实在处于哪种社会语境中，又
180 是以什么作为基础的。不过后者始终只是一个目标，因为福柯忽略了社会互动，只通过话语阐释变化，而话语是对产生新事物的各种社会形式进行对比。通过考古学的揭示过程，我们确实发现了新的实体。即便如此，在福柯的著作中却几乎

① 译文引自米歇尔·福柯：《性史》，张廷琛，林莉，范千红，等译，上海：上海科学技术文献出版社，1989年，第99页。

② 译文引自米歇尔·福柯：《知识考古学》，谢强，马月译，北京：生活·读书·新知三联书店，2003年，第29页。译者注：“不可抑制的出现”应译为“不可还原的涌现”较为准确。

③ 译文引自米歇尔·福柯：《知识考古学》，谢强，马月译，北京：生活·读书·新知三联书店，2003年，第30～31页。

看不到实现这些改变所需要的实际技术。福柯否认自己构建的是一种权力理论，他甚至不认为自己已经开始着手构建一种权力理论。如果权力具有流动性“或产生于某一特殊来源”，那么我们完全可以构建关于权力机制和程序的理论。实际上，只有通过“对权力机制的分析”才能获得权力的雏形理论（Foucault，2007：1-2）。

反思栏

人类科学与知识的秩序

社会科学的产生与理论和实践问题或者说理论和实践障碍息息相关。工业化、民主化和城市化为个人和社会制定了有别于过去的全新规范。因此，随着人成为科学研究的对象，心理学、社会学和经济学（社会科学）应运而生。福柯将这种现象当作“知识秩序中的事件”（Foucault，2003：376）。

请对上述感想进行思考，并确定“知识秩序中的事件”的含义是什么。人如何能够成为科学研究的对象呢？

通过对机构话语之间的相互作用进行理解，福柯提出了将局部或主体立场与独立的经验世界区分开来的方法，他对所说之事与所经验之事（表达的内容和实际内容之间）做出了区分。这一区分使研究工作在评估和分析社会秩序时能够集中于探讨人们所说的话与人们说这些话的条件之间是何种关系。核心问题是人们如何开展工作，行动和互动是最主要的方法。福柯主张，话语在具体情境的时间性中构建意义，我们由此把握住了日常的、通常的东西，或者说把握住了常规性。因此，研究者应当专注于知识型的谱系学和话语，以便发掘经验和生活世界的真实意义。不过，在专注于知识型和话语时，研究者需要不断地辨认直观表面之下的权力-知识关系。例如，以忏悔为例，“忏悔是一种话语仪式……是在权力关系之中展开的仪式……权威需要你坦白，规定你要坦白，并……不断介入以进行裁判、惩罚、谅恕、安慰与调解……这一仪式……可在表述者身上造成内在的变化； 181
它为他赎罪，为他释罪，为他涤罪”[①]（Foucault，1998：61-62）。

在福柯所寻求的方法中，自我是核心概念，于是核心问题变成了“我是谁”。主体的创造性活动发生在研究过程之中。不过，从根本上讲，自我并不是一种社会建构物，而是自我在试图反抗强加于自身的权力-知识规范的过程中，通过自我反思建构而成的。权力-知识与主体之间存在不确定的、长期的、持续的冲突，我们永远不能预先完全理解冲突，我们也永远不能完结或终结冲突。最遥远的点以这样的方式转变为最迫近的点（自我），于是最遥远的点变成了内域。“它是位于中心的房间，毋庸再担心它是否空无，因为其中已置入自我。此外，在主体化地

① 译文引自米歇尔·福柯：《性史》，张廷琛，林莉，范千红，等译，上海：上海科学技术文献出版社，1989 年，第 61 页。

带，人们成为其速度的主人，并相对成为其分子与其特异性的主人：好像外在之内在的小艇。”[①]（Deleuz，1999：101）从根本上讲，“我们置身于世界，我们不能离开世界，以便进入世界的意识”[②]（Merleau-Ponty，1999：5）。

扩 展 读 物

Deleuze, G. (1999) *Foucault*, (ed. and trans.) S. Hand. London and New York: Continuum.

Edkins, J. (1999) *Poststructuralism and International Relations: Bringing the Political Back In. Critical Perspectives and International Relations*. Boulder, CO: Lynne Rienner.

Foucault, M. (2002) *The Archaeology of Knowledge*. London: Routledge.

Foucault, M. (2003) *The Order of Things*. London: Routledge.

Mills, S. (2003) *Michel Foucault*. London: Routledge.

Rabinow, P. (1991) *The Foucault Reader*. Harmondsworth: Penguin.

① 译文引自吉尔·德勒兹：《德勒兹论福柯》，杨凯麟译，南京：江苏教育出版社，2006年，第129页。

② 译文引自莫里斯·梅洛-庞蒂：《知觉现象学》，姜志辉译，北京：商务印书馆，2001年，第25页。

第12章 信度、普遍性和反思性：辨析有效性与信任度

本章将考察以下几个问题：信度、普遍性（generalisation）、反思性、有效性和信任度（trustworthiness）。我们还将描述一些与现象学或定性方法论进路有关的机制，其中包括价值（worthiness）、可信度、可转移性（transferability）和公正（fairness）。信度是可重复性，它提出这样的问题，即其他研究者在多大程度上能够重复之前在某个既定时间已经开展过的研究。对于实证主义和后实证主义研究而言，可重复性非常重要。实证主义和后实证主义研究通常会大量使用从特定抽样总体的调查中获取的经验数据。显然，可重复性很难实现，但在这类研究中，相比于在两个或两个以上的案例中进行观察，并获得与之前的研究相同的理解和解释，重复实验过程反而更为容易。实际上，对于那些遵循信任度和本真性的相关准则及流程的现象学家而言，信度并不是十分重要的标准。

我们很难确保同时获得高信度和高有效性，因为如果某人精确地测定了某一具体情境下实际发生的事，那他必须超越调查的经验数据，将他自己也纳入研究语境中。而且，从抽样总体到全部总体的普遍化比从情境 x 到所有情境的普遍化更简单。因此我们可能会认为，实证主义或后实证主义研究工作中的普遍化更容易或者说更简单。在实证主义研究工作中，我们通常会假定从样本到总体的普遍化应该是研究的固有内容。然而由于若干原因，事情并不总是这样。有时你可能只对某些具体案例感兴趣，因为这些案例本身具有社会意义，并且/或者明白以下这一点对人们非常重要，即某些研究并不注重普遍化，而是重视理论推衍。反思性是在收集和分析经验数据时对不同的自我概念进行考察。本章对上述这些问题进行了详细探讨，并将在下一章将这些探讨与经验数据收集的方法——调查、访谈、小组讨论和观察联系起来。

信　度

对于实证主义而言，信度表示实验可重复操作的程度，或某一给定的测量在不同场合得到相同结果的程度。实验应当反映稳定性，并确保任何个人或团体在某一给定时间从事的研究都能以完全相同的方式在另一时间重复进行。然而这很难确定，因为人们不能肯定，在这两个时间点之间，干扰因素是否已经改

变了原来的现象并对信度造成了影响。鉴于存在这样的困扰，以下做法是十分有益的，即利用“等价有效性”（equivalence validity）对不同场合的情境进行对比，以便确定同一现象的不同测量结果是否彼此对应。关于信度的现象学立场关注前期研究工作中获得的观察结果是否能在其他工作或后期工作中获得，也就是说，是否能在将来的研究工作中获得。一方面，通过范畴化，另一方面，通过将实证主义立场和现象学立场进行综合，我们就可以寻求信度。扎根理论试图借助编码流程获得信度，但该方法的确存在某些不足之处。例如，即使我们借助流程和编码实现了客观主义立场，这些过程也会变得极为复杂。此外，范畴和流程可能会致使读者远离这些研究。示意图和概念图也可能会让事情变得更为复杂，并且可能会使经验更加含糊不清。扎根理论还可能导致分析缺乏透明性。相反，编码和范畴化有益于保留经验形象、使问题清晰化，并能够指导问题的提出。

定义栏

信度

●稳定性：决定着测量是否不会随时间变化而变得不稳定，稳定性表明对样本的测量是一致的。

●内在信度：标示数值范围或指数的指标所具有的一致性。

●观察者间的一致性：保证主观判断或主观记录以及经验数据的范畴化是一致的。

在现象学研究中实现信度极其困难，因为研究过程以多重解释所需要的个别情境为基础，在这种情况下，我们难以实现研究过程的重复。当结构化的实证主义方法在研究过程中具有优先地位时，信度才更易于实现。在这种方法论中，理论包含预言，因此理论必须通过具体的标准来获得信度，理论还需要某种形式的
184 假设检验。实际上，以实证主义的立场来看，确认有效性需要的条件与根据永恒定律或未被证伪的定律进行普遍化需要的条件相似。不过，如果我们从现象学立场对这些观点进行重新评价就会产生不同的准则。例如：

> 行动研究中的可信度、有效性和信度的衡量标准是本地参与者在多大程度上愿意依照行动研究的结果去实施行动，因而他们的美好事业面临以下风险，即他们的观点是否具有“有效性”，以及上述研究结果能在多大程度上符合他们的期望。（Greenwood and Levin，2000：96）

普　遍　性

正如上文所述，利用实证主义方法进行普遍化比利用以现象学为基础的方法

进行普遍化更简单。实证主义研究的要点是确定样本与总体之间的关系，但这并不是现象学、建构论或参与论研究的要点。

> 定性研究的普遍性……通常被认为是有问题的，或者是没有可行性的，与定量研究相比，它具有一些劣势……只有统计学研究——为并非偶然出现的事件确立出现概率——所做的普遍化才是有效的。（Alvesson and Skoldberg，1999：21）

不过，这意味着我们必须承认符合“表面规则”（surface regularities）的研究才能够反复地提出相同的模式。如果我们承认不可观察现象会影响模式的形式，上述观点就难以成立了。从根本上讲，实证主义研究工作中的普遍性是一种可能性，即在抽样总体中观察到的模式可以扩展到产生抽样总体的那个更广泛的总体中的可能性，而现象学纲领则更关注从一种环境到另一种环境的普遍化，即在一种环境中提出的理论框架可被运用于其他环境的程度。

社会科学面临的难题是，人们往往将自然科学准则强加于社会科学之上，普遍性就是这样一种准则。我们在第 3 章中谈道，实证主义和后实证主义的基础是经验主义，经验主义被视为从事科学研究的唯一正确路径；经验主义观点不仅歪曲了社会科学，还错误地描述了自然科学的实际运作方式。鉴于自然科学和定量方法存在 185
的必要性，现象学研究中的普遍性通常都会被认为是非实在的。如果以简化的表面规则作为参考标准，那么从抽样总体到全部总体的普遍化就很有可能实现。也很可能研究结果相当可靠，而且并非凭运气偶然获得的。但是，该假设取决于人们如何理解涉及本体论、认识论观点的那些理论，以及人们认为普遍性应当包含哪些内容。自然科学的前提应当在多大程度上被强加于社会科学，关于这个问题存在一些争论，尤其是在以批判理论、建构论和参与论为基础的不同研究范式之间存在争论。

科宾和施特劳斯（Corbin and Strauss，1998）主张，从样本到总体的普遍化只是一种普遍化类型，研究也可以从一种情境普遍化到另一种情境。然而，人们如何进行普遍化呢？一种回答是：主要借助共情和理解——它们是社会化认同的基础，以及下列事实，即我们是从事人类研究的人。通过对个人在不同情境中的感受以及他们在特定环境中的行为进行评估，我们就可以完成普遍化。因此，鉴于信度和有效性在现象学进路中所具有的脱轨（dislocated）特性（见下文），我们可能会就具体研究提出多种解释并进行后续的概括。研究者必须与研究对象、有意向的旁观者，甚至在某些情况下与无意向的旁观者保持联系。

反 思 性

反思的核心是反思性，它指的是在作为建构行动者行动的同时，我们自身如何在社会构成中被建构。建构中如果缺少了被建构的建构者，一切都将变得毫无意义，意义通过解释被建构。建构需要某些东西被建构，研究者既是建构主体，又是建构对象，或者说，研究者正是一个建构研究者的群体。反思性是指一方面承认建构要素，另一方面并不承认建构过程中的任何一个部分优先于其他部分。建构需要持续的相互作用、某种形式的符号互动，或者说是黑格尔式承认。因此，自我和他者的关系为社会建构论奠定了基础。不过，注重反思性可能会招致各种批评，例如，“自恋的自我中心主义”“自我专注”“自我反思的孤立主义”，等等。对这些批评进行回击的一种方法是研究者将自身看作更宽泛的社会和政治语境中的一分子，并认识到我们自身根植于这些语境之中，我们同这些语境具有深刻的内在关联；另一种方法则是否认自我与语境之间存在关联。“反思性观念……是……摆脱参照系，发现不能言说之事的能力。”（Alvesson and Skoldberg，2009：270）

186 反思性是对不同的自我概念进行的批判性思考。在研究工作中，自我是研究者、应答者，在更广泛的情境中，自我是学习者、管理者、父母、姊妹，等等。反思性是一种批判主体性，因为我们需要通过研究过程逐渐认识自我。例如，博士学位并不只代表某人完成了一篇论文，它表明学生在成长为积极的研究人员的过程中发生了许多变化；它是通过在学习过程中反思、在研究过程中思考，并且顺利完成了博士论文来实现的。换言之，研究工作既关乎着研究者个人的改变，也关乎着研究可能在更广泛的环境中产生的影响。自我不仅融入了研究情境中，同时也通过研究过程实现了发展。实际上，自我可以被划分为三个范畴：扮演研究者角色的自我；通过社会历史存在形成的自我；由情境或研究环境决定的自我（Reinharz，1997）。每种自我都需要探询研究过程的形式以及自我与研究过程的关系。“我们必须自问……二进制和矛盾如何……既塑造了……我们在实地研究中的身份……又构成了我们与应答者的互动，我们在成为自我的过程中也成了他们。”（Guba and Lincoln，2000：183-184）此外，研究者还可以通过反思性找到自己在研究工作中的定位，也就是找到自己的社会历史定位，并且意识到，他们已经预装了关于所分析的情境或问题的某种历史视角。研究成果由整个研究过程中涉及的研究者和研究对象共同创造，将自我、情境和被试并置在一起可以加强理解，并充实对经验数据的解释。研究者与参与者一同观察自我，并将关于自我的解释和自我对经验数据的解释编入最终的研究成果之中。研究者如何适应并融入研究呢？他们不能只识别研究要素，而应当成为研究要素；个人对研究的投入也将成为一部分分析内容。不过，反思性限制了有效性，因为它要求读者将表面解释当作真正的尝试——尝试探索自我、尝试以诚实而正直的态度提出叙事陈述。

反思态度是对如何认识和/或理解事物的集中审查。反思性包括与过去的经验进行反复互动式对话，这些过去的经验关系着当下的立场和未来的可能性。反思性观点不只报告事实或真相，还对研究领域中产生的经验数据和议题提出了解释。“反思性社会科学的成果是反思性知识：这些陈述不仅提出了关于社会运行的深刻见解，还提出了关于反思性知识如何产生的见解。”（Hertz，1997：viii）客观和主体被带入了同一个空间。反思性可被视为一条路径，它通向“彻底的自我意识——当我们处理现场工作的政治维度时，以及当我们构建知识时……反思性成为自我分析和政治觉悟的长期模式”（Hertz，1997：viii）。反思性已深入整个研究过程中，它不断提醒研究者注意意识形态、文化、自我及情境中的政治因 187
素。研究者应当意识到他们自身、他们的利益和社会地位，因为这些因素会影响研究过程。研究者对情境和被研究对象的影响必须成为分析内容的一部分。先前的经验应当根据研究过程被进行评估。反思性需要自我意识，自我意识一定是有偏颇的，但在研究过程中澄清这一点也很重要。我们应当公开承认阐述个人观点的早期著作（Charmaz，2000）。我们可以通过撰写备忘录来形成这种意识，因为撰写备忘录就是在研究者与经验数据之间产生话语或进行对话。

反思性包含双重解释学思想①，这些思想都与对解释主体的解释有关。它可以通过运用更深层次的解释得到增强，但反思性的核心是对解释的反思，以及提出解释的人进行的自我分析。反思性提出了不同的观察方式，或者说不同的透镜，它们以内省的方式作用于经验数据解释。理解和抽象是反思性的组成部分，理论分析与实践情境间的相互作用则是反思过程的必要成分。反思性是双向反映过程，换句话说，反思性是主要概念，它对其他次要概念进行反映。从根本上讲，解释的不同层次之间是相互反映的。这些层次包括：介入观察经验数据，小组讨论和访谈，通过生成意义对素材做出解释，借助理论立场如权力、政治和意识形态观点等对解释进行批判，对由特定语言构成的文本、权威的主张以及不同解释层次中的自我进行反思。解释层次形成了递增转换：

- 直接介入经验数据并对该经验数据做出低层次解释；
- 确定理论与实践或理论解释之间的关系；
- 自我经验与理论或反思性解释之间的关系。

最理想的情况是由经验数据重塑理论，规范、普适价值观和个人立场应当受到质疑并进行重构。显然，重构理论将削弱解释力，因此我们需要对理论框架有所理解。理论框架、单个研究者和经验数据之间需要建立一种互惠关系。理论和研究者一方面整理经验数据，另一方面处理研究的早期阶段出现的异常及不确定状况。

---

① 译者注：双重解释学思想是指解释（第一重）和为什么这样解释（第二重）。

解释包含以下几项重要内容：

●创造性；

●理论知识的深度；

188 ●理论知识的广度；

●理论知识的多样性。

如果一个人是毕生致力于某一特定研究领域的学者，或者是专注于某一具体理论的学生，那么其研究就会被限定在这个领域中，如此一来，反思性就会减少。人们会从情感上强烈依附于某种理论并试图证明或确证该理论。因此，具备两种或两种以上的理论知识将有助于我们获得多种解释并实现反思性。对理论进行约束使我们能够获得多种解释，能够根据经验数据对理论采取并置和综合，并且增强我们的创造性。从根本上讲，合理的理论知识将产生多种解释和反思能力，这要求我们必须进行广泛的文献阅读。

有效性和信任度

对于实证主义而言，有效性是测量的精确程度，假想的测量对象就是实际的测量对象，但我们能在多大程度上确信，一项测试的测量对象就是我们希望被测量的现象呢？反之，对于现象学进路而言，当涉及有效性时，重点应放在我们是否已经发现了通达知识和意义的路径。我们在评估研究成果时，需要特别注意以下涉及有效性的问题：

●研究成果是否真实；

●研究过程是否可信；

●研究是否能起作用。

定义栏

有效性

●表面效度（face validity）：测量应反映所探讨的概念，测量应是合理的。

●共时效度（concurrent validity）：对以下问题的认知，即不同案例基于的标准是不同的，我们需要将标准与其他测量程序相对比。

●预测效度（predictive validity）：对未来测量标准与预测能力的运用。

●结构效度（construct validity）：以相关理论对假说进行演绎。

●分组效度（grouping validity）：与不同的组别进行对比，这些组别与所探讨的现象存在差异。

有效性包含对观点的不同理解和解释，在从事经验数据收集和分析时，确定研究是否认证了研究者提出的对研究对象的解释，这一点非常重要。在现象学者看来，研究过程中存在多种解释，他们对实证主义主张的只存在单一解释的观点进行了反驳。这需要反思性，需要对正在提出的和已经形成的解释进行反思。有 189
效性指的是所开展的研究具有的完善程度，它包括测量效度（measurement validity）、内部效度（internal validity）、外部效度（external validity）及经验效度（experiential validity）。

测量效度与信度关系密切（测量必须是可信的），它主要采用统计或定量研究的方法，重点关注一种针对某一既定实体的测量形式实际反映其测量对象的程度。如果测量形式不能切实反映测量对象，那么研究结果就很值得怀疑，比如，若被研究的实体或观念出现了波动，但研究却未考虑这一点，那么测量就很难成为可信的。内部效度关注单个变量之间的因果关系。如果我们认为导致异常行为和犯罪行为的罪魁祸首不是媒体而是教育的缺失，那我们就需要为二者的关联性提供证据。自变量（independent variable，原因或影响因素）与因变量（dependent variable，结果或后果）之间的关联度有多大呢？与此有关的问题显然是存在的。我们可以肯定地说是教育缺失（自变量）导致了犯罪行为（因变量）吗？外部效度专注于可以对研究结果进行普遍化的程度，也就是某项具体的研究成果能够作为更普遍解释和/或理解的程度，它着重关注抽样（组织或个人如何被选定为研究的参与者）。经验效度是研究环境反映实际生活经验的程度。研究成果在多大程度上与实际生活情境和研究对象的实际经验相一致呢？这个问题探讨的是研究把握或反映人的日常生活的程度。当我们在实地或自然环境而非研究者设定好的环境中开展研究时，经验效度能够更好地表现出来。此外，在对有效性进行检验时，我们并不推荐采用参与立场，非参与式观察和实证主义立场（区分主体和客体）看起来更为适合。

除经验效度需要采用较弱的检验方法外（经验效度的检验需要参与式观察），上述几种检验有效性的方式主要都采用实证主义和后实证主义的研究概念。因此，古帕和林肯（Guba and Lincoln，1985）提出了另一种非实证主义方法，它直接关系着定量研究工作的目标所具有的有效性和信度。实际上，在许多情况下，仅有有效性、信度和普遍性这三项指标并不足以应对定性研究中的复杂情况。“许多定性研究者都拼尽全力试图更精准地确定我们如何做事。因此，相比于采用定量研究范式，定性研究者……提出了另一种方法来思考描述的有效性以及……案例研究工作。”（Janesick，2000：393）现象学的定性分析不应追求有效性，而应寻求信任度。“可信度、可转移性、可靠性（dependability）、可证实性（confirmability）这样的术语取代了通常实证主义所采用的内部效度、外部效度、信度和客观性这类标准。”（Denzin and Lincoln，2000：21）

190 可信度与内部效度相似，它也希望确定研究结果的可信度。可信度重视使用三角校正法（或对分析情境采用多重视角或多种阐释）。我们在第 6 章已经指出，对于行动研究而言，可信度的决定因素是“本地参与者在多大程度上愿意依照行动研究的结果去实施行动”（Greenwood and Levin，2000：96）。可信度用于识别“客户和参与者所赞成的标准与证据”（Chamber，2000：863）。我们可以通过提出关于所研究现象的证据对可信度进行评估。

可转移性反映的是外部效度，即研究结果普遍化到其他环境和/或情境的程度。现象学研究需要小组的深入研究，它寻求对单个情境的深入理解。我们通过选择一种解释方法——该方法随后会成为“厚解释”（Vidich and Lyman，2000）——来实现“厚描述”（Geertz，1973：6）。“厚解释”将为我们提供一个经验数据库，这个经验数据库使我们能够对研究结果的可转移性进行判断。我们可以再次利用三角校正法，不过这里的三角校正法是诸如访谈、小组讨论和观察这样的方法。可靠性与信度一样追求重复性，研究的所有环节都应受到审查，因为只有通过审查，研究过程才具有信任感。可靠性需要对研究中的问题——经验数据的收集、分析和转述——取得的进展进行记录。这些问题会由其他同事根据正确的理论发展流程进行评估和重审。当然，这也会在定性研究占有的经验数据总量和评估花费的时间方面造成问题。在扎根理论的编码流程和备忘录撰写中，我们可以发现可靠性的典型范例。最后，可证实性考察研究者带入研究工作中的价值观和主观偏见，以及研究者、研究环境和研究参与者之间的关系。

此外，古帕和林肯（Guba and Lincoln，2000）建议，除了信任度，现象学研究还应当发展真实性准则（authenticity criteria）。这些准则包括：公正、本体真实性（ontological authenticity）、教育真实性（educative authenticity）、催化真实性（catalytic authenticity）及战术真实性（tactical authenticity）（Guba and Lincoln，2000：180）。研究工作或研究纲领中的公正应当确保所有的观点都具有平等地位，它应当鼓励包容性，防止边缘化出现。公正就是以平等、公平的方式将所有的观点囊括进来。

本体真实性和教育真实性是对研究过程的参与者，以及那些在个人、组织或社会语境下与参与者进行互动的人们表现出共情。这需要对情境有合理的认识，还需要对研究对象保持共情态度。这意味着研究者需要将自己置身于被研
191 究者的地位，我们必须明确意识到“在世”。我们在上述要求的基础上建立催化真实性和战术真实性，这两种真实性评估了一项研究能够引发社会行动和/或授权社会行动的程度。在授权方面，战术真实性可能包含“如果参与者需要培训，研究者或教育人员就以具体的社会或政治行动介入对参与者的培训中”（Guba and Lincoln，2000：181）。

小　结

人们可能会认为，某些方法论和方法更有益于开展社会现象及人文科学研究，但在追求终极知识的道路上，没有哪种方法是放之四海而皆准的。实际上，与有效性和信度有关的话语最初乃是为实证主义研究与定量研究而提出的。也就是说，有效性和信度的确是有用的机制，它们最理想的运用场所应当是研究工作的初期阶段。早期应答可以彼此相互衡量，以便确定它们的关联性、评估可信的准确度标示。一旦我们承认意义的特征可以改变，我们就无法确定研究结果是否就是真理；“我们找不到真正的灰姑娘……我们没有可靠的、用于检验的水晶鞋，因为旧鞋不再适合新的灰姑娘”（Hirsch，1967：46）。

还有另一种选择，我们可以采用现象学立场，这种立场超越了追求普遍性的实证主义社会经验研究模式，转而注重个别经验或单个情境、发现的时刻、情感和情绪。现象学传统不太愿意使用诸如有效性、信度和普遍性这样的概念，因为这意味着接受实证主义本体论。当然，这样做的结果是放弃追求客观性，并根据主观性和解释重新定义什么是有效性。研究并不关心有效性是否存在，只考虑我们是否以严谨的方式对经验数据进行收集、校正和解释。实际上，如果根本不存在单一的正确解释，那么有效性就是无稽之谈。不过，假如研究工作以这样的方式开展，即它确保对研究对象的观念、解释和理解进行忠实的描述，那么有效性、信度和普遍性也可以成为严谨分析的有用工具。总之，合理的方法源于合理的研究范式，方法论指明了研究者如何使他者感到满意——使他者相信自己的所见已经得到了准确的描述，并且已经得出了有效的结论。我们在评价实证主义和现象学进路时已经指出，我们面临一些难题。一个主要的难题是如何确认真理（或实在），在这个问题上，人们可能会质疑所有的方法论进路和方法。不过，信度、有效性和普遍性，以及信任度、公正和可信度这些概念提供了一种衡量标准，利用这些标准我们可以对研究工作中的严谨程度和测量过程进行评估与评价。作为人类，我们可能无法获得完全的实在，也无法构建解释存在性的普遍理论，但这不应成为我们尝试以反思方式理解自我、理解世界的障碍。实际上，通过使用各种测量和研究方法，我们可以更好地设想更完整的宇宙画卷、更好地理解与自我息息相关的其他人。可以说，无论实证主义方法还是现象学技术，都能使我们了解人的存在和人的追求（表 12.1）。这并不是说一个有效的解释就是正确的，而是说根据现有的证据，它很可能是正确的。笔者赞同在研究中运用多种方法的恰当性，下一章我们将浏览一些经验数据收集方法，描述在寻求不同类型的普遍性时如何利用这些方法提高有效性、信度和/或信任度。

192

表 12.1 研究标准

实证主义	现象学
有效性	信任度
可靠性	可转移性
普遍性	公正
稳定性	信任
一致性	反思性

扩展读物

Alvesson, M. and Skoldberg, K. (2009) *Reflexive Methodology*. London: SAGE Publications.

Denzin, N. and Lincoln, Y. (1994) *The Handbook of Qualitative Research*, 1st edn. Thousand Oaks, CA: SAGE Publications.

Denzin, N. and Lincoln, Y. (2000) *The Handbook of Qualitative Research*, 2nd edn. Thousand Oaks, CA: SAGE Publications.

Denzin, N. and Lincoln, Y. (2005) *The Handbook of Qualitative Research*, 3rd edn. Thousand Oaks, CA: SAGE Publications.

Hertz, R. (1997) *Reflexivity and Voice*. Thousand Oaks, CA: SAGE Publications.

Kuhn, T. S. (1970) *The Structure of Scientific Revolution*. Chicago, IL: University of Chicago Press.

Popper, K. (2002) *The Logic of Scientific Discovery*. London: Routledge.

第 13 章　经验数据收集的方法

引　言

无论我们在研究工作中遵循哪种哲学立场或研究范式，我们都可以在收集经验数据时将各种方法结合起来。如何在这些方法之间寻找平衡点主要取决于研究目标和使用定性或定量技术的层次。一般来说，在采用实证主义和后实证主义进路时，可能定量研究方法、调查和结构性访谈居于主导地位；而融入了批判理论、建构论和参与论研究范式的现象学研究可能会通过访谈、小组讨论和观察的方法获得定性研究经验数据。调查收集定量经验数据可以使我们快速、清晰地获得经验数据并且相对而言花费较小。然而，这种方法需要使用抽样技术，以确保样本经验数据能够表征研究工作试图分析的群体。如果样本与群体不一致，那么该方法就无法获得普遍性和预测能力；也就是说，对统计分析造成了破坏。

> **定义栏**
>
> **抽样**
>
> 抽样通常仅限用于实证主义、后实证主义以及这些研究进路中使用的定量方法。样本是指群体中所包括的某些特定人群，例如，某一行业中的一部分企业，或者某一企业/部门中的一部分人员。抽样架构（sampling frame）是整个群体的记录或列表（是某一行业中的企业列表，或者某一企业/部门中的人员记录），样本就是从整个群体中抽取的。我们有时也会使用整个群体作为样本。不过，在规模较大的实证主义或后实证主义研究中，具有代表性的群体样本应当是客观随机的，而且数量应尽可能多。即便如此，抽样技术还是更多地被扎根理论家和遵循施特劳斯与科宾理论的人们所使用（详见第 9 章）。

调查通常可以提供定量经验数据，它使我们能够获得信度、某些有效性和清晰无争议的普遍性。然而，在实施调查或结构性访谈时，我们可能会丧失研究语境中的厚描述和经验数据的丰富性。人们只能进行窄解释（narrow explanation），而无法达到深度理解。定性经验数据收集法虽然能够对复杂情境提出更深层次的理解，但该方法相当费时费力。此外，正如我们在前几章讨论过的，在确定定性 194

经验数据的意义、对定性经验数据进行解释时，我们需要特别注意涉及主体性和严谨性的问题。

我们可以通过各种方法收集经验数据，这些方法包括：

- ●调查或问卷；
- ●访谈（结构性访谈、半结构性访谈及无结构性访谈）；
- ●观察（参与式或非参与式观察）；
- ●小组讨论。

然而，当人们从事一项研究时，不同层次的有效性、信度和信任性对经验数据收集的要求可能是相互矛盾冲突的。

调　　查

调查法的使用在第二次世界大战期间达到了顶峰（尤其是在美国），人们使用该方法评估美国士兵的战斗经历。战后一段时期，调查法一度成了社会科学研究的规范，并且居于主流地位 30 余年。然而，学术界对于调查法的主流地位存有异议，他们认为这存在强制性。赖特·米尔斯（C. Wright Mills）认为，调查阻碍了研究的发展，因为如果不举行统计学“仪式”，我们就无话可说。他主张，后实证主义研究使用的科学方法阻碍了社会科学的发展。赖特·米尔斯认为，正是科学方法“严格限定了人们所选择研究的问题和表述问题的方式”①（Mills，2000：57）。这是因为科学方法“主要是从自然科学哲学借鉴而来，并对之做了些权宜性的修正”①（Mills，2000：57）。虽然今天有许多方法都对调查的主流地位构成了威胁，但直到 20 世纪 90 年代，调查的地位都不曾动摇。20 世纪 50 年代，政府感受到了调查研究带来的好处，于是给予了大力资助。紧接着，需要资金支持的大学和研究中心也开始对这种方法产生兴趣。与调查方法同时存在的还有许多定性方法，但这些方法都被要求遵循定量分析的窄设定。

195 **反思栏**

调查

●以问卷形式进行交流，要求人们填写并提交问卷。存在的问题：发放的问卷多，而收回的问卷少。而且，鉴于无法对问题进行解释，因此要求问题必须陈述清楚。

---

① 译文引自 C. 赖特·米尔斯：《社会学的想象力》，陈强，张永强译，北京：生活·读书·新知三联书店，2005 年，第 61 页。

●研究者对已完成的调查进行整理。存在的问题：花费较大，且仍然无法确定调查是否能够完成。

●在研究者的监督之下，一部分人可以完成调查。存在的问题：如何选择这部分人。

●训练有素的访谈者提出问题并记录回答。存在的问题：相当可信却也相当昂贵。

●请对上述问题进行思考，并就如何解决这些问题提出建议。

我们需要通过调查进行广泛的分析，因为有许多现象需要我们理解。然而，我们也需要对每个特殊案例进行充分的认识。对前者（广泛分析）的研究越充分，对后者（特殊案例）的认识就越不足。调查既可被用于实证主义研究和后实证主义研究，也可被用于现象学研究；但对于现象学研究来说，问题通常都是开放的（无确定答案），而对于实证主义和后实证主义而言，问题都是封闭的（有确定答案）。封闭问题易于编码，特别是在我们使用利克特量表（Likert scale）时，而开放问题还需在收集经验数据后进行下一步程序。因此，对于涵盖大量经验数据的大规模研究项目，我们建议使用封闭问题。使用封闭问题的一个主要困难在于，如何确保应答者理解所提的问题。如果研究者不在现场（这在大规模调查中是非常困难的），那么问题就必须简单明了。因此在正式派发调查问卷前开展一次试验性研究（小型研究，以测试理解程度）是十分必要的。试验研究将提供关于应答者理解程度的依据。调查对于实证主义和后实证主义研究来说是理想的经验数据收集方法，在收集大量信息时它是花费最少、最简便易行的方法。不过，在设计调查时有一些问题需要特别注意。调查中的问题只能与研究相关，并且问题数量应尽可能少。要知道，人们的工作都很繁忙，如果收到一份相当冗长的问卷，人们多半会将它丢进垃圾筒里。要确保问题清晰易懂，还要附带一封说明信以便解释研究内容，并对问卷填写进行指导。研究人员既要清楚各种研究方法如何分配使用，又要制定策略追踪未能收回的问卷（可采用编号或编码的方式）。将问题汇集起来意味着从一般转向个别，并且决定了分析的模式。

研究者对于收集个人信息，如年龄、性别、教育程度等的最佳场所存在一些不同意见。但我们有必要收集这些信息，我们应当在问卷一开始或者在问卷结束 196
时询问这方面的问题。我们还需要对每份问卷进行编号（这有利于追踪和分析未作答的问卷），（像政府进行人口普查时那样）将问题汇集起来，并在必要时对问题进行筛选，例如，“如果选‘不是’请直接跳转至问题8”。

设计问卷时要以被调查者为出发点：他们的教育程度如何？他们是某一研究领域的专家还是一般人士？优质的问题能够产生优质的经验数据，因此设计问题对调查法而言是最根本的。问题应涵盖时空两方面内容，比如，在过去的几个月中，机构或组织的位置在哪。当询问与日常经验有关的问题时，最好使用“一般情况下”或“通常”这样的词汇，例如，“一般情况下你会搭乘早上9点的火车上班吗？”

定义栏

利克特量表

利克特量表被设计用于通过数字量表自动编码经验数据。调查要求应答者对给定的陈述表示同意或不同意，选项通常包括5个层次：

1=完全同意

2=同意

3=不清楚

4=不同意

5=完全不同意

在评估调查应答的信度时（特别是在实证主义和后实证主义研究中），我们需要根据问题的清晰度或是否包含矛盾、应答者是否以公正而诚实的态度对待问卷等方面来做出评价。事实上，研究者可以使用多种策略处理这些问题，这些策略包括：

- 在不同时间向同一群人提出问题，这是借助关联性衡量信度的方法；
- 根据某一特征（单号或双号）将问题分为两组，再次比较关联性；
- 在样本中将每个问题都与其他问题关联起来，项目间相关性（inter-item correlation）就成为信度的特定指数。

总之，调查要求人们通过一组问题或陈述（如利克特量表）来描述并解释自
197 己的行为和态度，这些问题或陈述通常由统计技术进行分析。理解你的研究内容并且理解有效假说和无效假说所基于的理论框架，这一点非常重要，只有这样，理论和实践才能被用于证实或证伪假说。理论要素与实践要素都必须在问题中有所涉及。因此，在提出假说时，我们必须对理论文献有充分的认识。我们应当密切关注问题，问题的形式应尽量简洁，并使用明确无歧义的语言来表述。可以在主要调查开始之前利用试验研究对问题进行检验。

反思栏

问题的构成

- 对研究进行明确解释。
- 使用术语和专业语言。
- 使用清晰、简单明了的语言。

●确保多种意义。
●每次至少提出两个问题。
●使用含糊的形容词和描述词，如有限的、庞大的。
●使用否定疑问句。
●包括能够澄清理解的概念问题。
●提出令人不快的、不近人情的问题。
●尽量减少问题的数量。
●只收集必要的信息。
利用李克利量表处理这些陈述，之后请思考你选择那些选项的理由。

访　　谈

19 世纪晚期，查尔斯·布思（Charles Booth）在《伦敦人民的生活和劳动》（*Life and Labour of the People of London*，1902～1903 年）一书中开展的研究可以被看作是借助访谈进行经验数据收集的典型案例。布思主要使用的方法是调查，但他借助无结构性访谈和观察对研究进行校正。在这项早期研究之后，英国和美国的城市又利用相似的方法陆续开展了多项研究（Converse，1987）。以提问和回答的方式进行的调查包含歧义，对回答的解释总会具有某种主观色彩。但除了对自我和他者提问之外，还有什么方法可以增加我们的理解呢？我们可以在观察或反思时向自我提问，也可以在采访或参与小组讨论时向他者提问。访谈包括很多形式，它既可以是与个人或小组的面对面访谈（这可以看作是一种小组讨论形式），也可以是结构性、半结 198
构性或无结构性访谈。实证主义和现象学研究都以访谈作为经验数据收集方法，定性和定量技术也都会被用到。访谈既可以对研究领域进行深入理解，也可以通过量表或矩阵为数值研究提供基础。事实上，我们在社会科学和社会研究之外也可以很好地运用访谈，我们普遍认为访谈是对既定情境进行准确理解和解释的方法。从根本上讲，访谈已经成为一般经验数据收集的固有方法，你可能会在各行各业接触到访谈。

访谈提供了一种经验数据收集机制，它使我们能够对个人的陈述或个人的历史传记经验数据进行描述、审视、评价和思考。访谈可以采用面对面的形式，这样能够营造一种讲述故事的氛围。访谈已经成为一种制度，访谈中体现的规范性乃是社会人的第二本质，因此实施访谈不需要特别的专业训练。访谈属于一种技巧构想，任何人都可以实施访谈。“访谈已然成为一种常规性技术实践，在我们的文化生活中，它毫无疑问是一项随处可见的活动。”（Mishler，1986：23）不过，访谈中确实存在语境化情境，正如存在不同的访谈人员一样，这不是一个纯粹的技术问题。访谈不仅体现着访谈者与被访谈者之间的关系，还包括对这一动态过程的反映，访谈还包含更具有技术性的阐述，以及对问题和回答的报告。也就是说，访谈是一个社会动态过程，这些动态过程决定、塑造着我们所获得的知识和形成的理解。实际上，这种动态知识使社会科学家在处理访谈环境中的“问与答”时具有了更大的解释能力和知识建构能力。

问题

访谈

- 就业申请
- 大学入学申请
- 住宿申请
- 社会保障资格
- 研究项目
- 新闻条目
- 传记
- 审问
- 媒体

上述这些都是访谈的类型吗？不同的情境如何影响访谈的类型呢？我们需要什么样的经验数据呢？

199 **反思栏**

访谈的使用

●结构性访谈：使用固定的问题并试图实现访谈的标准化，以便减少访谈者的个人偏好或个人的方法可能给访谈结果造成的影响。存在的问题：限制了访谈内容，遗漏了某些可能对研究项目有用的经验数据。

●半结构性访谈：使用固定的问题，但问题可能会随着访谈的改进而有所改变。这使访谈结果具有了某些灵活性。存在的问题：需要具备相应能力的访谈者，并且允许存在主观影响。

●无结构性访谈：在给定的主题下进行开放式对话。存在的问题：需要训练有素的访谈者或访谈者至少有能力保证对话能够顺利进行。访谈者必须对正在透露的信息敏感。而且研究者既可以隐秘地进行观察，也可以参与其中进行观察。前一种方法会产生伦理影响，后一种方法则承认当人们知晓自己正在被观察时会做出不一样的行动反应（霍桑效应，Hawthorne effect）。

请思考上述访谈技术各自的优缺点，据此确定哪种技术最适合你目前正在考虑的研究项目。

如上所述，最适合实证主义和后实证主义研究的访谈类型是以封闭问题为主的结构性访谈。在结构性访谈中，所有的受访者都被要求回答一组相同的、提前设定好的问题；研究者希望通过这种方式减少差异，并构建在预设格式中进行编码的明确途径。这里的访谈采用问卷的形式，作为一种经验数据收集方法，它与直接由研究者或其助手实施的封闭式问卷几乎没有差异。而现象学进路则采用无结构性访谈和半结构性访谈。无结构性访谈要求研究者不借助任何预设问题从事研究，访谈以讨论或对话的形式展开。无结构性访谈能够产生深层次的经验数据和近距离的观察（尤其是参与式观察）。它也被称为“民族志访谈”，是在现场进行经验数据收集和整理的非正式访谈。无结构性访谈的目标是以归纳的方式理解社会和行为的复杂性，而结构性访谈的目标则是产生具体经验数据以解释人的行为——这些行为在预先设定的范畴中更容易被编码。但结构性访谈利用的先在范畴可能会对研究造成强制性限制，并且扼杀了可能的研究成果。半结构性访谈也提出了一组预先构想的问题，但这些问题的答案不是固定的，它允许存在偏题和更开放式的讨论，正如其名称所示，半结构性访谈是结构性访谈和无结构性访谈的混合体。可以说，半结构性访谈对于缺乏经验的访谈者来说是一种非常适用的方法，因为它既确保访谈可以展开更宽泛的讨论，同时又使其不会偏离正确的轨道。有 200
时我们需要耗费大量精力来确保访谈顺利开展，而与政府官员或管理者进行无结构性访谈或许很有趣，但会偏离研究的目标。而采用半结构性访谈，研究者则很有可能获得与研究有关的信息。无结构性访谈更适合那些经验丰富的访谈者和/或参与式民族志观察者。半结构性访谈和无结构性访谈在下列情境中是非常有用的：

- 当需要信念或态度的基本原理时；
- 当需要对世界观、文化和规范进行理解时；
- 当研究过程或研究方法以归纳法为内驱力时；
- 当需要对情境和个人在情境中的地位进行深度理解时。

> **反思栏**
>
> **实证主义结构性访谈**
>
> - 按照问题原本的表达和排序方式进行提问，不存在即兴发挥。
> - 在每个案例中都使用相同的语调、重读和肢体语言。
> - 精确记录对问题的回答。
> - 避免对问题进行解释。
> - 不发表个人意见，不表现出赞同或不赞同。
>
> 请思考为结构性访谈者提出的上述建议，想想可能会对经验数据造成哪些影响。

无结构性访谈和半结构性访谈会随着单个访谈的进行发生变化，每次访谈获取的信息都会为下次访谈所使用。每次访谈期间以及访谈与访谈之间都存在归纳的开放式发现过程。这是上述两种方法的最大优势，但我们必须时刻追踪新出现的观点，一旦我们接受了这些观点，就必须在研究过程中清晰地指明；这可以显示问题以特定方式出现的模式，并阐明其原理。如此运用的访谈应当与可转移性紧密结合在一起。

在任何访谈中，访谈者都会对访谈过程和受访者产生影响，访谈者可能在性、性别、种族和阶级等方面具有偏见。而且，研究期望可能会使现有的研究发现相形见绌。任何访谈都很难消除偏见和主观性，在无结构性访谈和半结构性访谈中则更难做到，例如，访谈前的交流可能会影响受访者的应答。当然，这些是社会科学研究中普遍存在的难题，无论研究者采用哪种经验数据收集方法，都应当对这些问题有所考虑。在访谈开始前以及访谈期间对这些问题进行反思将有助于向
201 处于分析阶段的研究者提供信息。一般来说，访谈是一对一进行的，但有时也可加入其他受访者从而成为群体访谈。群体访谈的参与者不止一人，通常是多人在半正式半非正式的环境下进行访谈。实际上，群体访谈已经演化为小组讨论，我们将在下一节详细探讨这种形式。

小 组 讨 论

许多文献都对如何构建和促进小组讨论进行了阐述（Fern，2001；Krueger，1988；Stewart and Shamdasani，1990；Templeton，1994）。小组讨论主要包括两种定性研究者使用的技术（观察和访谈）。小组讨论使我们接触到了个人观点和他们的生活经历，它能够在研究过程中克服由“自我-他者”二分导致的困难。实际上，小组讨论最适合处理这样的话语——“在这些话语中，研究对象总是以‘他者’的形象反复出现”（Madriz，2000：840）。

小组讨论可被用于探讨一组具体问题，也可被用于探讨人们的经验、观点和关注点。应答者可以描述并提出自己的问题，围绕他们认为最重要的话题进行讨论。他们可以运用自己的语言，并提供一些便于观察个人及小组互动的社会情境。小组互动能够产生许多经验数据，它鼓励参与者与他者畅谈各种奇闻轶事，向他者提出问题并就各种不同观点发表自己的看法。实际上，参与者可以成为他者的听众，而引导者则鼓励大家参与小组讨论。小组讨论提供了多个话题供人们交流，它营造出一种和谐的氛围，使人们能够与职业背景相似的人分享观点、信仰和看法。不过，“相比于参与式观察，小组讨论有时会存在不足之处——开展小组讨论的地点通常不是典型的社会互动发生的场所”（Madriz，2000：836）。理想的小组

讨论应在实地开展，但这不易实现，所以需要人为设置环境。小组讨论的经验数据收集方法一直在演变，它不断得到修正和扩充，例如，政治学家利用小组讨论获悉公众对政策和改革的看法。小组讨论拥有巨大潜力，但与其他研究方法一样，我们也需要警惕那些草率或不恰当的运用，因为研究结果可能被操纵，研究对象也可能被利用。

作为一种经验数据收集方法，小组讨论既能确保访谈者的主要地位，又能避免在一对一访谈中使用封闭问题。小组讨论是这样一种机制，它能够克服访谈者在信念与价值观方面的偏见和主观性对访谈造成的导向性影响。小组讨论试图消除访谈中的偏见和权力，以便对参与者的社会结构提出更准确的观点。由于在测量或解释实在时，实证主义一直坚持定量研究的有效性，因此小组讨论方法很晚 202
才被人们接受。实际上，随着新研究范式的出现，实证主义立场已经受到了挑战，对于研究工作来说，观点、态度和日常交往更为重要。

小组讨论具有改变研究者与研究对象之间关系的潜能。事实上，权力的天平已经倒向了参与者，因为参与者不仅自己构建了界定问题的环境，甚至还参与了研究项目的设计。小组讨论研究就是参与式研究，它是研究者与参与者之间的循环互动，共同开展活动和理解既是互动的起点，也是互动的终点。以人为对象开展工作和与人一起开展工作，二者是有区别的。不过，这并不是小组讨论的固有能力，如果要最大限度地发挥和改变研究者与研究对象之间关系的潜能，我们还必须利用实践进行操作。小组讨论的动态过程已经成为一种方法，通过刺激研究者与参与者的想象力来获取原始的、未编码的经验数据，小组讨论能够为我们提供新的知识（Johnson，1996）。

小组讨论与其他方法的相似之处在于，它们都能使我们接触到个人观点和他们的生活经历，它们也都能处理研究过程中的“自我-他者”二分难题。多重话语构成了小组及其无结构性特征。此外，小组讨论还包含横向和纵向互动，尽管参与者之间的权力关系是公开的，但这种关系远比研究者与参与者之间人为构建的关系来得更真实。而且，观察这些自然的层级结构及它们在小组中的发展可以为我们提供更加丰富的经验数据。小组讨论营造的氛围鼓励知识的多元化建构。参与者认为，重要的问题具有优先地位。理解是通过参与者的语言和框架构建而成的，因此我们必须对人们的生活和共有符号有感性认识（这可以被称作“理论敏感性”）。

小组讨论以相互询问、相互质疑的方式在参与者之间开展对话和小组互动，这需要他们对彼此的经历产生共情和共鸣，它同时还促进了自我表露、自我理解和自我认可。交往使参与者对彼此的思想和观点产生依赖，交往能够证明某些观念是有效的、合法的。有一点非常清楚，即有些问题往往不只发生在个人身上，而是结构性的、在全社会普遍存在的。在这方面，小组讨论可以提供有益的经验，因为它给予了那些无权者发言的机会。实际上，参与者可以借助自己的框架成为自己所属社会的变革推进者。

小组讨论可被用于探讨一组具体问题。其形式以集体活动为主，例如，一起
203 观看影片或一起讨论某些问题。小组讨论不同于小组访谈，它显然是利用小组互动来产生经验数据。小组讨论鼓励参与者与他者畅谈各种奇闻轶事，向他者提出问题并就各种不同观点发表自己的看法。它还提供多个话题供人们交流，并且营造出一种和谐的氛围，使人们乐于分享自己的观点和信仰。从根本上讲，小组讨论设置了一个情境，人们可以在其中学习知识、传授知识并营造一种激发人们探索精神的氛围。

小组讨论的参与者既可以是陌生人，也可以是朋友或同事，他们可能是外行，也可能是试图在小组环境下执行各种任务的专家。小组讨论包括：

- 头脑风暴（brainstorming）；
- 排名训练（ranking exercises）；
- 讨论、妥协和共识。

正确利用小组讨论可以探索人们的经验、观点和关注点，还可以使人们描述和提出自己的问题，并围绕他们认为最重要的话题进行讨论。此外，小组讨论允许参与者使用自己的语言开展讨论，它同时还构建了一个社会环境——我们可以在这个环境中对个人和小组成员进行观察。实际上，小组讨论有助于人们洞悉各种思想观点，最初的反对意见在互动、交流和小组规范的实施过程中逐渐发生妥协。在小组讨论的环境下，我们可以探索观点如何形成，小组讨论还有利于对基于具体问题的看法和经验进行研究。总之，小组讨论为研究者构建了一个环境，使他们可以在其中观察和考察人们的观念、理解、知识、故事叙述以及自我展示如何在文化语境中运作。小组讨论是收获各种奇闻轶事的沃土。从根本上讲，它不必具有统计学意义上的代表性，通常它所使用的都是非实证主义形式的抽样。事实上，小组讨论不是依靠抽样——由一组问题引导，这些问题与研究者抛出的问题有直接关系——而是更多依靠其灵活性来确保多样性的。我们在研究的计划阶段就应当构建一种灵活的抽样方法。

小组讨论的规模也是灵活的，一些学者建议小组应当由 8～12 人组成，另一些人则认为只需要 3 人即可。还有一个反复出现的难题是，小组应设计为同质的还是异质的。同质性更富有成效而异质性能够提出更深刻的见解。人们可以分析二者在组建和招募小组人员方面的优势与劣势，尽管有些人可能会对小组讨论的前景感到担忧，但小组环境却可以使其他人打消顾虑。有这样一些人，人们很想了解他们的想法，却担心他们不愿表达自己的想法，小组讨论对于这些人来说是
204 非常理想的环境。还存在一些涉及活动组织实践方面的考量，例如，大部分小组讨论都要求参与者前往指定场所以便与其他人开展合作。此外，小组讨论对引导

者的依赖性也越来越大，他可以屏蔽部分内容，以便为参与者展示既定机构或组织的最佳一面。招募人员还存在其他的伦理问题，比如参与者应当知晓他们参与了某个研究项目吗？还有涉及参与者的保密问题。与访谈不同，小组讨论不能确保机密性。此外，研究者有责任向小组成员提供准确信息，以便小组讨论针对的是现实问题而非虚构事件。我们可以在参与讨论之前就制定基本规则，并且对小组讨论的结果进行审查和补充，进而以这样的方式来处理上述问题。

促进技术

促进者（facilitator）应携带一组关键问题介入小组讨论，并开展具体的小组练习，他们还应当为参与者提供铅笔、挂图、刺激物，如视频、报纸剪辑、广告、传单和动画片等。实际上，我们可以采用挂图或照片等加强练习的形式来激发小组讨论。此外，应向参与者展示需要集体探讨的关键内容，参与者在共同开展工作期间应将注意力集中于他人而不应关注促进者。参与者应当解释并捍卫自己的立场，而且他们的讨论必须集中在关键的兴趣点上。总之，不能让参与讨论的人对情境感到不适，每个人都应得到平等的参与权。

促进者不能急于做出判断，不能提出不利于深度探讨的假设。促进者需要把握介入的平衡点，实施介入主要是为了澄清歧义、鼓励参与、开辟未知领域并保证参与者之间的良好互动。总之，理解不同的文化内涵、把握小组的思想是非常重要的，它是放松管制、允许小组主导讨论过程的能力。当然，必要时也应当考虑使用一些策略以保障小组讨论顺利进行。

实证主义鼓励研究者保持客观性，或在研究过程中尽量减少个人色彩。不过，促进者很难做到这一点，因此对特定的研究主题或研究参与者采用特定的相应立场可能更为合理。从根本上讲，最重要的是考虑促进者或促进立场如何影响经验数据收集。如果小组由具有共同特征或经历的人们构成，那么促进者在情境中起什么作用呢？促进者是内部人士（我们中的一员）还是外部人士（他们中的一员）呢？促进者的身份、着装、口音和行为会对人们如何看待他产生什么影响呢？显然，研究者需要与研究对象近距离接触，不过这种接触和参与立场的理论化也应成为研究过程不可或缺的一部分。

小组讨论能够产生大量丰富的动态经验数据。然而这种丰富性和动态性也增 205
加了经验数据管理的难度，因此后续工作需要花大量时间用于经验数据分析。研究者需要参考小组语境（这意味着以小组而不是以个人为起点），在小组的整体观点和个人意见之间寻求平衡。研究者应当尽量区分哪些观点与小组观点是相反的，并且确定如何通过小组互动达成妥协和共识。此外，促进者应当认识到话语、轶事和玩笑在小组讨论及互动中如何被运用。

通过提供大量文本来阐明文本产生的语境，我们就可以开展分析。我们还可以容许小组讨论过程存在动态性和变化，也就是说，人们可以改变观点、质疑他人并且展开争论。学界对于如何使用经验数据存有争议，例如，有些学者认为，不能只对经验数据进行清点（而不解释）[①]，经验数据也不能脱离语境，因为语境是实际产生观点的地方（Ashbury，1995）。而另一些学者则认为，在某些情况下，清点是有用的（例如，清点能够回忆起某一具体案例或情境的小组的数量）。实际上，如果持续涉及某一具体案例，我们需要指明该案例是历史参照点还是概念模版。

总之，小组讨论创建了一种研究环境，研究者可在其中评估自己的假设，并鉴别小组中存在的共性问题。小组讨论还鼓励人们对研究课题进行充分解释，它是人们分享共同经历的论坛，也是人们对现有或新出现的问题提出解决方案的会场。不过，小组讨论还有另外一面，它是一种强有力的公共关系机制，因为它很容易变成一场洽谈会，或者开展小组讨论只是为了操纵讨论结果，以使做出的决策合法化。小组讨论也可以在政治环境下被使用，小组的见解往往用于对不受欢迎的政策进行美化，而不是质疑和改变这些政策。此外，一些学者还质疑小组讨论是否拥有合法的权利，他们认为这种说法有些言过其实。即便存在这些缺陷，研究者仍然乐于使用小组讨论，他们始终致力于开创一条批判性道路以便开发小组讨论方法的全部潜能。

总而言之，小组讨论使参与者更有机会决定研究的方向，所以它对建构论和参与论研究范式的贡献更大。它在最大程度上减少了研究者的控制，并且营造的氛围能够鼓励知识的多元化建构。参与者以及他们认为重要的研究问题都享有优先权。参与者的多重话语限制了促进者对小组讨论的掌控。实际上，参与者参与的谈话和小组互动更强调对彼此经验的共情及经验之间的共性，鼓励
206 自我表露、自我理解和自我认可。交往使参与者对彼此的思想和观点产生依赖，交往能够证明某些观念是有效的、合法的。尽管小组讨论也包含访谈者与被访谈者之间的纵向互动，但它通过参与者之间的横向互动能够产生更加丰富的经验数据。

观 察

大部分研究和经验数据收集方法都建立在某种形式的观察基础上。例如，访谈、小组讨论会考虑人们的肢体语言和手势，因为肢体语言和手势使受访者的话语更有意义。一般来说，社会科学家会在社会环境下对人们的行动和互动进行观

① 译者注：括号中的内容为译者所加。

察。我们既可以采用参与式观察，也可以采用非参与式观察，而观察既可被用于实证主义研究，也可被用于现象学研究。在实证主义语境下，研究者试图从一个客观角度对参与者在自然环境或人为环境中实施的或隐秘或公开的行为进行观察。现象学，尤其是建构论和参与论范式则鼓励研究者在自然环境下与应答者进行互动。如上所述，观察既可以在通常被称为“现场”的自然环境中进行，也可以在受控条件下进行，如诊所或实验室。人们可能会认为某些所谓的自然环境实际上并非自然的，而是殖民地或存在阶级关系的地方，比如对第三世界的研究或对城市内部的堕落现象的研究。尽管如此，文献中还是存在对受控环境和自然环境的划分，非实证主义研究项目主要再自然环境中开展。

定义栏

观察

我们借助确定的观察计划对结构化的/系统性的观察（最适合实证主义研究）行为进行记录，观察计划告知研究者在进行观察时应当观察什么。观察计划包含一系列指令，这些指令能够确保对每个人的行为和研究中发生的所有事件进行系统性记录。

非参与式观察：非参与式观察最适合使用结构化观察；研究者虽然是所研究情境的一部分，但仍处于群体行为之外。非参与式观察对实证主义和后实证主义研究范式是十分有用的方法。

参与式观察：主要用于建构论和参与论研究范式，该方法需要研究者深入所研究的群体行为中。其主要目的是采集有关研究对象动机和价值观的详细信息，并对这些动机和价值观进行深入理解。显然，参与的程度是各不相同的。 207

非结构化观察：该方法并不使用观察计划，但会尽量多地记录各种经验数据；所有的行为都受到监督，而且行为通过叙事被描述。非结构化观察和非参与式观察通常会结合起来使用。

简单观察/人为观察：无论在简单观察还是在人为观察中，观察者都会隐匿起来，被观察对象不会意识到有人正在对他进行观察。在简单观察中，观察者无法对被观察者实施管控，而在人为观察中，观察者可以改变环境，并记录对应于环境改变的行为改变。

在可控环境下对人们进行观察时，研究者可以向观察对象发出指令，要求他们以不同的方式行动，或者以他们认为研究者要求他们的方式行动。霍桑研究中的照明实验（illumination experiment）就是个很好的例子，实验结果表明，无论工作场所的照明强度增强或减弱，生产效率都会提高，事实上，导致生产效率提高的最终原因是实验中被观察的女性工人。霍桑研究中的女工根据研究者的期望改变了她们的行为，无论照明度如何变化，她们始终都在提高自己的生产效率。这就是所谓的“霍桑效应”（在被观察的情况下人们的行动会有所不同）和需要特征（demand characteristics，需要由研究对象构成）。应对这类问题的一种方式是隐瞒研究目的，不要提及研究是为了评估生产效率，只表明研究是为了改善工作场所的工效或满意度，不过这可能导致一些决定性研究因素不能得到明确的传达；另一种方式是利用不了解研究目的的次级研究员，但这也会存在问题，比如他们是否能够理解所收集经验数据之间的细微差别，以及是否具备当时或随后对经验数据进行解释的能力。显然，根据伦理方面的要求，研究者应当在研究结束时向参与者明示研究目的。总而言之，应当使人们意识不到有人正在观察自己，观察可以在电视节目、银行电汇室（霍桑的另一项实验研究）、工作间或家中进行。

反思栏

观察计划

- 由谁观察或观察什么？
- 阐明研究问题、研究过程和研究困难。
208 ●将行为划分为相互包含变项和相互排斥变项。
- 构建一套简单明了的记录系统。
- 观察者需要对细微差别做出解释。

请分析制订包含上述内容的观察计划时存在的困难。请举例说明什么是观察计划（见 Mintzberg，1973）。

如上所述，我们既可以采用参与式观察的方式，也可以采用非参与式观察的方式，不过学界普遍承认，即便在非参与式观察（如霍桑研究）中，研究者依然会对研究过程产生影响。当然，无论作为参与式还是非参与式观察者，研究人员都希望采取严谨而客观的报告模式，以便在记录研究结果时尽量避免主观倾向的影响。即使参与其中的观察者完全融入了研究对象的文化环境，并且在报告研究成果时也能够接受经验数据中存在某种程度的主观性，但我们仍然需要某种客观的、科学的研究模式。如果不采取科学模式或客观立场，研究就会受到质疑，研究者就会被认为出现了“土著化”。话虽如此，后实证主义立场却提出了质疑——在解释经验数据时这样的科学模式是否存在？后实证主义认为，对经验数据解释者之间的细微差别或立场（如性别、社会阶层、种族背景等）有所理解是非常重要的。研究者并非具体研究情境或文化中一切知识的源泉，他们的成果也可能受到研究试图说服的那些人的反对；各种真理版本相互竞争，因此绝对的客观真理知识不可能存在。真理是可变的、可替换的，真理包含多种成分，不存在什么权威的特权立场；多种真理共同存在并且相互竞争。

实证主义进路认为，当我们在自然环境下进行观察时，研究环境不应受到过多控制，并且即使遵循观察计划，也会出现对相同环境的不同解释。明茨伯格（Mintzberg，1973）设计了一个进度表，对预定会面（scheduled meeting）和非预定会面（unscheduled meeting）进行了区分。预定会面很好理解，但如何定义非预定会面呢？比如，它是偶然性会话还是某种更正式的实质性会话？虽然三角校正法和清晰的定义可以解决这些问题，但涉及伦理学和观察的问题（即被观察者应当知情吗）还是会影响方法的有效性的。总之，实证主义研究需要借助其他方法来证明观察的有效性，即使是现象学研究，我们也建议使用三角校正的反思方法。

定义栏 209

二手经验数据

可以从多种渠道收集二手经验数据：

●统计渠道，尤其是工业或商业企业、工会或相关组织实施的调查统计。这种经验数据存在的问题在于：适用于官方的统计经验数据未必适用于所开展的研究，并且/或者经验数据的出现形式不适用于研究者的研究。

●历史档案，包括对信念、价值观等定性特征的记载和描述（这种记录可以是历史的，也可以是当代的）。这种经验数据存在的问题在于：如何对其进行解释、如何确定其准确性。

小　结

本章探讨了几种不同的经验数据收集方法，包括调查、访谈、小组讨论及观察。总体来讲，方法论与方法之间存在显著区别，但二者也保持着密切关系。譬如，收集经验数据的方法和分析模式由方法论进路及指导方法论进路的哲学立场决定。在实证主义和后实证主义研究中，调查和结构性访谈居于主导地位，而观察，特别是参与式观察则在建构论和参与论研究范式中得到了更为广泛的使用。显然，行动研究的方法论会更多利用参与式方法而非科学方法。当然，不同的方法论进路体现着不同的哲学立场，并且遵从于具体的研究范式。例如，民族志既可以成为实证主义研究，也可以成为建构论研究。从根本上讲，哲学立场和研究范式决定着最佳的方法论以及随后的经验数据收集方法；哲学立场直接关系哪种方法是某一具体研究项目或研究纲领的最佳经验数据收集方法。大体上，调查寻求证实和/或证伪，而小组讨论或观察与知识发展的关联性可能更大。不过，我们在本章的引言中已经指出，人们可以在收集经验数据时将各种方法结合起来使用。当然，一般来说，现象学立场往往倾向于定性研究，而实证主义立场则偏爱定量研究，它们使用的经验数据收集方法充分反映出这一点。

调查和结构性访谈能够实现快速、清晰的经验数据收集且花费较少，并且具
210 有更大的信度、有效性及普遍性。其他方法的时间成本更高，并且在信度、有效性及普遍性方面存在争议。调查产生的是薄数据和可重复性解释，而其他方法产生的是厚数据和深度解释。不过在使用调查和结构性访谈以外的方法时，重复性方面会存在问题。当然，不采用调查法，而是采用其他经验数据收集方法的研究者并没有固守实证主义标准——信度、有效性及普遍性解释——他们提出了一套自己的标准。第 12 章中已经提及，这些标准包括信任度、可信度、可转移性、可靠性及可证实性。总之，涉及客观性和主观性的问题仍会在社会科学领域引起广泛关注，方法论的作用即是决定方法，以及针对理论所提出、检验和反映的真理或知识，提出有关信任度、信度或有效性的逻辑原理。

扩 展 读 物

Bryman, A. and Bell, E. (2007) *Business Research Methods*. Oxford: Oxford University Press.

Cresswell, J. W. (2007) *Qualitative Inquiry and Research Design: Choosing Among Five Approaches*. Thousand Oaks, CA: SAGE Publications.

Denzin, N. and Lincoln, Y. (1994) *The Handbook of Qualitative Research*, 1st edn. Thousand Oaks, CA: SAGE Publications.

Denzin, N. and Lincoln, Y. (2000) *The Handbook of Qualitative Research*, 2nd edn. Thousand Oaks, CA: SAGE Publications.

Fern, E. F. (2001) *Advanced Focus Group Research*. Thousand Oaks CA: SAGE Publications.

Hertz, R. (ed.) (1997) *Reflexivity and Voice*. Thousand Oaks, CA: SAGE Publications.

Mishler, E. G. (1986) *Research Interviewing: Context and Narrative*. Cambridge, MA: Harvard University Press.

Saunders, M., Lewis, P. and Thornhill, A. (2007) *Research Methods for Business Students*. Oxford: Pearson Education.

第14章 结　　语

本书构建了一个框架，用于开展研究项目、实施研究纲领，或为资助研究工作提供建议。在考察本体论、认识论和方法论进路时，本书涉及了各种互不相同又互为补充的问题，以便能够更深刻地理解理论与实践之间的关系。我们既解释了如何对某些研究范式进行综合，又辨析了各种不同层次的理论，还指出了在解释和理解社会现象时如何更好地运用这些理论。唯理论与经验主义在什么是知识或真理的基础这一问题上存在争议：二者都认为知识需要某种合理的、可由直觉直接把握的基础。经验主义是19世纪创造的一个理想化术语，用来对把经验作为知识基础的学者和把理性作为知识起点的学者区分开来。然而，唯理论者认为，真理或知识不必借助感觉经验，而是由推理直接产生。康德和叔本华将经验主义与唯理论相结合，提出经验和理性对知识及真理的形成都是必不可少的。他们分析了内部世界和外部世界之间的关系，阐明了理解、真理、实在、理论和知识如何由经验和理性综合而成。

在黑格尔看来，真理和知识是每时每刻都必须在场的整体。如果存在某一物理事件无法得到解释，那么命题或假说就不是真正的知识，理论也应当被否决。威廉·皮尔士认为，真理、知识和理论可错，它们是不完备的、局部的近似。约翰·杜威主张，真理是不完备的，真理由经验发现，但他也表示真理可以借助社会检验进行自我校正。真理通过在概念和实践中的运用得到证实。实际上，这种观点已经倾向于历史实在论——实在通过社会历史构成而得以发展。上述观点都属于形而上学的客观主义，即认为真理不依赖于信念而存在。

也有人认为，知识、真理、实在和理论都是偶然的，它们依赖于人的立场和经验。真理本身是建构的（Vico，1999）。真理，或者说实在与知识的基础都是通过民主讨论过程达成的一致意见。建构知识、真理、实在和理论的困境与实证主义和现象学提出的本体论、认识论的宽泛立场密切相关。前者认为真理是一致的，真理可观察、可理解，并且在外部语境中存在（当然，后实证主义认为真理在被取代之前是这样的，后实证主义还质疑人类是否能够完全理解真理）。后者在不同程度上认为，对真理的解释本质上与主体相关，因此我们很难建立外在性，相应地，真理和知识以及反映真理知识的理论也是短暂且灵活的。

现象学是大陆哲学的一场运动，这场运动始于康德和黑格尔的某些观点，随后，胡塞尔、尼采、海德格尔、梅洛-庞蒂、萨特、福柯、德里达等人也加入其中。康德试图通过辨析主客体之间的关系确立人类知识观念的合法性，主客体关系导致产生了各种二元论观点，这些观点对主体和客体进行了区分，并考察了心灵在何种程度上是非物质的。二元论对身心关系以及个人与社会的关系都提出了质疑。黑格尔试图摆脱二元论困境，他通过精神辩证法主张，理性不仅关系着个人，还关系着社会和历史进程。不过，一些大陆哲学家也对黑格尔式乐观主义——人类通过辩证过程可以拥有自由和完全的理性——表示怀疑。事实上，尼采通过虚无主义提出，他的哲学回到了现实中，他对人类状况持现实主义态度。尼采认为，启蒙思想和人类的文化都很肤浅且毫无根据，因为道德不是以希腊艺术和神话的价值观为基础的，而是牢固地建立在科学价值观之上的。他认为，在人的新价值中存在三种精神境界：骆驼、狮子和婴儿。忍辱负重的精神就像骆驼驮着重物走向沙漠，在沙漠中人的精神境界转变为狮子。狮子追求自由和价值，它不想再崇拜巨龙，于是和巨龙展开了斗争。巨龙叫作“你应当”（thou shalt），狮子则是“我意愿”。狮子不能创造新的价值，但能够具有一定程度的自由，它是人类发展的必经之路。巨龙主张“事物的全部价值——在我身上闪烁。一切价值都已经创造好了，而一切被创造的价值——就是我”[①]（Nietzsche，1969：15）。接下来，狮子精神转变成了婴儿精神，婴儿精神带着对“你应当”的敬畏遗忘了巨龙价值，实现了一个新的开始。换言之，“上帝”一词最初被当作真理，随后在科学革命和启蒙运动中遭到了质疑，但科学革命和启蒙运动产生的都是刻在石头上的无意义的价值。从根本上讲，如果想发现新价值，我们就必须重生。本书涉及的其他现象学家和批判理论家的著作中也饱含这种情怀。

213 “大陆哲学”一词由分析哲学家于20世纪50年代提出，它实际上并不代表某种核心思想，但却围绕存在性问题反复出现。分析哲学从逻辑实证主义（logical-positivism）思想中产生，逻辑实证主义主张，我们应当或能够通过简化实现某种程度的超然。逻辑实证主义寻求分析的清晰性，取消有关人的问题，并强调逻辑的严谨性。事实上，分析哲学并不认为自然科学和社会科学之间存在差别。正如我们已经指出的，实证主义和后实证主义的主要目标都是解释、控制和预测：实证主义追求对假说、事件和规律的证实，而后实证主义更具批判性，它主要关注证伪。因此，对于实证主义来说，知识或真理是已证实的规律，而对于后实证主义来说，知识或真理是未证伪的、可能为真的规律。后实证主义指出了研究中存在的更多困难，而现象学则对实证主义和后实证主义都进行了批判。尽管现象学的定义最早由黑格尔（Hegel，1977）提出，而且胡塞尔在19世纪对其进行了详细阐述，但直到20世纪，海德格尔、萨特和梅洛-庞蒂才开始运用现象

① 译文引自尼采：《查拉图斯特拉如是说》，孙周兴译，上海：上海人民出版社，2009年，第23页。

学方法对后实证主义（当时）的主流地位提出挑战。

莫里茨·石里克（Moritz Schlick）于1931年提出，存在两种完全不同的追求真理和知识的方法——历史学家的方法和哲学家的方法。历史学家考察既定时代或时期的思想家及其行为，而哲学家则更为关注我们是否已经发现了真理。哲学家使自己从众多哲学家的哲学思想中脱颖而出。鉴于存在许多不同的哲学立场和不同历史时期提出的观点，我们不可能探明真理。在哲学家看来，最重要的是不同系统中存在不同程度的真理，但由于不可能像科学那样将不同的观点视为一种进步，因此即使以最乐观的态度看，哲学的发展也十分困难，而更悲观地看法则是哲学完全不可能发展。因此，石里克（Schlick，2002）质问，这种长期盛行的混乱状况是否将会一直延续，还是我们最终能够发现真理。从根本上讲，石里克探讨的是哲学未来在追求真理的道路上将扮演什么角色。哲学究竟是发现一种由某一哲学体系提出的终极真理，还是仅仅由各种观念构成的历史呢？最终他认为，哲学是厘清我们思想的方法，哲学不是理论，而是行动。哲学不是为了提出命题，而是使命题更清晰。哲学家不必成为科学家，但哲学家应当成为具有深刻思想的人——一个智慧的人。实证主义与现象学立场在这里分道扬镳，我们需要对这两条进路进行深刻理解。

现象学立场下的人是有限的实体，我们忍受失败和痛苦，更为重要的是，我们的本性使我们能够意识到这一点。实际上，有限性和自我意识使人类能够提出与存在有关的问题，这是世界上其他（我们所知道的）生物无法做到的。我们也 214
在问题之中，我们也是存在着的存在，我们无法从超然立场对自我进行分析和研究，因为我们通过存在与被研究实体形成了内在联系。在观察行动中，我们也是被观察的对象之一。大陆哲学的支持者所使用的一般方法论是通过历史环境和社会批判产生语境理解。他们对自然科学方法提出了质疑，倒不是因为自然科学是错误的，只是因为自然科学无法理解那些与人的内在有关的问题，如焦虑、沮丧、幸福等。他们根据社会情境理解人，并且揭露出一些可以纠正的问题。于是，他们成了批判者——批判社会普遍认可的规范——并建议对其做出改善或改变。

总之，本书对登青和林肯（Denzin and Lincoln，1994，2000，2005）提出的各种不同研究规范之间的关系进行了辨析。传统的研究范式包括实证主义和后实证主义，随后对实证主义本体论和认识论的批判则来自批判理论、建构论和参与论研究范式。总体来看，前两种范式属于实证主义阵营，而后三种则属于现象学阵营。

实证主义确认外部实在存在，并且我们能够以客观方式研究实在，而现象学则认为“实在……是心灵的某种认知活动的产物”（Mairet，1973：13），人类的一切解释都始于主体（Sartre，1973）。实证主义采用的是外部观点，而现象学试图从内部进行理解和建构。不过，当我们考察和分析现象学与后实证主义之间的细微差别时，我们注意到二者之间存在相似性。现象学希望以事实为起点，对人类和世界进行理解。这一方面需要先验主体性，另一方面，在我们开始反思之前，世界已然存在。从这个角度看，二元论观点倾向于后实证主义立场，与此同时，先验论则包含某种相对主义。现象学从事的哲学是对我们生活的空间、时间和世界的理解。本书描述、分析和考察了现象学及与其相关的三种不同研究范式：批判理论、建构论和参与论。研究范式涵盖更具体的研究机制，并通过本体论和认识论立场与不同的方法论进路产生直接关联。

批判理论家主张，本体或实在经由历史过程而发展，理论成果和理论观点都是通过历史价值观被发现的。这包含历史实在论和一种通至具体方法论的认识论进路，它的方法论使用的是对话法及辩证法。对话需要在研究与研究对象、过去
215 与现在之间展开。对话的结构是可变的，对话行动影响着这些变化。在批判理论中，真理、知识和反映真理知识的理论都随着历史环境的变化而变化。由于研究者与研究对象间的互动以及历史价值观深刻影响着人们的分析，因此，人们的理解是通过人在历史文化环境中的活动而产生的。建构论属于“相对实在论”，尽管它不以历史为基础，但其认识论与批判理论很相似。研究成果由人创造，它随研究进展一同发展。人们通过共识共同创造出成果，理论既具有相对性，也具有可变性。此外，我们还提出了一种新兴范式，即参与论范式，它既包括由各种思想共同创造的世界，也包括由主体性和客体性共同创造的世界。其认识论乃是通过自我与世界之间的相互作用而产生的批判反思性和主体性。在“形成”语境中，实践知识和理论知识共同创造了研究成果。其方法论是以多种形式开展的行动研究，以及根据共有实践经验进行的合作。与此新兴范式紧密相关的是行动研究，它使社会科学研究回归到“知道如何做”的目标上来。知识是人为创造的，知识的目的在于为社会行动和社会变革提供策略，通过行动研究产生的知识与行动有直接关系。理论与实践彼此关系密切，它们发生迭代式相互作用，并提出了对具体情境的深刻理解。

建构论和参与论范式都与后现代主义及后结构主义立场密切相关,也就是对西方主义（occidentalism）特别是启蒙思想的批判。后结构主义认为，语言不能以字面的、明确的方式给出意义，语言是不确定的、隐喻的、含糊的。真理并非永恒不变，真理通过社会反思性以历史的或相对的方式建构而成。理论家和实践者，或者研究者和研究对象在研究过程及理论产生过程中可以相互转化。语言不是平面镜而是三棱镜，被观察对象可以通过语言得到理解和解释。语言刻画了反映多重真理观的理论。此外，与后结构主义相似，话语分析也认为，人是前后矛盾的，语言总是依赖于语境。这显然对真理和普遍性产生了影响，它指导研究者必须根据具体情境来理解和分析人们的话语。根据这种观点，访谈和小组讨论不仅是经验数据收集的方法，更是研究内容的一部分。福柯阐述了话语的单位及话语的不

连续性。他主张，话语构建了具体情境和具体时间中的意义，我们由此把握了日常的惯例或规范性。研究者接下来应将注意力集中于知识型的谱系学和话语，以便揭示经验与生活世界的真正意义。不过，在关注知识型和话语时，研究者必须不断地辨认直观表面之下的权力/知识关系。自我是福柯方法的核心，核心问题则 216
是“我是谁”。主体的积极创造力在研究过程中产生。当然，自我并非主要由社会建构，而是通过自我反思性产生自我建构，自我反思性始终在尝试反抗那些强加给自己的公认权力/知识规范。后现代主义和后结构主义也认识到，理论很难具有某种权威性，它们分析了理论中的假设、建构理论的方式，以及如何使用语言才能使理论的优越性得以确认。

我们可以从后现代、批判理论或后实证主义立场对作为方法论进路的民族志进行理解。批判理论和后现代建构论民族志方法基于现象学立场提出，人的理解是主观的、相对的。民族志研究应当定义什么是人类，并对人类及其文化基础进行社会科学描述，这样我们才能根据“形成”来理解那个关联着“他者”的“自我”。批判民族志主张，传统民族志以常识模式描述微观情境，这无法将更宽泛的政治和社会框架纳入考虑的范围。格拉泽和施特劳斯要求研究者以自己的方式灵活使用扎根理论（Glaser and Strauss，1967：9）。理论被认为是由我们发现的，因为理论来源于经验数据。卡麦兹（Charmaz，2000，2006）则认为，理论和经验数据都不是由我们发现的，而是我们所属的世界的一部分，理论和经验数据是对所研究和分析的那个世界进行的解释性描述，它们不是现成的图片。实体理论属于本体论建构物，扎根理论则包含现象学的解释主义观点，并以实用主义作为理论支撑。解释学反对朴素实在论，反对可以获得永恒定律，或可以通达终极解释的观点。意义是协商的结果，它始终处于“形成”的状态。因此理解是一种实践经验。它是关于存在的，它就是由我们的历史情境所决定的我们在这个世界上的所是。

人们可能会认为某些方法论和方法更有益于开展社会现象及人文科学研究，但在追求终极知识的道路上，没有哪种方法能够放之四海而皆准。我们可以采用现象学立场，这种立场超越了追求普遍性的实证主义社会经验研究模式，转而注重个别经验或单个情境、发现的时刻、情感和情绪。当然，这不仅损害了我们对客观性的追求，而且根据主观性和解释对什么是有效性进行了重新定义。研究并不关心有效性是否存在，而是只考虑我们是否以严谨的方式对经验数据进行收集、校正和解释。实际上，如果根本不存在单一的正确解释，那么有效性就是无稽之谈。

即便如此，在对人的信念进行理解时，我们仍然需要定位那些形成社会语境的传统、文化或某种普遍性。只不过话语、意识形态和文化仅存在于个人语境中，一旦人们聚集在一起，个体差异就被破坏了。对上述困难的认知迫使研究者远离 217

文化这样的总体立场，在概念内部构建清晰的多样性，并揭开聚集人群所具有的单个具体信念和行动。实际上，该方法需要不同于实证主义或现代主义立场的本体论和认识论观点。实证主义立场主张，简化和（从语境中分离的）抽象事实是知识或真理的基础。现象学立场则认为一切事实和理解都源于一组信念或理论框架。知识并非中立的，而是通过解释建构的，知识是“被创造而不是被发现的，因为只有在证明某事时证据才能被称为证据”（Collingwood，1965：99）。知识和真理通过概念和理论被建构，因为这些作为结果的解释总是可变且不完备的。总之，合理的方法源于合理的研究范式，方法论指明了研究者如何使他人感到满意——使他人相信自己的所见已经得到了准确的描述，并且已经得出了有效的结论。

词汇表

先天/后天（a priori/a posteriori）——17 世纪时，先天指从原因到结果的思维推理，后天指从结果到原因的思维推理。总体上看，后天知识由经验发展而来，它与经验主义有密切关系。先天知识产生于思维，它与唯理论密不可分。康德认为，先天知识是清晰且独立于经验的。

西奥多·W. 阿道尔诺（Theodor Wiesengrund Adorno，1903—1969）——批判理论家及社会研究所（Institute of Social Research，法兰克福学派）成员；其著作以海德格尔思想为基础，专注于个人与社会间的辩证关系。

反基础主义（anti-foundationalism）——对信念系统的确切依据提出质疑，后现代主义和后结构主义都是反基础的。任何做出判断的系统都需要某个起点（基础），反基础主义主张，那个起点也需要某个先天未确定的假设。

考古学（archaeology）——是通过发掘人工制品对过去进行的研究；米歇尔·福柯利用该术语表示对某一历史时期或时代中的知识型或无意识假设、信念及社会价值观的发掘。这里的考古学试图揭示某系统在既定时间点上的规定和规则。

案例研究（case study）——案例研究既可以作为汇集各种经验数据收集方法（观察、访谈、小组讨论）的方法论，也可以作为收集经验数据的方法。

奥古斯特·孔德（Auguste Comtè，1798—1857）——法国哲学家和社会学家，他在《实证哲学》（*Philosophie Positive*，1830～1842 年）一书中提出了实证主义一词，哈丽雅特·马蒂诺（Harriet Martineau）将该书翻译成英语并命名为《奥古斯特·孔德的实证哲学》（*The Positive Philosophy of Augustus Comte*，1896 年）。

批判实在论（critical realism）——实在独立于人类而存在，但实在不能被完全理解。罗伊·巴斯卡对批判实在论进一步发展，并将知识分为可变与不可变两种形式。

批判理论（critical theory）——一种与法兰克福学派关系密切的研究范式，批判理论并没有总体方法，但它的支持力是对现状的批判，以及带来解放、引起变革的趋势。批判理论还与新黑格尔主义及马克思主义关系紧密，它对资本主义社会进行了广泛批评。批判理论还批判了实证主义及后实证主义在社会科学研究中的主流地位。它也不赞同卡尔·马克思在著作中明确提出的经济决定论。

解构（deconstruction）——解构处理的问题是文本的多重意义，解构是一种阅读方式，它辨析了文本的内在矛盾，以及语言在表达作者思想时存在的不合逻辑之处。雅克·德里达使用解构的概念来检验某一术语的地位高于其他术语的理由和程度，以及处于优势地位的术语如何使其他术语的地位降低，甚至被排除在外。

雅克·德里达（Jaques Derrida，1930—2004）——解构思想的提出者，他分析了思想和语言之间的关系。德里达对意识的确信度、理性及意义源于早期意图这种思想提出了质疑。下列问题是很重要的，即总体上语言或语词能否与世界或宇宙相关联或相契合。他主要关注的问题是行动与语词的契合程度。

话语分析（discourse analysis）——指对使用中的话语的研究，当人们运用话语时，前概念（一组知识）影响着我们在何种程度上将意义和理解视为真理。

经验主义（empiricism）——知识来源于经验，它是通过视觉、嗅觉、触觉等感觉发展而来的。经验不仅是知识发展的基础，也是我们理解世界的方式。经验主义提出了知识的常识性衡量标准，即一切知识都应当接受经验的检验，如果无法通过检验，知识就应被拒斥。这种标准在用于抽象概念，如权威、责任和道德时会存在问题。主要的经验检验方式是科学方法，包括归纳、实验流程，以及后实证主义所主张的统计技术。可以利用数学和形而上学对经验主义进行批判：数学不能为经验所证实，但显然我们不可能放弃数学。尽管经验主义试图拒斥形而上学，但它们本身也做出了某些确定性假设。

220 **启蒙**（enlightenment）——启蒙通常指的是发生在光荣革命（Glorious Revolution，1688 年）和法国大革命（1789 年）期间的一场欧洲运动。启蒙是对人性的唤醒，这一时期产生了许多新思想和新哲学观。启蒙运动受到了法国学者、英国经验主义者和德国哲学家的大力支持，这是一个充满了激烈辩论和人类自我发现的时期。启蒙运动向宗教和国家宣战，它驱逐传统制度中的黑暗和迷信。它是一个产生怀疑、进行反省的时代。

民族志（ethnomethodology）——相对于人与人之间的争论，民族志更关注人与人之间的互动。它意识到某人正在谈论某事，但它不关心谈论的内容和谈论的对象，它关注的是谈论的方式。

证伪（falsification）——是后实证主义的核心内容。其提出者卡尔·波普尔认为，好的假说是可以证伪的假说。如果理论被视为真的，那么我们应当抱着“它一定是假的”的信念反复对其进行检验；如此一来，理论将在我们证明它为假之前保持其真实性。例如，“所有的天鹅都是白的”，这一陈述可能被证伪，如果/当我们发现了黑天鹅。

米歇尔·福柯（Michel Foucault，1926—1984）——法国哲学家，他提出了考古学思想和独特的话语分析形式。福柯在他的《疯癫与文明》（2001 年）一书中借助历史分析对各种机构，如精神病院、救济院等进行了研究。他还描述了启蒙时期人们如何对知识的门类进行划分、这些划分如何使世界更为有序、如何整理我们对世界的理解。此外，他还通过考古学研究和分析对历史的不连续性观念进行了扩展，也就是说，过去由无数事件组成，历史将这些事件塑造成叙事。福柯主张，在经历一段相对稳定的时期之后，关于人类知识的话语开始出现重大变革，此时，不仅话语发生了改变，知识的基础亦发生了改变。

法兰克福学派（Frankfurt School）——建立于法兰克福大学的法兰克福学派提出了批判理论的概念，批判理论寻求揭露资本主义社会中存在的权力关系。

谱系学（genealogy）——常与尼采联系在一起，它试图追踪现象的来源。

尤尔根·哈贝马斯（Jurgen Habermas，1929—）——哈贝马斯最初采用的是 221
历史唯物主义分析，他致力于探寻将社会科学从19世纪建立的实证主义的桎梏中解放出来的途径。哈贝马斯因其高度理论化的建构而饱受批评——他的建构更像是关于人的本性和社会演化的宏大叙事。大多数人都赞同哈贝马斯的思想与启蒙运动有直接关系。

霸权（hegemony）——安东尼奥·葛兰西最初利用该术语来表明资产阶级与无产阶级之间的关系。意识形态和信仰体系奠定了阶级统治的基础。

马丁·海德格尔（Martin Heidegger，1889—1975）——德国现象学家，他认为形成和在世（此在）是理解人类存在的基础。他支持许多后现代思想，并且主张知识的目标正是观察和探索本身，探索就是形成。

历史实在论（historical realism）——这种本体论立场乃是批判理论研究范式的基础，它认为，实在经由历史过程而形成，例如，古代的民主概念或民主存在与今日的十分不同。反映民主的理论在今天已经产生了变化和发展，并且它仍然通过辩证或演化过程发生着改变。

不变知识（intransitive knowledge）——不变知识是存在于人类之外的知识，如重力、进化，以及由反对可变知识的科学家和哲学家所发现的知识，可变知识被用于对不变知识进行分析，可变知识是由人创建的。

伊曼纽尔·康德（Immanuel Kant，1724—1804）——康德主张，我们理解世界的方式由我们的认知结构和认知范畴决定。客体存在的基础是知觉主体，主客体之间存在关联。他认为普遍范畴中包含着人的本性，客观知识正是通过普遍范畴而存在的。“批判”是康德哲学的核心内容，启蒙思想奠定了良好的基础——使人们具有了从事分析、思维和理解的自信心。

托马斯·库恩（Thomas Kuhn，1922—1996）——库恩在《科学革命的结构》（*The Structure of Scientific Revolutions*，1966年）一书中提出了一种激进的理论转
换方法。在他看来，转换时有发生且毫无规律，转换是革命式的范式转移。在这 222
些革命式的转移中，先前的知识和真理被一扫而光，取而代之的是新出现的知识和理论。

马克思主义（Marxism）——由卡尔·马克思和弗里德里希·恩格斯提出的哲学观点。马克思主义以辩证方法来理解历史和社会变革。世界上存在的不是实体集合而是变化过程。辩证法拒斥经验主义，拒绝以表象作为知识的基础，它试图确定某些模式——表象从这些模式中演化而来。马克思通过辩证唯物主义指出，经济变量（或与上层建筑的相互作用）决定了历史进程和历史变革，他由此实现了他所谓的完备的历史和社会科学。

形而上学（metaphysics）——哲学分支，它提出的问题包括什么是存在、什么存在、什么是存在性。形而上学是存在于科学中的对当下情境以外的东西所做的哲学思考，它与经验主义观点——一切知识来源于经验——完全对立。形而上学试图利用抽象理论体系来解释心灵、物质以及人在复杂世界中的地位。

现代主义（modernism）——包含各种宏大观点或宏大理论，它与以启蒙思想著称的学者有直接关系。例如，马克思主义关于无产阶级必将推翻资产阶级的观点就属于一种现代主义观点。

朴素实在论（naïve realism）——实在独立于思想而存在，实在可以通过理论得到清晰的理解和准确的反映。

弗里德里希·尼采（Friedrich Nietzsche，1844—1900）——尼采对真理概念提出了质疑，他主张存在两种不同类型的真理：由形而上学产生的解释、幻觉和谎言，以及提供实践知识的科学真理。绝大多数真理都是自以为是的社会幻想。在《快乐的科学》（*Gay Science*，1882 年）一书中，尼采对科学观念进行了探讨，并认识到了科学的不一致性和偏向性。

客观性（objectivity）——人们必须确保研究不受各种偏好的干扰。研究者与研究对象之间必须保持一定的距离，以便能够获得无偏好、不受干涉的立场。在自然科学中，客观性主要通过变量测量和因果概念来实现。

本体论（ontology）——源于对实在或何物存在的启蒙式形而上学思考。经验主义和唯理论具有不同的本体论立场，这些立场在实证主义、现象学和本书涉及的各种研究范式中都有明显的体现。

223 **范式**（paradigm）——一个范式是由一些观念、流程及其产物构成的框架，我们在框架中构建各项研究工作。与科学方法不同，范式是灵活的，它不具备实证主义的严格性。科学不是某种抽象物，而是存在于具体的历史情境中，它在前人的研究基础上不断发展，只有当异常现象积累到不得不改变范式的程度时才会发生范式转换。

现象学（phenomenology）——现象学家将知识分为非直接知识（现象）和直接知识（本质）。本质能够呈现整体性，而单个事件只能呈现其自身的现象。意识作为本质被认识，特定的记忆或听觉行动不是以部分而是以整体的形式出现的。因此，客观世界与意识有所不同：前者从未呈现为整体，而后者则总是呈现为整体。

实证主义（positivism）——与经验主义有密切关联。早期的实证主义试图理解思维的发展。奥古斯特· 孔德认为，思想的演化经历了三个阶段：宗教阶段、形而上学阶段和科学阶段。在他看来，科学最为有用，但他认为其他阶段也具有内在价值。孔德后期主要将精力放在了实证主义的科学内容之上，因而忽略了思想的宗教和形而上学维度。即便如此，我们依然发现了更具批判性的科学方法，从而对科学预设和科学流程实施了更严谨的自查。科学需要进行观察，因此不能被观察的现象将被排除在科学解释之外。

后实证主义（post-positivism）——由实证主义发展而来，它强调证伪而非证实。存在许多不同形式的后实证主义，它们构成了一个连续体：一些形式较为接近实证主义，而另一些则更倾向于现象学和批判理论。

后现代主义（postmodernism）——后现代主义对知识和真理持怀疑态度，它反对现代主义观念，如理性、本源和进步等。

唯理论（rationalism）——唯理论与经验主义不同，它对经验主义进行了批判。唯理论认为，知识不是简单地依靠经验获得的，获取知识的唯一途径是理性反思和推理。

实在论（realism）——实在独立于人的心灵、思维和经验而存在。

相对主义（relativism）——不存在客观普遍真理。

相对主义实在论（relativist realism）——实在由具体情境产生，它不断地发 224
生变化。

主体性（subjectivity）——心灵的属性，与客观性直接相对。实在处于心灵之中。

可变知识（transitive knowledge）——产生于社会科学领域的知识，与主要来自自然现象的不变知识相对。

詹巴蒂斯塔·维科（Giambattista Vico，1668—1744）——维科反对笛卡儿的下列观念：我们已经找到了知识的来源，物理科学能够证明真理存在。维科主张我们应当更加注重对历史知识和社会知识的发现。

参考文献

Adorno, T. W. and Horkheimer, M. (1997) *Dialectic of Enlightenment*. London: Verso.

Adredt (1982) *Lectures on Kant's Political Philosophy.* Chicago, IL: University of Chicago Press.

Alvesson, M. and Skoldberg, K. (2009) *Reflexive Methodology.* London: SAGE Publications.

Annells, M. (1996) "Grounded theory method: philosophical perspectives, paradigm of inquiry, and postmodernism", *Qualitative Health Research,* 6 (3): 379-393.

Ashbury, J.(1995) "Overview of focus group research", *Qualitative Health Research*, 5(4): 414-420.

Ayer, A. J. (1946) *Language, Truth and Logic*. London: Gollancz.

Bauman, Z. (1978) *Hermeneutics and Social Science*. New York: Columbia University Press.

Benton, T. and Craib, I. (2001) *Philosophy of Social Science: The Philosophical Foundations of Social Thought*. Houndmills Basingstoke: Palgrave MacMillan.

Berlin, I. (1979) *Against the Current: Essays in the History of Ideas.* Oxford: Oxford Paperbacks.

Bernet, R. (1999) "Husserl in a companion to continental philosophy", in S. Critchley and W. R. Schroeder (eds), *Blackwell Companion to Philosophy.* Oxford: Blackwell pp. 198-207.

Bhaskar, R. (1975) *A Realist Theory of Science*. London: Version.

Blau, J. L. (1952) *Men and Movements in American Philosophy.* New York: Prentice Hall.

Blumer, H. (1962) *Symbolic Interaction in Human Behaviour and Social Process,* (ed.) A. M. Rose. Boston, MA: Houghton-Mifflin. pp. 179-184.

Blumer, H. (1969) *Symbolic Interaction.* Englewood Cliffs NJ: Prentice Hall.

Bryant, A. (2002) "Re-grounding grounded theory", *Journal of Information Technology Theory and Application*, 4 (1): 25-42.

Bryant, A. and Charmaz, K. (2007a) "Grounded theory research: methods and practices", in A. Bryant and C. Charmaz (eds), *The Sage Handbook of Grounded Theory.* Thousand Oaks, CA: SAGE Publications. pp. 1-28.

Bryant, A. and Charmaz, K. (2007b) "Grounded theory in historical perspective: an epistemological account", in A. Bryant and C. Charmaz (eds), *The Sage Handbook of Grounded Theory.* Thousand Oaks, CA: SAGE Publications. pp. 31-57.

Caputo, J. D. (1999) "Heidegger", in S. Critchley and W. A. Schroeder (eds), *A Companion to Continental Philosophy.* Oxford: Blackwell. pp. 223-233.

Chambers, E. (2000) "Applied ethnography", in N. K. Denzin and Y. Lincoln (eds), *Handbook of Qualitative Research.* Thousand Oaks: SAGE Publications. pp. 981-999.

Charmaz, K. (1983) *The Grounded Theory Method: An Explication and Interpretation* in *Contemporary Field Research: A Collection of Readings*, ed. R. M. Emerson. US: University of California.

Charmaz, K. (2000) “Constructivist and Objectivist Grounded Theory”, in N. K. Denzin and Y. Lincoln (eds), *Handbook of Qualitative Research*. Thousand Oaks, CA: SAGE Publications. pp. 509-535.

Charmaz, K. (2006) *Constructing Grounded Theory: A Practical Guide Through Qualitative Analysis.* London: SAGE Publications.

Clarke, A. E. (2002) *Situational Analysis: Grounded Theory after the Postmodern Turn*. Thousand 226
Oaks, CA: SAGE Publications.

Coase, R. H. (1995) *Essays on Economics and Economists.* Chicago, IL: University of Chicago Press.

Conrad, J. (1995) *Heart of Darkness.* Harmondsworth: Penguin.

Converse, J. M. (1987) *Survey Research in the United States: Roots and Emergence 1890-1960.* Berkley, CA: University of California Press.

Corbin, J. and Strauss, A. (1990) “Grounded theory method”, *Qualitative Sociology*, 13: 3-21.

Cresswell, J. W. (2007) *Qualitative Inquiry and Research Design: Choosing Among Five Approaches.* Thousand Oaks, CA: SAGE Publications.

Deleuze, G. (1999) *Foucault*, ed. and trans. S. Hand. London: Continuum.

Denzin, N. (1989) *Interpretive Interactionism.* London: SAGE Publications.

Denzin, N. (1997) *Interpretive Ethnography: Ethnographic Practices for the 21st Century*. Thousand Oaks, CA: SAGE Publications.

Denzin, N.K. (2007) “Grounded theory and the politics of interpretation”, in A. Bryant and K. Charmaz (eds), *The SAGE Hangbook of Grounded Theory*. Thousand Oaks, CA: SAGE Publications. pp. 454-471.

Denzin, N. and Lincoln, Y. (1994) *The Handbook of Qualitative Research*, 1st edn. Thousand Oaks, CA: SAGE Publications.

Denzin, N. and Lincoln, Y. (2000) *The Handbook of Qualitative Research*, 2nd edn. Thousand Oaks, CA: SAGE Publications.

Denzin, N. and Lincoln, Y. (2005) *The Handbook of Qualitative Research*, 3rd edn. Thousand Oaks, CA: SAGE Publications.

Derrida, J. (1976) *Of Grammatology*. Blatimore, MD: The Johns Hopkins University Press.

Derrida, J. (1982) *Differance, Margins of Philosophy*. Chicago, IL: University of Chicago Press.

Descartes, R. (1968) *Discourse on Method and Meditations.* London: Penguin.

Dewey, J. (1950) *Art as Experience.* New York: Capricorn.

Diesing, P. (1972) *Patterns of Discovery in the Social Sciences.* London: Routledge and Kegan Paul.

Dilthy, W. (2002) *Formation of the Historical World in Human Sciences*. Princeton, NJ: Princeton University Press.

Dreyfus, H. L. (1991) *Being-in-the-World: A Commentary on Heidegger's Being and Time, Division One*. Cambridge, MA: MIT Press.

Dryseck, J. S. (1995) “Critical theory as research program”, in S. K. White (ed.), *The Cambridge Companion to Habermas*. Cambridge: Cambridge University Press.

Edkins, J. (1999) *Poststructuralism and International Relations: Bringing the Political back In. Critical Perspectives and International Relations*. London: Lynne Rienner Publishers.

Faulconer, J. E. (2000) "Appropriating Heidegger", in J. E Faulconer and M. A. Wrathall (eds), *Appropriating Heidegger*. Cambridge : Cambridge University Press. pp.1-5.

Fern, E. F. (2001) *Advanced Focus Group Research*. Thousand Oaks, CA: SAGE Publications.

Foucault, M. (1980) *Power/Knowledge*, ed, C. Gordon. Brighton: Harvester.

Foucault, M. (1981) "The order of discourse", in R. Younng (ed.), *Untying the Text: A Post-structuralist Reader.* London: KeganPaul. pp. 48-79.

Foucault, M. (1983) "Structuralism and post-structuralism: an interview with Michel Foucault by Raulet, G. ", *Telos*, 55: 53-58.

Foucault, M. (1992) *The History of Sexuality*. Volume Two. Harmondsworth: Penguin.

Foucault. M. (1998) *The Will to Knowledge: the History of Sexuality, Volume One*. Harmondsworth: Penguin.

Foucault, M. (2002a) *The Archaeology of Knowledge.* London: Routledge.

Foucault, M. (2002b) *Madness and Civilization.* London: Routledge.

227 Foucault, M. (2003) *The Order of Things*. London: Routledge.

Foucault, M. (2004) *Society Must Be Defended; Lecture Jan 7th 1976.* Harmondsworth: Penguin.

Foucault, M. (2007) *Security, Territory, Population. Lectures at the College De France 1977-1978*, ed M. Senellart and trans. G. Burchell. Houndsmill: Palgrave MacMillan.

Fromm, E. T (1997) *To Have or to Be?* New York: Continuum.

Gadamer, H.-G. (1970) *On the Scope and Function of Hermeneutical Reflection, trans.* G. B. Hess and R. E. Palmer. London: Continuum.

Gadamer H.-G. (2004) *Truth and Method*. London: Continuum Press.

Gadamer, H.-G. (2008a) *The Universality of the Hermeneutical Problem in Philosophical Hermeneutics.* Berkeley, CA: University of California Press.

Gadamer, H.-G. (2008b) *Philosophical Hermeneutics,* trans. D. E. Ling. Berkeley, CA: University of California Press.

Garrison, J. (1996) "A Deweyian theory of democratic listening", *Education Theory,* 46: 429-451.

Geertz, C. (1973) *The Interpretation of Cultures.* New York: Perseus Books.

George, S. (1976) "The Reconciliation of the 'classical' and 'scientific' approaches to international relations", *Millennium: Journal of International Studies,* 5: 28-40.

Gergen, K. J. (1994) *Realities and Relationships: Soundings in Social Construction.* Cambridge, MA: Harvard University Press.

Giddens, A. (1977) *New Rules of Sociological Methods*. London: Hutchinson and Co.

Glaser, B. (1978) *Advances in the Methodology of Grounded Theory: Theoretical Sensitivity*. Berkeley, CA: University of California.

Glaser, B. (1992) *Emergence vs Forcing: Basics of Grounded Theory Analysis*. Mill Valley, CA: Sociology Press.

Glaser, B. (1998) *Doing Grounded Theory: Issues and Discussions*. Grounded Theory Institute, Mill Valley: Sociology Press.

Glaser, B. (2001) *The Grounded Theory Perspective 1: Theoretical Coding*. Grounded Theory Institute, Mill Valley: Sociology Press.

Glaser, B. (2005) *The Grounded Theory Perspective 111: Theoretical Coding*. Grounded Theory Institute, Mill Valley: Sociology Press.

Glaser, B. and Holton, J. (eds) (2007) *Grounded Theory Seminar Reader*. Grounded Theory Institute, Mill Valley: Sociology Press.

Glaser, B. and Strauss, A. (1967) *The Discovery of Grounded Theory*. New York: Alpine.

Goulding, C. (2002) *Grounded Theory: A Practical Guide for Management, Business and Market Researchers*. London: SAGE Publications.

Gramsci, A. (2005) *Selections from the Prison Notebooks*. London: Lawrence and Wishart.

Greene, J. C. (2000) "Understanding social programs through evaluation", in N. K. Denzin and Y. Lincoln (eds), *Handbook of Qualitative Research*. Thousand Oaks: SAGE Publications. pp. 981-999.

Greenwood, D. J. and Levin, M. (2000) "Reconstructing relationships between universities society", in N. K. Denzin and Y. Lincoln (eds), *Handbook of Qualitative Research*. Thousand Oaks: SAGE Publications. pp. 85-106.

Guba, E. G. and Lincoln, Y. S. (1985) *Naturalistic Inquiry*. London: SAGE Publications.

Guba, E. G. and Lincoln, Y. S. (1989) *Fourth Generation Evaluation*. London: SAGE Publications.

Guba, E. G. and Lincoln, Y. S. (1994) "Computing paradigms in qualitative research", in N. Denzin, and Y. S. Lincoln (eds), *Handbook of Qualitative Research*. Thousand, Oaks CA: SAGE Publications. pp.105-117.

Guba, E. G. and Lincoln, Y. S. (2000) "Paradigmatic controversies, contradictions,and emerging confluences", in N. K. Denzin, and Y. S. Lincoln (eds), *Handbook of Qualitative Research*. Thousand Oaks, CA: SAGE Publications.

Gubrien, J. F. and Holstein, J. A. (2000) "Analyzing interpretive practice", in N. K. Denzin and Y. S. 228
Lincoln (eds), *Handbook of Qualitative Research*. Thousand Oaks: SAGE Publications.

Gurwitsch, A. (1967) "On the intentionality of consciousness", in J. J Kockelmans (ed.), *Phenomenology: The Philosophy of Edmund Husserl and its Interpretation*. New York: Doubleday and Company. pp. 118-137.

Habermas, J. (1971) *Knowledge and Human Interest*. Boston, MA: Beacon Press.

Habermas, J. (2004) *Theory and Practice*. Cambridge: Polity Press.

Habermas, J. (2007) *Moral Consciousness and Communicative Action*. Cambridge: Polity Press.

Hajer, M. A. (1995) *The Politics of Environmental Discourses: Ecological Modernization and the Policy Process*. Oxford: Clarendon Press.

Hall, S.(ed.) (1997) *Representation: Cultural Representations and Signifying Practices*. London: SAGE Publications.

Hammersley, M. (1992) *What's Wrong with Ethnography?* London: Routledge.

Hammersley, M. and Atkinson, P. (2007) *Ethnography: Principle in Practice*. Abingdon: Routledge.

Hampsher-Monk, I. (1992) *A History of Modern Political Thought*. Oxford: Blackwell.

Harre, R. (1987) "The positivist-empiricist approach and its alternative", in P. Reason and J. Rowan (eds), *Human Inquiry: A New Sourcebook of New Paradigm Research*. Chichester: Wiley and Sons. pp. 3-17.

Hegel, G. W. F. (1977) *Phenomenology of Spirit,* trans. A. V. Miller, foreword J. N. Finlay. London: Clarendon Press.

Heidegger, M. (1962/2004) *Being and Time*. Oxford: Blackwell.

Heidegger, M. (1994) *Basic Questions of Philosophy: Selected Problems of Logic*, trans. R. Rojcewicz and A. Schuwer. Bloomington, IN: Indiana University Press.

Heron, J. (1996) *Cooperative Inquiry: Research into the Human Condition*. London: SAGE Publications.

Heron, J. and Reason, P. (1997) "A participatory inquiry paradigm", *Qualitative Inquiry*, 3: 274-294.

Heron, J. and Reason. P. (2000) "Co-operative inquiry: research with rather than on people", in P. Reason and H. Bradbury (eds), *Handbook of Action Research.* London: SAGE Publications. pp. 179-188.

Hertz, R. (1997) *Reflexivity and Voice.* Thousand Oaks CA: SAGE Publications.

Hess, G. B. and Palmer, R. E. (1970) *Function of On the Scope and Hermeneutical Reflection.* London: Continuum.

Hirsch, E. D. , Jr (1967) *Validity in Interpretation.* New Haven, CT: Yale University Press.

Hood, J.C. (2007) "Orthodoxy vs. power: the defining traits of grounded theory", in A. Bryant and C. Charmaz (eds), *The SAGE Handbook of Grounded Theory.* Thousand Oaks, CA: SAGE Publications. pp. 1-28.

Hofstede, G. (2007) *Culture and Organisations: Software of the Mind.* New York: McGraw Hill.

Howell, K. E. (2000) *Discovering the Limits of European Integration: A Grounded Theory Approach.* New York: Nova Science Publishers.

Howell, K. E. (2004) *Europeanization, European Integration and Financial Services: Developing Theoretical Frameworks and Synthesising Methodological Approaches.* Basingstoke: Palgrave MacMillan.

Horkheimer, M. (1972) *Critical Theory: Selected Essays*. New York: Continuum.

Husserl, E. (1969) *Ideas: General Introduction to Pure Phenomenology*, trans. W. R. Boyce Gibson. London: George Allen & Unwin.

Husserl, E. (1992) *The Crisis of European Science and Transcendental Philosophy*. Evanston: Northwestern University Press.

Husserl, E. (1997) *Things and Space: Lectures of 1907.* Boston, MA: Kluwer.

229 Husserl, E. (1998a) "The Vienna lecture", in R. Kearney and M. Rainwater (eds), *The Continental Philosophy Reader.* London: Routledge. pp. 7-14.

Husserl, E. (1998b) "Phenomenology", in R. Kearney and M. Rainwater (eds), *The Continental Philosophy Reader*. London: Routledge.

Huxley, A. (1994) *Brave New World Revisited*. London: Flamingo.

Janesick, V. J. (2000) "The choreography of qualitative research design", in N. Denzin and Y. Lincoln (eds), *The Handbook of Qualitative Research.* Thousand Oaks: SAGE Publications. pp. 379-399.

Johnson, A. (1996) "It's good to talk: the focus group and the social imagination", *The Sociological Review*, 44: 517-538.

Kant, I. (1952) *Critique of Judgement*, trans. J. C. Meredith. Oxford: Oxford University Press.

Kant, I. (1992) *Critique of Pure Reason*, trans. N. K. Smith. Houndmills: MacMillan.

Kant, I. (1995a) *Political Writings*, ed. H. Reiss and trans. N. B. Nisbet. Cambridge Texts in the History of Political Thought. Cambridge: Cambridge University Press.

Kant, I (1995b) "On the Common Saying: This may be true in theory but it does not apply in practice", In H. Reiss (ed.), *Political Writings*. Cambridge: Cambridge University Press.

Kant, I. (1997) *Critique of Practical Reason*. Cambridge: Cambridge University Press.

Kemmis, S. and Mctaggart, R. (2000) *The Action Research Planner,* 3rd edn. Geelong, Victoria: Deakin University.

Kidder, P. (1997) "The hermeneutic and dialectic of community in development", *International Journal of Social Economics,* 24 (11): 1191-1202.

Kojeve, A. (1980) *Introduction to the Reading of Hegel: Lectures on the Phenomenology of Spirit.* Ithaca, NY: Cornell University Press.

Krueger, R. A. (1988) *Focus Groups: A Practical Guide for Applied Research.* Newbury Park, CA: SAGE Publications.

Kuhn, T. S. (1996) *The Structure of Scientific Revolution*, 3rd edn. Chicago, IL: University of Chicago Press.

Kuhn, T. S. (1970) *The Structure of Scientific Revolution*. Chicago, IL: University of Chicago Press.

Lakatos, I. (1970) "Falsification and the methodology of scientific research programmes", in I. Lakatos and A. Musgrave (eds), *Criticism and the Growth of Knowledge*. Cambridge: Cambridge University Press.

Lewin, K. (1946) "Action research and minority problems", *Journal of Social Issues*, 2: 34-36.

Lincoln, Y. S. and Guba, E. G. (1985) *Naturalistic Inquiry.* Thousand Oaks: SAGE Publications.

Longino, H. (1993a) "Essential tensions - phase two: feminist, philosophical and social studies of science", in L. M. Antony and Witt (eds), *A Mind of One's Own: Feminist Essays on Reason and Objectivity.* Boulder, CO: Westview. pp. 257-272.

Longino, H. (1993b) "Subjects, power and knowledge: descriptions and prescriptions in feminist philosophies of science", in L. Alcott and E. Potter (eds), *Feminist Epistemologies.* New York: Routledge. pp. 101-120.

Lyotard (2004) *The Postmodern Condition: A Report on Knowledge*. Minneapolis, MN: University of Minnesota Press.

Madison, G. B. (1988) *The Hermeneutics of Postmodernity*. Bloomington, IN: Indiana University Press.

Madriz, E. (2000) "Focus groups in feminist research", in N. K. Denzin and Y. Lincoln (eds), *The Handbook of Qualitative Research.* Thousand Oaks, CA: SAGE Publications.

Mairet, P. (1973) *Introduction to Existentialism and Humanism*, ed. J. P. Sartre. London: Methuen.

Makkreel, R. A. (1999) "Dilthy", in S. Critchley and W. R. Schroeder (eds), *A Companion to Continental Philosophy.* Oxford: Blackwell. pp. 425-432.

Malinowshi, B. (1922) *Argonauts of the Western Pacific: An Account of Native Enterprise and* 230
Adventure in the Archipelagoes of Melanesian New Guinea. New York: E. P. Dutton.

Marcuse, H. (2004) *One Dimensional Man: Studies in the Ideology of Advanced Industrial Societies.* New York: Routledge.

Margolis, S. (1989) "Postscript on modernism and postmodernism, both", *Theory, Culture and Society,* 6: 5-30.

McCarthy, T. (1999) "Habermas", in S. Critchley and W. A. Schroeder (eds), *A Companion to Continental Philosophy*. Oxford: Blackwell. pp. 397-406.

McFarlane, J. (1976) "The mind of modernism", in M. Bradbury and J. McFarlane (eds), *Modernism.* Harmondsworth: Penguin.

Mead, G. H. (1962) *Mind, Self, and Society*. Chicago, IL: University of Chicago Press.

Merleau-Ponty, M. (1968) *The Visible and Invisible*. Evanston: Northwest University Press.

Merleau-Ponty, M. (1999) *Phenomenology of Perception*. London: Routledge.

Merleau-Ponty, M. (2004) *The World of Perception*. London: Routledge.

Mintzberg, H. (1973) *The Nature of Managerial Work.* New York: Harper and Row.

Mishler, E. G. (1986) *Research Interviewing: Context and Narrative.* Cambridge, MA: Harvard University Press.

Moran, D. (2008) *Introduction to Phenomenology*. London: Routledge.

Navon, D. (2001) "The puzzle of mirror reversal: a view from Clockland target article on mirror-reversal", *Psycoloquy,* 12 (17): 1-19.

Nietzsche, F. (1969) *Thus Spoke Zarathustra.* London: Penguin.

Nietzsche, F. (1984) *Beyond Good and Evil.* London: Penguin.

Norris, C. (1987) *Derrida.* London: Fontana Press.

Norris, C. (1993) *Deconstruction: Theory and Practice.* London: Methuen.

Patton, P. (1999) "Foucault", in S. Critchley and W. R. Schroeder (eds), *A Companion to Continental Philosophy*. Oxford: Blackwell. pp. 537-548.

Pippin, R. B. (1997) *Idealism as Modernism: Hegelian Variations*. Cambridge: Cambridge University Press.

Pippin, R. B. (2005) *The Persistence of Subjectivity*. Cambridge: Cambridge University Press.

Plato (1976) *The Phaedrus.* London: Penguin.

Polkinghorne, D. E. (1989) "Changing conversations about human science", in S. Kvale (ed.), *Issues of Validity in Qualitative Research.* Lund: Studentlitteratur. pp. 13-46.

Popper, K. (1992) *Unended Quest: An Intellectual Biography.* London: Routledge.

Popper, K. (1969) *The Open Society and its Enemies.* London: Routledge and Kegan Paul.

Popper, K. (1994) *The Myth of the Framework: In Defence of Science and Rationality.* London: Routledge.

Popper, K. (2002a) *Conjectures and Refutation: The Growth of Scientific Knowledge*. London: Routledge.

Popper, K. (2002b) *The Logic of Scientific Discovery*. London: Routledge.

Potter, J. (1996) *Representing Reality: Discourse Rhetoric and Social Construction*. London: SAGE Publications.

Rabinow, P. (1991) *The Foucault Reader*. Harmondsworth: Penguin.

Reason, P. and Bradbury, H. (eds) (2001) *The SAGE Handbook of Action Research. Participative Inquiry and Practice.* London: SAGE Publications.

Reinharz, S. (1997) "Who am I? The need for a variety of selves in the field", in R. Hertz (ed.), *Reflexivity and Voice.* Thousand Oaks, CA: SAGE Publications. pp. 3-20.

Ricouer, P. (1987) *Hermeneutics & the Human Sciences*, ed. and trans. J.B. Thompson. Cambridge: Cambridge University Press.

Ricoeur, P. (2004) *The Conflict of Interpretations: Essays in Hermeneutics.* London: Continuum Press.

Ricouer, P. (2008) *From Text to Action.* London: Continuum Press.

Rorty, R. (1979/2009) *Philosophy and the Mirror of Nature.* Princeton, NJ: Princeton University Press.

Rorty, R. and Engel, P. (2007) *What's the Use of Truth?* New York: Columbia University Press. 231

Rosenau, P. M. (1992) *Post-Modernism and the Social Sciences: Insights, Inroads and Intrusions.* Princeton, NJ: Princeton University Press.

Russell, B. (1980) *Our Knowledge of the External World.* London: George Allen & Unwin.

Sartre, J. P. (1973) *Existentialism and Humanism*, trans. and intro. P. Mairet. London: Methuen.

Sarup, M. (1993) *An Introductory Guide to Post-Structuralism and Postmodernism.* Chichester: Harvester Wheatsheaf.

Saussure, de. F (1974) *Course in General Linguistics.* London: Fontana/Collins.

Schlick, M. (2002) "The future of philosophy, Vol 2", in Y. Balashov and A. Rosenberg (eds), *Philosophy of Science: Contemporary Readings.* London: Routledge. pp. 8-21.

Schon, D. (1983) *The Reflective Practitioner: How Professionals Think in Action.* New York: Basic Books.

Schopenhaur, A. (1966) *The World as Will and Representation Vols One and Two*, trans. E. F. J. Payne. New York: Dover Publications.

Schwandt, T. A. (2000) "Three epistemological stances for qualitative inquiry: interpretivism, hermeneutics and social constructionism", in N. K. Denzin and Y. Lincoln (eds), *Handbook of Qualitative Research.* Thousand Oaks: SAGE Publications. pp. 85-106.

Schutz, A. (1970) *On Phenomenology and Social Relations: Selected Writings*, ed. H. Wagner. Chicago, IL: University of Chicago Press.

Scott-Jones, J. (2010) "Origins and ancestors: a brief history of ethnography", in J. Scott-Jones and S. Wat (eds), *Ethnography in Social Science Practice.* London: Routledge. pp. 13-27.

Silverman, D. (1985) *Interpreting Qualitative Data.* Thousand Oaks, CA: SAGE Publications.

Sim, S. (1998) "Postmodernism and philosophy", in S. Sim (ed.), *The Icon Critical Dictionary of Postmodern Thought.* Cambridge: Icon Books. pp. 3-14.

Skrbina, D. (2001) "Participation, organization, and mind: toward a participatory worldview". Doctoral thesis, Centre for Action Research in Professional Practice, School of Management, University of Bath.

Stern, N. P. (1994) "Eroding grounded theory in critical issues", in J. M. Morse (ed.), *Qualitative Research Methods.* Thousand Oaks, CA: SAGE Publications. pp. 212-222.

Stewart, D.W. and Shamdasani, P. N. (1990) *Focus Groups: Theory and Practice.* Newbury Park, CA: SAGE Publications.

Strauss, A. (1987) *Qualitative Analysis for Social Science.* Cambridge: Cambridge University Press.

Strauss, A. and Corbin, J. (1990/1998) *Basics of Qualitative Research: Techniques and Procedures for Developing Grounded Theory*. Thousand Oaks, CA: SAGE Publications.

Strauss, A. and Corbin, J. (1994) "Grounded theory methodology: an overview", in N. K. Denzin and Y. S. Lincoln (eds), *Handbook of Qualitative Research.* Thousand Oaks, CA: SAGE Publications. pp. 273-285.

Tedlock, B. (2000) "Ethnography and ethnographic representation", in N. Denzin and Y.S. Lincoln, *Handbook of Qualitative Research*. Thousand Oaks, CA: SAGE Publications. pp. 455-486.

Templeton, J. F. (1994) *The Focus Group.* Chicago, IL: Irwin.

Torbert, W. R. (2001) "The practice of inquiry", in P. Reason and B. Bradbury (eds) *The Handbook of Action Research.* Thousand Oaks, CA: SAGE Publications. pp. 250-260.

Toulmin, S. (1953) *The Philosophy of Science*. London: Hutchinson.

232 Vedder, B. (1999) "Schleiermacher", in S. Critchley and W. R. Schroeder (eds), *A Companion to Continental Philosophy.* Oxford: Blackwell. pp. 417-424.

Vico, G. (1744/1999) *New Science*. London: Penguin Classics.

Vidich, A. J. and Lyman, S. M. (2000) "Qualitative methods: their history in sociology and anthropology", in N. K. Denzin and Y. S. Lincol (eds), *Handbook of Qualitative Research.* Thousand Oaks, CA: SAGE Publications. pp. 37-84.

Watzlawick, P. (1984) *The Invented Reality: How Do We Know What We Believe We Know? Contributions to Constructivism.* New York: Norton.

Weber, M. (2004) *The Protestant Ethic and the Spirit of Capitalism*. London: Routledge.

Williams, B. (2004) *Truth and Truthfulness*. Princeton, NJ: Princeton University Press.

Willis, P. (1977) *Learning to Labour: How Working-Class Kids Get Working-Class Jobs.* Farnborough: Saxon House.

Winch, P. (1991) *The Idea of a Social Science and its Relation to Philosophy.* London: Routledge.

Woodruff Smith, D. (2007) *Husserl.* London and New York: Routledge.

Wright Mills, C. (2000) *The Sociological Imagination.* Oxford: Oxford University Press.

索 引*

---

* 此索引页码为原书页码，即本书边码。